Educação Infantil como direito e alegria

Lea Tiriba

Educação Infantil como direito e alegria

Em busca de pedagogias ecológicas, populares e libertárias

5ª edição

Paz & Terra
Rio de Janeiro
2024

© Lea Tiriba, 2018

Direitos de edição desta obra em língua portuguesa no Brasil adquiridos pela EDITORA PAZ E TERRA. Todos os direitos reservados. Nenhuma parte desta obra pode ser apropriada e estocada em sistema de bancos de dados ou processo similar, em qualquer forma ou meio, seja eletrônico, de fotocópia, gravação etc., sem a permissão do detentor do copyright.

EDITORA PAZ E TERRA LTDA.
Rua Argentina, 171, 3º andar – São Cristóvão
Rio de Janeiro, RJ – 20921-380
http://www.record.com.br

Seja um leitor preferencial Record.
Cadastre-se e receba informações sobre
nossos lançamentos e nossas promoções.

Atendimento e venda direta ao leitor:
sac@record.com.br.

Texto revisado segundo o Acordo Ortográfico da Língua Portuguesa de 1990.

CIP-BRASIL. CATALOGAÇÃO NA PUBLICAÇÃO
SINDICATO NACIONAL DOS EDITORES DE LIVROS, RJ

	Tiriba, Lea
T515e	Educação Infantil como direito e alegria / Lea Tiriba.
5ª ed.	– 5ª ed. – Rio de Janeiro: Paz e Terra, 2024.
	308 p.: il.; 23 cm.
	Inclui bibliografia
	ISBN 978-85-7753-339-8
	1. Educação de crianças. 2. Educação pré-escolar.
	I. Título.
	CDD: 372.21
18-48373	CDU: 373.29

Meri Gleice Rodrigues de Souza – Bibliotecária – CRB-7/6439

Impresso no Brasil
2024

Sumário

Apresentação	7
Prefácio	13
Introdução	17

Parte 1
educação infantil: liberdade ou aprisionamento?
49

1. A pesquisa como questionamento do paradigma moderno — 51
2. A natureza como lugar da sujeira, da doença, do perigo, do incontrolável, da liberdade — 67
3. O emparedamento oficializado — 117
4. À disposição de que estarão as crianças, se não estão à disposição de si mesmas? — 143
5. O desafio de educar e cuidar: saber feminino, amor entre os humanos e respeito à biodiversidade — 157

Parte 2
educação infantil como direito e alegria
181

6. Se quisermos um cotidiano melhor, será preciso inventá-lo! — 183
7. Reconectar-se com a natureza, desemparedar — 189
8. Dizer não ao consumismo e ao desperdício — 203

9.	Redesenhar os caminhos de conhecer	219
10.	Dizer sim às vontades do corpo	239
11.	Aprender-e-ensinar a democracia	255

FINALIZANDO PARA RECOMEÇAR   273

NOTAS   283

BIBLIOGRAFIA   291

AGRADECIMENTOS   307

APRESENTAÇÃO

Neste livro, Lea Tiriba revisita sua pesquisa de doutorado, quando refletiu sobre a realidade das creches de Blumenau, onde espantou-se e indignou-se com práticas que ela chamou de "emparedamento" de crianças. Essas práticas pareciam especialmente chocantes em um lugar que maravilhou os primeiros colonos vindos da Alemanha no século XIX, descrito em cartas e documentos pela beleza natural que os encantava naquelas terras onde estavam se instalando.

"Quanto mais para cima eu chegava, mais bela a terra se tornava e jamais havia visto paisagens tão maravilhosas como no Rio Benedito e Rio dos Cedros" escrevia o fundador da cidade, Hermann Blumenau, em 1848. "As gigantes árvores, os cipós e as trepadeiras, as diversas espécies de bambus, as flores com suas cores incandescentes como o vermelho-escarlate, o amarelo, algumas azul-lilás, estendendo sua sombra às margens do rio", prosseguia ele, em sua emocionada descrição.

Em carta para sua irmã na Alemanha, uma colona contava sobre sua filha: "Lá vem minha menina e vejo que ela está descalça. Seu maior prazer é tirar as meias e os sapatos para andar livremente. Todas as suas amiguinhas o fazem e Eva as imita. 'Mas minha filha, tu és uma menina alemã.' Ela sacode a cabeça e lá se vai, e nós precisamos alcançá-la."

Pouco mais de um século depois, Lea nos conta o que viu nas creches de Blumenau: "reparei nos pátios dos CEIs: quase que inteiramente cobertos de brita, contrastando com o verde das matas do Vale do Itajaí. Por que tanta brita?", ela se perguntava. Mas a realidade escondia outro detalhe, ainda mais revelador: "Num dos CEIs, descobri que havia uma lona preta sob a brita em toda a extensão do pátio e perguntei o motivo. 'Para que não brote nenhuma planta', 'Para que não apareça nenhum inseto', responderam."

As observações de Lea registram o predomínio de práticas de "emparedamento" das crianças, ou seja, sua contenção nos espaços internos, na maior parte do tempo, com poucas oportunidades para atividades ao ar livre e quase nenhuma liberdade para brincar com água, areia ou terra. No trabalho que então desenvolveu, em contato com as professoras, ouviu delas depoimentos que se contrapunham. Em suas memórias de infância, algumas lembravam-se das brincadeiras no mato, perto dos rios, apanhando frutas nas árvores, correndo na chuva; mas, como professoras, argumentavam que não era possível proporcionar experiências como essas para as crianças da creche por diversos motivos: em função das rotinas e da organização do trabalho na instituição, por receio de serem desaprovadas pelas famílias ou pela preocupação com a possibilidade de algum acidente.

Neste livro, a autora retoma sua perspectiva teórica, sob inspiração de autores como Foucault, Deleuze e Guattari, que vinculam "o disciplinamento dos corpos" às exigências do sistema produtivo no capitalismo. Com efeito, reler Foucault tendo em mente algumas situações corriqueiras observadas por muitos pesquisadores e educadores em nossas creches nos acabrunha e entristece. Era isso que desejávamos quando lutamos por incluir as creches na educação, quando argumentamos a favor da formação das professoras e professores no Ensino Superior?

Lea acresce a essas análises a preocupação com uma agenda ambiental atualizada, procurando estabelecer uma articulação entre as concepções pedagógicas que buscam "desemparedar" as crianças e a necessidade de preservar os recursos naturais do planeta, dos quais depende nossa sobrevivência como espécie. Ao mesmo tempo, buscando explicar as causas da naturalização das práticas de "emparedamento" que encontrou nas falas das professoras de Blumenau – e aqui seria importante tomar a referência a essa cidade apenas como símbolo de uma realidade muito mais abrangente –, ela procura, na segunda parte do livro, delinear caminhos para a superação desse tipo de pedagogia.

Para isso, a autora propõe-se a discutir cinco desafios: reconexão com a natureza, desemparedar; dizer não ao consumismo e ao desperdício; redesenhar os caminhos de conhecer; dizer sim às vontades do corpo e aprender-e-ensinar a democracia.

Sua argumentação não se detém muito sobre os diversos níveis de decisão que se combinam em uma rede para produzir o "emparedamento" das crianças nas creches. Na primeira parte do livro, Lea já havia analisado os diversos documentos oficiais que se ocupam de normas para a construção e arranjo dos espaços internos e externos das creches. Entre essas normas e os modelos adotados pelas prefeituras para suas redes de escolas de Educação Infantil existem inúmeros outros fatores e concepções que ajudam a explicar, entre outras coisas, as janelas altas, sem visão para o exterior, os espaços estanques, as grades, a ausência de vegetação e até mesmo a brita e o plástico. O Censo Escolar de 2017, por exemplo, registra que três em cada quatro creches municipais no Brasil não possuem área verde!

As equipes que vão ocupar esses espaços, por sua vez, seguem modelos de divisão de trabalho, de atribuição de papéis e responsabilidades muitas vezes já predeterminados. Atividades-meio têm precedência sobre atividades-fim: os horários de refeição, banho e de uso dos espaços são definidos a partir da conveniência dos diversos adultos que se ocupam de cada tarefa, acompanhados de longos períodos de espera, subtraindo das crianças o direito ao convívio com seus pares, à brincadeira e também ao aprendizado.

No que toca mais diretamente ao trabalho desenvolvido nas unidades, a citação de Guattari é inspiradora para os caminhos a serem trilhados:

> O que conta na creche, insistimos nisso, não é a técnica, é o efeito da política semiótica dos adultos sobre as crianças. Em que a atitude dos adultos que trabalham na creche favorece a iniciação das crianças nos valores do sistema? Aí é que está toda a questão! Um trabalho analítico numa creche não poderia ser fundamentalmente senão um trabalho micropolítico; e implicaria de imediato um trabalho dos adultos sobre si mesmos, entre si mesmos.

Ou seja, torna-se urgente realizar um trabalho de desconstrução de uma "ordem" que aparece como natural a seus agentes, para resgatar vivências e memórias que remetem a outras visões de criança e a outras imagens de uma instituição pensada por alguns como ponto de encontro, de construção de outras subjetividades e de outra inserção no mundo natural, extirpado da creche até mesmo no sentido literal, por meio de plástico e brita, para que "não brote nenhuma planta" e poderíamos continuar, para que não prospere a alegria, a sensibilidade, o sentimento de ser parte de algo maior, infinito em sua beleza.

Lea lembra Rousseau quando diz que, para religar as crianças à natureza, é preciso reconhecer que ela "palpita dentro de cada ser humano como íntimo sentimento de vida". Sua hipótese é que esse sentimento ainda está vivo nas crianças, expresso em sua alegria quando são deixadas livres para viver momentos parecidos como aqueles descritos pela imigrante alemã, mais de cem anos atrás:

> Isto aqui é um verdadeiro paraíso para as crianças, pois sempre podem estar ao ar livre e brincando com flores. Hoje Eva fez sua cama de brinquedo, como ela afirma, de flores caídas de azaleias vermelhas. Podes imaginá-la aí deitada, com seu cabelo escuro e de vestidinho branco jogando as flores para o alto e gritando de alegria.

Nem sempre, nem em todos os lugares, as crianças passaram um tempo tão longo de suas infâncias em instituições como escolas ou creches. Hoje, nos países ocidentais e também no Brasil, essa é uma realidade para uma grande parte das crianças a partir dos 3-4 anos e para uma porcentagem significativa dos pequenos de até 2-3 anos de idade. Da forma como os espaços e tempos estão organizados na maioria das creches e escolas, de como os adultos ali estão etiquetados em sua rígida divisão de trabalho, o paraíso das brincadeiras ao ar livre – a alegria na cama de flores da menininha migrante – torna-se uma miragem distante. Implícita em nossa escola, persiste a crença na oposição intransponível entre o brincar e o aprender, entre o fora e o dentro da "sala de aula". A despeito de todos os grandes pensadores e pensadoras da pedagogia terem demonstrado que o mesmo prazer da brincadeira também existe no descobrir, no explorar e portanto no aprender, elimina-se um lado da equação acreditando que se favorece o outro.

Nada mais longe da verdade: a criança pequena descobre o mundo quando encontra um meio favorável para brincadeiras livres, criativas, inventivas, em ambientes acolhedores e estimulantes, e constrói seus conhecimentos sobre o mundo, a natureza e as pessoas no vai e vem entre as experiências, as interações e o diálogo com educadores sensíveis, observadores, atentos e ativos junto a esse desabrochar infantil.

Mais ainda, como mostra a autora, questões fundamentais da sobrevivência de nosso planeta dependem da construção de uma consciência e de uma sensibilidade sobre quão precioso e frágil é este pequeno lugar do cosmos no qual a vida humana se desenvolveu. Consciência e sensibilidade que deveriam pautar a formação dos educadores, as decisões de gestores e a educação das famílias. Para que não encontrássemos mais britas nos pátios, janelas altas, paredes nuas, grades e portas fechadas nos espaços onde nossas crianças passam seus primeiros anos de vida.

Maria Malta Campos
20 de fevereiro de 2018

PREFÁCIO

No decorrer da prazerosa leitura deste livro, uma afirmação em particular me marcou logo na Introdução: "paixão pela beleza da vida". Ousaria dizer que todo o livro e a própria autora estão intimamente relacionados, imbricados e comprometidos com esse enunciado curto e de uma profundidade incrível. Paixão como pulsão que nos move em direção ao outro, com amor e com gosto pelo belo. Paixão como gosto de bem viver. Paixão como prazer indescritível pela simples possibilidade de viver...

Em tempos tão difíceis, de aumento das desigualdades; de convivência radicalmente antagônica entre abundância material e tecnológica *versus* extrema miséria e fome; de perda cotidiana de direitos; de expressões de intolerância, desrespeito e de tantos fenômenos tristes que indicam a barbárie que é a redução do outro e da vida a uma "coisa" ou mesmo a "um nada", escrever sobre vida, sobre crianças que possuem direitos, alegrias e saberes é não só muito importante. É um desafio!

Seria insuficiente analisar um livro com essa proposta sem falar da própria autora, que não tem medo de desafiar o *status quo* em nome da vida e do belo. Lea Tiriba, querida amiga e companheira de longa jornada pelos caminhos e descaminhos da educação ambiental, desenvolveu um modo peculiar de se abrir ao outro, para o novo que se apresenta, sem vacilar naquilo que busca como intenção. Nesse seu movimento, evidencia um elogiável compromisso com a educação pública, com a educação como direito inalienável de todos e todas, com a educação como elemento constitutivo da vida – animal, vegetal e humana.

Esse raro e peculiar estilo de trabalho a leva a se dispor ao diálogo e à criação com o outro, ao desejo de se abrir a culturas e saberes que

| 13

nos propiciam singulares aprendizados com a natureza e sobre como nos relacionarmos com as pessoas. Em *Educação Infantil como direito e alegria*, Lea demonstra como buscar o potencial da ação presente em cada momento que vivenciamos, como oportunizar e criar a partir do que a própria relação estabelece como potência.

A autora articula adequadamente destruição ambiental, desatenção e violência com as crianças e descaso com a Educação Infantil. Uma não se esgota na outra, mas todas se inter-relacionam, criando as particularidades na unidade da vida. Entender isso é fundamental. Lutamos pelo direito de viver integralmente com alegria e dignidade e fazemos esse caminhar de resistência e transformação com prazer, nos constituindo cotidianamente como seres humanos.

E porque digo que é fundamental essa compreensão complexa e unitária das múltiplas questões e dos desafios que nos colocamos nessa sociedade?

Ora, são as relações alienadas, ou seja, estranhadas, de ruptura eu-outro, inerentes à sociedade capitalista, que não só estabelecem a redução da natureza a uma "coisa" – posto que toda atividade humana criadora é mediada e voltada para a produção e reprodução de riqueza acumulada privadamente – como torna norma o descuido com o outro, principalmente com as crianças. Só em um momento histórico no qual radicalmente há a separação do outro na constituição do eu, em que o indivíduo é pensado e concebido fora das relações sociais, se torna aceitável o descuido, a falta de zelo para com as crianças e com o que elas são para a manutenção da pujança e da beleza da vida.

Assim, por muito tempo (e ainda hoje, apesar de avanços obtidos), a Educação Infantil foi posta na condição de tema secundário na educação ou reduzida à dimensão assistencial. Em termos pedagógicos e das teorias educacionais, isso se traduziu em um disciplinamento dos corpos e mentes para moldar crianças (des)ajustadas e necessárias a esse estilo de vida urbano, industrial, eurocêntrico e capitalista em que estamos imersos.

Ainda que isso nos inquiete e crie um sentimento de indignação, não surpreende a constatação de que o fazer educativo massificado, conformado aos interesses de mercado, acaba por reproduzir as cisões na vida, permitindo que a educação seja voltada para uma razão instrumental e para normas dominantes, negando a emoção, o corpo e a liberdade sensorial capaz de propiciar que nos sintamos natureza.

Se somos da natureza, se as crianças são da natureza, qual é o sentido ou sentidos em se educar as crianças nesse contexto? O que queremos com a Educação Infantil?

A questão é inquietante, mas a autora a responde sem vacilar. Seu posicionamento é claro e já é dito no título: a Educação Infantil é direito e é fonte de alegria! Para tanto, alguns aspectos fundamentais são tratados para que possamos caminhar nessa direção.

O primeiro é a defesa firme de que não se educa só a mente e pela razão. O corpo é parte da educação. Mais do que isso, educar pelo corpo significa fazê-lo de modo integral, pois somos nosso corpo e pelo corpo nos conectamos ao mundo. Há ainda uma questão epistêmico-política relacionada a esse tema. Negar o corpo é admitir, implícita ou explicitamente, que a mente e a razão são superiores aos sentidos e à emoção, reproduzindo não só a dicotomia, mas a hierarquia nas relações.

Essa cisão alienada, por sua vez, reflete outros ideários que igualmente expressam os limites da sociedade atual. Como mente é associada à pureza e ao masculino, e emoção e sentidos são ligados à natureza e ao feminino, estabelecer hierarquias normatizadas é não só produzir uma educação voltada para a razão instrumental, para uma "cabeça descolada do corpo", mas também machista, que legitima uma ideia de separação e superioridade dos humanos em relação à natureza, dos homens em relação às mulheres, das ciências puras e abstratas em relação às demais ciências, à filosofia e às artes. Se buscamos educar para a emancipação, para a liberdade, para a alegria e para o prazer de viver não podemos reproduzir esses binarismos estanques que negamos discursivamente.

Nesse mesmo movimento de superação das cisões, dicotomias e hierarquias, a autora trata com rigor da necessidade de se promover a Educação Infantil em áreas abertas, em se ter acesso a locais que possibilitem o contato e a troca com os elementos naturais. Isso não significa apenas

PREFÁCIO | 15

poder ter o direito de sair da escola, de visitar e estar em outros espaços, mas repensar o próprio espaço escolar! Essa afirmação é decisiva para toda a argumentação do livro. E é um posicionamento importantíssimo em um momento em que no Brasil se minimiza ou se ataca a própria escola como espaço formador.

É preciso, portanto, pensar o espaço escolar em termos físicos e também em suas relações, a gestão, sua disponibilidade de espaços livres, ou seja, entender, reconhecer e aceitar a escola como uma unidade complexa, viva e dinâmica.

Coerentemente, nesse momento de sua obra, Lea Tiriba traz a necessidade de se olhar para a escola como espaço de exercício democrático, onde se aprende a argumentar, decidir, conviver, estabelecer diálogos entre saberes com respeito aos povos tradicionais e originários, tão frequentemente invisibilizados em nosso país.

Em nossa cultura dominante, somos forjados para o individualismo e a competição. Logo, nada mais pertinente do que promover as instituições de Educação Infantil como espaços de formação da vida coletiva, solidária e democrática, onde se aprende a participar, a fazer escolhas, a assumir posições e a decidir.

Caminhando para o momento final do livro, nossa educadora, em um movimento de tessitura do que foi abordado, reforça sua defesa de uma educação que se organize com base no prazer, no reconhecimento, no zelo, no respeito mútuo; e que se realize por meio de experiências de aprendizagem que brotam no cotidiano escolar.

É um livro a ser lido por educadores e educadoras da infância atentos aos desafios ambientais. Sobretudo, é um livro a ser lido por todos e todas que buscam uma educação com as crianças, pelas crianças, para as crianças e das crianças, em nome da vida e do direito de bem viver!

Prof. Carlos Frederico B. Loureiro
Faculdade de Educação/Universidade Federal do Rio de Janeiro
4 de novembro de 2017

Introdução

Este trabalho nasceu de uma paixão pela beleza da vida – tal qual ela existe como dádiva para todas as espécies –, mas também do amor pelas crianças, esses seres encantadores, recém-chegados ao convívio social. Interessada em vivenciar bons encontros, em oferecer-lhes espaços de exercício da alegria, mobiliza-me o fato de permanecerem, a maior parte do tempo, em espaços entre paredes. Distantes do sol, da água, da terra, do vento, nos centros urbanos, as crianças não brincam mais onde historicamente os humanos brincaram, ou ainda brincam. Na contramão de uma paixão que insistentemente manifestam pelo contato com elementos do mundo natural, elas estão "emparedadas".

Criei a expressão "emparedar" para designar a ação de manter as crianças entre paredes nos muitos espaços além das salas de atividades das Instituições de Educação Infantil (IEIs) – dormitório, refeitório, sala de vídeo, galpão –, e também para expressar a condição de emparedamento a que são submetidas.

Escrevi este trabalho tendo como pressuposto a ideia de que há uma relação entre degradação das condições ambientais do planeta e desatenção às necessidades e aos desejos das crianças em espaços de Educação Infantil. Entendendo que os seres humanos são, simultaneamente, seres de cultura e de natureza, e que o pertencimento à natureza foi se perdendo no processo de produção da visão de mundo moderna, a minha intenção é compartilhar reflexões sobre como esta visão divorciada se reproduz nos modos de organização da sociedade ocidental e das escolas.

Interessada em qualidade de vida, considerando as creches e pré-escolas como espaços de viver o que é bom, o que alegra e potencializa a existência, tenho o objetivo de fazer reflexões e de compartilhar concepções e práticas pedagógicas comprometidas com a saúde das crianças e do planeta, pensando caminhos de conexão. Concepções e práticas que religuem seres humanos com a natureza e digam não ao consumismo e ao desperdício; que redesenhem os caminhos de conhecer e digam sim às vontades do corpo; sempre com a cabeça no futuro, atentas às novas tecnologias, mas também aos saberes, estilos de pensar, viver e sentir de nossos povos ancestrais, no sentido de que estes saberes nos ajudarão a reinventar modos de funcionamento social e escolar que sejam democráticos, populares, ecológicos e orientados pela ética do cuidado de si, das sociedades humanas e dos demais seres bióticos e abióticos.

A natureza é a força ativa que criou e que conserva a ordem natural de tudo quanto existe. É a própria vida, criadora de todos os seres que constituem o Universo. Como nos diz Marilena Chaui (2001, p. 209), a natureza "é o princípio ativo que anima e movimenta os seres (...) força espontânea capaz de gerar e de cuidar de todos os seres por ela criados e movidos". A natureza é a substância única de que todas as coisas são modos... é a vida que se expressa em todos os seres, coisas e fenômenos (ESPINOSA, 1983).

As crianças são seres da cultura (VYGOTSKY, 1989), mas, simultaneamente, da natureza. Declaram sua paixão pelos espaços ao ar livre porque são modos de expressão desta mesma natureza; porque, sujeitas à dinâmica comum a todos os seres vivos, elas tendem a se associar, a estabelecer elos, a cooperar. Assim, considerando que todas as formas de vida sobre a Terra evoluíram juntas por bilhões de anos – num movimento de coevolução que é a dança da vida em andamento (BOFF, 1999) –, é preciso valorizar esse diálogo da criação, manter e alimentar os elos que afirmam as crianças como seres orgânicos, parte de um todo maior, o cosmo. É preciso reinventar os tempos, os espaços e as rotinas das IEIs, possibilitando que as crianças tenham acesso ao ambiente natural, "constituído por todos os seres vivos, humanos e não humanos, mas também por seus processos físicos, como o ar, as montanhas e os fenômenos climáticos" (TIRIBA; PROFICE, 2014, p. 48).

Nas palavras de Carlos Frederico Loureiro,

> O ambiente é sempre uma síntese da dimensão natural e da social. Portanto, o ambiente é um conjunto de relações sociais que estabelecemos entre nós e com a natureza em um determinado espaço e tempo. Logo, o ambiente não é uma categoria dada, mas uma construção que nos situa no mundo e envolve cultura, economia, valores, conhecimentos, interesses e necessidades materializados em um território (LOUREIRO, 2012, p. 108).

Nesta linha de pensamento, a natureza não é apenas fonte de recursos, mas entendida

> (...) como ontologicamente prioritária para a existência humana, aquilo que nos antecede e que de nós independe, cuja dinâmica ecológica, mesmo que por nós mediada e transformada, precisa ser conhecida e respeitada a fim de que o modo de produção seja compatível com sua capacidade de suporte e de regeneração (Idem, p. 29).

Instigada pela degradação das condições de existência na Terra, indignada com a dura realidade dos que vivem nas zonas de sacrifício da expansão capitalista (COSENZA; KASSIADOU; SÁNCHEZ, 2014), perguntando-me sobre o sentido de educar crianças em um mundo em que a própria vida está ameaçada, foi que, nos últimos vinte anos, tornei-me educadora-ambientalista. Assim, além de me dedicar à prática dos três "Rs" ecológicos (Reduzir, Reaproveitar e Reciclar), dei início a um processo de busca de elementos que vem me permitindo compreender o quadro de insalubridade instaurado no planeta. Esse exercício vem possibilitando o vislumbre de conexões entre esse quadro e a realidade cotidiana de crianças em espaços de Educação Infantil: longos períodos em espaços fechados, intermináveis esperas, submissão a rotinas que não respeitam seus ritmos próprios, que não consideram seus interesses e desejos... Haveria relações entre esse modo de funcionamento que submete o corpo e o modelo de desenvolvimento que oprime a natureza?

Atuando como professora, educadora de educadoras, assessora, coordenadora ou consultora no campo da Educação Infantil – em redes públicas, particulares ou comunitárias e posteriormente na universidade –, o convívio com crianças de 0 a 6 anos, suas famílias e professoras tem me levado à constatação de que, muitas vezes, a vida, no cotidiano das instituições, não se constitui como tempo e lugar de alegria, potência.

Sobretudo as experiências de trabalho como assessora de redes de creches públicas e comunitárias, especialmente em centros urbano-industriais – como Ipatinga (MG), Santo André (SP) e Blumenau (SC) –, aguçaram questões relativas à qualidade de vida em cidades cujo cotidiano está regido pelo imperativo da produção. E possibilitaram a formulação da hipótese de que há uma relação entre degradação das condições ambientais do planeta e desatenção às necessidades e aos desejos das crianças em espaços de Educação Infantil.

Por um conjunto de razões econômicas, políticas e culturais, a maioria delas carece de qualidade de vida, tanto nos espaços privados da casa, da família, quanto no espaço das instituições que, pelo menos uma parte delas, tem, em certo sentido, o privilégio de frequentar.

Digo *privilégio* porque, de fato, mesmo o acesso a creches e pré-escolas ainda não é um direito de todas, especialmente as crianças entre 0 a 3 anos. E digo *em certo sentido* porque nem sempre, nas instituições, elas desfrutam de qualidade de vida, enquanto conjunto de elementos de natureza material e imaterial que proporcionam bem-estar físico e espiritual. Entre eles, o convívio com o mundo natural.

Ao longo da vida, primeiro como estudante, depois como educadora, mas também como mãe e como mulher, sempre me incomodou o cenário principal das escolas: salas de aulas, geralmente inóspitas, alunos em carteiras enfileiradas, quadro, giz, um professor à frente. Na Educação

Infantil, é diferente, mas ainda assim, não tão animador: muitas mesas, pouco espaço para o movimento, rodinhas que imobilizam as crianças, não em carteiras, mas no chão, filas para ir de um lado a outro, pouco tempo em espaços ao ar livre...

Essa disposição dos tempos e espaços, em especial nos lindos dias de sol lá fora, sempre me produziu uma sensação de que algo estava errado, sempre me pareceu estranha e inadequada. Estranha à interação com a realidade social: fechada entre muros, desarticulada dos cenários onde ocorre a vida de verdade, indiferente, insensível ou artificial na relação com o que, de fato, mobiliza e tem significado. E inadequada à saúde do corpo, à relação dos humanos com o mundo natural, ao desfrute do vento, do sol, este elemento vital, cuja energia assegura a vida de cada ser, da Terra! Inadequada porque indiferente à beleza do universo mais amplo em que estamos situados, às necessidades do corpo e do espírito. Um espaço contido, de crianças e adultos entre paredes, mas fervilhando de energias humanas. Lugar onde o movimento livre dos corpos é tido como perturbação de uma ordem necessária à aprendizagem.

Por que esse desinteresse pelo mundo da vida? Por que essa negação na prática, essa desvalorização do que acontece lá fora, na comunidade, na cidade? Por que essa distância da vida ao ar livre, para além dos muros da escola?

Mais como sensações, como incômodo, essas questões relativas às relações entre seres humanos e natureza perpassaram minha trajetória profissional. Estiveram presentes, ainda que de forma difusa, na pesquisa realizada no mestrado (TIRIBA, 1992), e foram sendo, pouco a pouco, atravessadas por reflexões em torno da problemática ambiental. Concretamente, resultaram, a princípio, num investimento na ideia de assumir a escola como espaço de sistematização de pesquisas sobre o mundo que está lá fora. Assim, passei a realizar, ao ar livre, muitas atividades com as crianças e mesmo de formação de educadoras, especialmente as que aconteciam na zona oeste do município do Rio de Janeiro, ou em cidades do interior deste e de outros estados brasileiros. Em andanças pelas comunidades e seus arredores, fomos – eu, as crianças, alunas, ou equipes que coordenava/assessorava – (re)descobrindo a riqueza da diversidade natural e social do meio em que vivíamos e trabalhávamos. Fomos descobrindo, sobretudo, que é possível atuar, planejar, dar aulas, produzir, brincar em espaços para além dos muros da escola!

Nesse contexto, impulsionada pelo desejo de uma aproximação real do saber popular e da realidade das favelas e do asfalto, tive a intuição de que só é possível preservar aquilo que amo, e só é possível amar aquilo com que me relaciono concretamente. Nessa perspectiva, a alimentação de relações humanas marcadas pelo afeto (pelo outro individual ou coletivo), assim como a conservação e a preservação[1] da natureza, passaria por uma aproximação física e afetiva desse mesmo ambiente natural.

Simultaneamente, esse movimento de aproximação do mundo da vida não poderia ser abstrato, racional. Exigia movimentos de corpo. Não bastava uma relação com o lado de fora das escolas, era preciso inventar um novo cenário interno, desenhar novas disposições espaciais que libertassem o corpo e favorecessem a circulação mais livre de energias, de ações e ideias emocionadas. A intuição era a de que uma aproximação do mundo da vida exige plenitude de movimentos de corpo e de espírito.

A partir dos anos 1990, o envolvimento com o processo preparatório da Eco-92 levou a um compromisso permanente, cotidiano, com ações locais – em casa, no bairro, nos espaços de trabalho, em minhas atividades de professora ou educadora de educadoras. Nesse novo contexto, em que ganhava força uma nova consciência de espécie, foi possível começar a me interrogar sobre possíveis conexões entre desrespeito à natureza planetária e desrespeito ao corpo humano. E, por associação, chegar à questão das rotinas escolares, nas quais a relação com a natureza não é alimentada; o racional é priorizado em detrimento do emocional, o trabalho e não o lazer tem lugar privilegiado, os corpos infantis são contidos em seus movimentos de expansão.

Nas cidades industriais, essa anomalia torna-se mais evidente: a vida acontece em espaços de muito cimento e pouco verde, o tempo dedicado ao trabalho avança sobre o tempo de lazer, de brincar, de não produzir, de não pensar. Pais, mães, familiares das crianças, muitos dos quais empregadas domésticas, trabalhadores das fábricas, do comércio: todos cumprem uma longa rotina de trabalho. As crianças, em consequência, têm o mesmo destino de seus pais: acordam muito cedo, e, no inverno ou no verão, com chuva ou sol, são conduzidas à creche. No fim do dia, retornam para casa, levadas geralmente pelas mães, que, via de regra, têm ainda pela frente uma terceira jornada de trabalho. As crianças chegam já cansadas, já com sono, para estar um pouco com a família, dormir e no dia seguinte começar tudo outra vez (TIRIBA, 2001).

De fato, atuando profissionalmente em cidades como Ipatinga, Santo André e Blumenau é que passo a conhecer de forma mais viva e contundente esse estilo, esse modo de viver que se afirma a partir das revoluções burguesas na Europa dos séculos XVIII e XIX, quando o trabalho passa a ocupar um tempo muito maior na vida cotidiana. Antes ele não tinha o valor existencial que lhe atribuímos atualmente; a dicotomia entre brincar/trabalhar não era tão acirrada como agora; o tempo do trabalho era o tempo de viver, cuidar de si e do coletivo. Assim, as brincadeiras não se resumiam aos momentos furtivos que lhes dedicamos hoje, mas eram um meio fundamental de estreitamento dos laços coletivos, diferentemente do que ocorre na atualidade, quando o divertimento e a brincadeira comunitária ou entre pais e filhos acontecem em raros intervalos entre duras jornadas de trabalho, ou, simplesmente, não acontecem. É uma atividade que hoje, na agitação nervosa da cidade grande, parece não ter importância.

Para não reproduzir, no cotidiano das creches e escolas, esse modo de funcionamento social em que os tempos e os espaços vão sendo tragados pela lógica do produtivismo, um dos desafios foi o de compreender como uma engrenagem burocrática de atendimento vai roubando tempo para as narrativas, vai corroendo as interações afetivas, vai retirando as crianças dos ambientes que mais as agradam. Como cuidar e educar as crianças pequenas, protegendo-as no que for possível das agruras impostas por um modo de funcionamento social orientado pelo objetivo da produção e da acumulação, em que o desejo, a felicidade, as vontades do corpo pouco ou nada importam?

Em torno dessa questão, outras perguntas se colocavam:

Que relações estabelecem entre si a instituição familiar e a IEI? Ou, mais concretamente, que relações estabelecem entre si os adultos que povoam a vida das crianças – pais e mães, sempre tão ocupados, assim como os educadores –, todos trabalhadores submetidos a uma mesma lógica social opressiva?

Haveria uma articulação entre essa situação e a degradação das condições ambientais da Terra?

Quais as origens históricas do estado de insalubridade generalizada das condições de vida no mundo em que vivemos?

Como se constituiu historicamente esse modelo de desenvolvimento que produz, simultaneamente, desigualdade social, desequilíbrio ambiental e sofrimento psíquico (GUATTARI, 1990)?

Que concepções filosóficas e científicas se constituíram como referência para esse modelo?

Como essas macroconcepções se materializam no cotidiano das escolas de Educação Infantil?

Como subvertê-las?

Essas perguntas estão na base da minha pesquisa de doutorado, realizada entre 2001 e 2005, na Pontifícia Universidade Católica do Rio de Janeiro (PUC-RJ), com o objetivo de buscar elementos teóricos para a compreensão das origens e das condições atuais do contexto socioambiental mais amplo em que estamos situados; e, simultaneamente, buscar o que dele escapa, o que é fissura e pode se constituir como linha de fuga para a alimentação e hegemonização de outras lógicas paradigmáticas, no cotidiano da vida, nas rotinas de creches e pré-escolas.

Este livro recupera os movimentos que fiz no sentido de compreender o estilo ocidental de organizar a vida social e, em consequência, a rotina das crianças nos espaços escolares, onde, na maior parte das vezes, elas não são assumidas em sua integralidade existencial. A hipótese era a de que haveria uma articulação entre essa situação de desrespeito às crianças e a destruição da Terra.

No processo de produção da tese, para negar ou confirmar essa hipótese, fiz dois movimentos: por um lado, busquei elementos teóricos para a compreensão das origens e das condições atuais do contexto socioambiental mais amplo em que estamos situados. Por outro, fui buscar nos Centros de Educação Infantil (CEIs) da cidade de Blumenau elementos que pudessem evidenciar uma conexão entre os planos macroplanetário e microcotidiano.

No plano teórico, a partir do pressuposto de que a cultura é uma construção histórica, e um paradigma é uma construção imaginária que se tornou hegemônica (PLASTINO, 2001), busquei compreender as conexões que se estabeleceram entre a economia, a ciência e a filosofia, re-tecendo uma rede de conceitos e valores que vêm dando sustentação ideológica à sociedade burguesa, estruturada em torno da produção de mercadorias. Assim – ao lado de meu orientador, Leandro Konder, acompanhando-o em aulas de filosofia da educação oferecidas nos cursos de graduação, mestrado e doutorado – fui identificando pensadores que refletiram movimentos de reafirmar ou questionar a nova visão de mundo, os novos costumes, os valores e as normas que foram sendo instituídas, as concepções filosóficas que foram se gestando, sobretudo no período que antecede e sucede as revoluções ocorridas no século XVIII, quando se consagram o individualismo, o privatismo, o antropocentrismo, o patriarcado...

Procurando explicações para a atual situação socioambiental do planeta, querendo um novo lugar para o ser humano na relação com a biodiversidade, optei por visitar pensadores que apontam fissuras na visão de mundo da modernidade; que, através de distintas abordagens, denunciam uma confiança total na objetividade e no poder explicativo do racionalismo científico, ou que formulam proposições a respeito da situação atual e do futuro da vida na Terra. Nesse amplo horizonte de reflexões, os autores com quem dialoguei não se situam num mesmo quadro teórico. Pelo contrário, muitas vezes se inserem em perspectivas díspares. O que os trouxe ao diálogo foram ideias indicativas de um modo de pensar e sentir a vida que divorcia seres humanos e natureza; ou, então, ao contrário, ideias que denotam, no emaranhado de relações de lucro e de poder, filosofias de vida que não se constituíram como cânones. Assim o texto expressa um movimento de busca de visões-sentimentos de mundo que muitas vezes destoam, mas que indicam uma necessidade, um desejo de equilibrar razão e emoção, inconsciência e consciência, corpo e mente, cultura e natureza, compondo uma espécie de subsolo do que se afirmou como hegemônico. Por isso, no movimento de volta ao passado e retorno ao presente, fui realizando o que Deleuze denomina como roubo de conceitos; isto é, fui provocando "encontros de ideias, de escolas filosóficas, de filóso-fos, de acontecimentos (...) que proporcionam a matéria da produção conceitual (...)" (GALLO, 2003, p. 34).

Buscando referências empíricas, escolhi Blumenau como campo de pesquisa porque a cidade me pareceu ideal para busca de respostas so-bre concepções filosóficas e científicas modernas que se afirmaram e se materializaram no cotidiano. Importante centro industrial brasileiro, a cidade foi fundada em 1850, por colonizadores alemães, cuja maneira de pensar e viver foi marcada pelos ideais, pela visão de mundo ocidental que se afirmou entre 1750 e 1850, quando ganhou forma e se fortaleceu o modelo de desenvolvimento hegemônico. Esses cem anos são emble-máticos porque neles estão situados a Revolução Industrial, a Revolução Francesa, o nascimento do capitalismo e do socialismo. Nascem também nesse período a família nuclear, as escolas modernas, as creches; e as cidades se afirmam como espaços privilegiados para a vida das popula-ções europeias. A história da cidade remete a um tempo em que foram fabricados a modernidade e o sujeito moderno, quando se fortaleceu o modelo de desenvolvimento hegemônico. Assim, pareceu a mim que, em Blumenau, eu encontraria melhores condições para compreender as origens do estado de insalubridade generalizada das condições de vida no mundo em que vivemos hoje.

Em realidade, a escolha da cidade deveu-se à confluência de dois fatores, que, na prática, se complementaram: 1) ser Blumenau, tipicamente, a expressão de uma sociedade capitalista-urbana-industrial fundada justo no ápice de um processo de transformação histórica que nasceu cem anos antes, com os ideais iluministas; e 2) haver a possibilidade de realizar aí uma pesquisa-intervenção, isto é, uma pesquisa que pretende intervir na realidade para conhecê-la e quer conhecê-la com a intenção de transformá-la (BARROS, 1994).

Diante do desafio de transformar, com vistas a perguntar sobre o que está posto e no sentido de invocar e desafiar para além, os conceitos exerceram uma função de questionamento e provocação da realidade. Por isso são conceitos-ferramenta. Essa é a sua função na filosofia de Deleuze e Guattari:

> Para eles, a criação de conceitos é necessariamente uma intervenção no mundo, ela é a própria criação do mundo. Assim, criar conceitos é uma forma de transformar o mundo; os conceitos são as ferramentas que permitem ao filósofo criar um mundo a sua maneira. Por outro lado, os conceitos podem ainda ser armas para a ação de outros, filósofos ou não, que dispõem deles para fazer a crítica de mundo, para instaurar outros mundos (GALLO, 2003, p. 41).

A partir dessa ideia, e entendendo que "o conceito é imanente à realidade, brota dela e serve justamente para fazê-la compreensível" (Ibidem), elegi a ideia de equilíbrio ecosófico como referência para a análise da realidade e para as transformações que desejo fomentar. O conceito de ecosofia, formulado por Guattari (1990), articula três ecologias: mental, social e ambiental. A ecologia mental diz respeito à qualidade das relações de cada ser humano consigo mesmo; a ecologia social está relacionada à qualidade das relações dos seres humanos entre si; e a ecologia ambiental diz respeito às relações dos seres humanos com a natureza.

As três ecologias vêm se constituindo como ferramentas teórico-práticas para a produção de um projeto de educação comprometido com a vida nos planos pessoal, social e ambiental porque, em sua articulação, esses registros ecológicos expressam as dimensões da existência. E, por outro lado definem equilíbrios ecosóficos que expressam a qualidade de vida na Terra. Assim, a referência nas ecologias possibilita a reflexão sobre a qualidade do existir.

A ecologia pessoal diz respeito às relações de cada um consigo mesmo, às conexões de cada pessoa com o seu próprio corpo, com o inconsciente, com os mistérios da vida e da morte, com emoções e sensações corporais, com sua espiritualidade. Sem prejuízo ao conceito de ecologia mental trabalhado por Félix Guattari em "As três ecologias", prefiro adotar a partir daqui a expressão "ecologia pessoal", por sua abrangência e por apontar para a superação do dualismo corpo e mente. Envolvendo as dimensões física, emocional, espiritual, tal expressão evidencia a intenção de abordar a vida como ela é vivida, em suas satisfações e insatisfações relativas à existência cotidiana: como e quanto tempo dedicamos a nós mesmos, quanto e como dormimos, comemos, namoramos, dançamos, trabalhamos, nos divertimos, descansamos, interagimos, enfim, nos dedicamos ao que nos alegra, nos potencializa ou ao que nos desenergiza, enfraquece!

A ecologia social se refere às relações dos seres humanos entre si. Desde as relações geradas pela vida em família, com nossos pais, filhos, cônjuges e outras pessoas com quem partilhamos nosso microcotidiano, até as relações que estabelecem as nações e os povos entre si, passando por toda uma rede infinita e indeterminada de relações sociais que articulam a vida na escola, no bairro, na cidade, nos movimentos e nas lutas sociais, nas atividades de lazer e culturais. Assim, são exemplos as relações de poder entre povos do Norte e do Sul do planeta, entre as nações ricas e pobres, entre classes dominantes e dominadas, entre grupos sociais majoritários e minoritários (por exemplo, os sem-terra e os com terra, os sem-teto e os que têm teto); entre homens e mulheres, educadores e educandos, companheiros de trabalho, vizinhos, entre adultos e crianças. Que características permeiam as relações entre homens e mulheres; meninos e meninas? A ecologia social retrata a qualidade dessas relações. Em nossa sociedade, que possibilidades temos de atenção, conexão, com as questões que dizem respeito a todos nós, ao que interessa não apenas a cada uma, mas a todas as pessoas?

A ecologia ambiental trata das relações que os seres humanos estabelecem com a natureza. Desde as relações espirituais, expressas pela religiosidade – ou que são definidas por vínculos ancestrais dos seres humanos com a natureza, com o cosmo –, até as formas de ação sobre o mundo natural, motivadas pela necessidade de sobrevivência material, e/ou domínio ou controle. A análise das relações dos humanos com a natureza em diferenciadas culturas revela concepções distintas do que é o Ser, a perspectiva ontológica, a percepção de seu lugar no cosmo, de unidade, ou distanciamento em relação às outras espécies. A ecologia ambiental diz respeito a e reflete as diferenciadas maneiras como os grupos humanos se relacionam com a natureza, de forma sustentável ou predadora, com o objetivo de satisfazer suas necessidades fundamentais, ou com o objetivo de apropriação-transformação-consumo-descarte, quatro ações básicas que equivocadamente definem, em nossa civilização, o nível de desenvolvimento das sociedades. Nessa linha, a ecologia ambiental é definida também por relações de poder provocadoras de desigualdade, no contexto de uma sociedade em que a apropriação privada do ambiente é entendida como direito.

Em sua articulação, os três registros ecológicos definem equilíbrios ecosóficos que expressam simultaneamente respeito ou desrespeito aos universos humano e não humano.

> Inúmeros processos de degradação ambiental atingem a dignidade humana de indivíduos e de comunidades humanas inteiras, na exata proporção da desigualdade social existente. A degradação do ambiente, nesse aspecto, é, efetivamente, uma ameaça aos Direitos Humanos, já que muitas vezes atingem a vida, a saúde e a cultura de indivíduos e comunidades humanas em estado de maior vulnerabilidade social, de modo mais intenso e desproporcional em comparação com o restante da população, em verdadeiros processos de recusa à dignidade humana dos atingidos (RAMMÊ, 2012, p. 140).

Assim, a referência nas ecologias possibilita a reflexão sobre a qualidade da existência. Com referência nesse conceito, pude perguntar: que equilíbrios ecosóficos nossos tempos definem? Qual a qualidade das relações de cada ser humano consigo mesmo, com os outros humanos e com a natureza, com as outras espécies que habitam a Terra?

Essas perguntas orientaram todo o trabalho da pesquisa, nos planos molar e molecular.[2] No plano macropolítico, molar, constituíram-se como parâmetros, para refletir sobre esse momento da história da humanidade e do planeta, que segue permeado por relações de lucro e de poder. No plano micropolítico, molecular, foram referência fundamental para pensar o cotidiano das crianças e adultos que, todos os dias, permanecem durante oito, dez ou doze horas nas IEIs da cidade que escolhi como campo de pesquisa.

A utopia de produção de uma outra realidade macroplanetária e microcotidiana exigiu uma leitura do mundo em que vivemos hoje, em busca dos sentidos, dos princípios, dos objetivos, enfim, dos elementos teórico-práticos que constituem a visão de mundo moderna. E, por outro lado, nas práticas cotidianas de crianças e educadoras, a identificação do que está instituído e do que escapa à lógica hegemônica.

Para fazer essa leitura, recorri aos referenciais de correntes de pensamento contemporâneas que buscam explicações para a atual situação socioambiental do planeta. Entre elas, ganhou destaque o ecofeminismo, um conjunto de análises e proposições a respeito da situação atual e do futuro da vida na Terra, que denuncia uma confiança total na objetividade e no poder explicativo do racionalismo científico. Afirmando uma relação entre opressão patriarcal e desequilíbrio ambiental, tece pontes entre dois dos movimentos mais importantes deste fim/início de século: o ecologismo e o feminismo.

É preciso explicar que a opção pelo ecofeminismo não implicou compromissos com questões de gênero. Mas, sem dúvida, foi fortalecida pelo fato de que, no Brasil e na América Latina, somos nós, mulheres, que, historicamente, acompanhamos as crianças em suas primeiras incursões pela vida.

Assim é que, valorizando o que aprendemos, não como protagonistas, mas como coadjuvantes no processo de produção da sociedade do capital, ao longo do texto, opto pelo feminino ao me referir às profissionais que atuam nas IEIs. E, ainda que a lei, hoje, defina a professora como profissional responsável pela educação das crianças, uso predominantemente o termo "educadora", porque esta é a forma como elas se apresentaram ao preencher a lista de presença de participantes dos encontros realizados durante a pesquisa de campo em Blumenau. Além disso, essa é também a forma como as profissionais, exercendo as funções de professoras ou de auxiliares de serviço, se apresentavam (ou se apresentam) em Santo André e Ipatinga, como também nas redes comunitárias do Rio de Janeiro.

Aqui é importante esclarecer que, ao longo deste trabalho, utilizo, como sinônimo de (sistema ou sociedade) capitalista-urbana-industrial-patriarcal, o termo "capitalístico(a)" (GUATTARI; ROLNIK, 1986), não apenas para definir as relações sociais características do capitalismo, mas também para aquelas que foram engendradas pelo socialismo burocrático.[3]

O que desejo deixar claro é que a expressão "sistema mundial capitalista-urbano-industrial-patriarcal" estende-se a todas as formas de organização social fundadas sobre relações de exploração do capital, seja ele privado, seja estatal (daí a expressão "capitalístico[a]"). Além disso, a todos os modelos econômicos que fizeram/fazem da natureza simples objeto de dominação, exploração, consumo e descarte. Pois o socialismo é fruto da Revolução Industrial e também viu a natureza como simples matéria-prima à disposição dos humanos. A diferença em relação ao capitalismo – e isto faz muita diferença – foi que propôs a propriedade coletiva dos recursos naturais e uma distribuição igualitária, ou mais generosa, dos bens materiais que são socialmente produzidos. Isto é importante, mais que nunca se mostra necessário. Entretanto, do ponto de vista das relações com a natureza, as duas formas de organização social foram maléficas, pois a questão da sua preservação está para além da apropriação privada dos recursos naturais e dos bens que eles geram. Hoje sabemos que não basta instituir o controle público e a distribuição justa da riqueza, como o projeto socialista ensaiou. É preciso produzir de forma sustentável, isto é, assegurando as necessidades do presente sem comprometer as possibilidades das gerações futuras de atenderem as próprias necessidades.

Nos últimos anos, a consciência da degradação das condições socio-ambientais vem gerando movimentos sociais que, entre outros efeitos, impulsionam políticas públicas norteadas pela necessidade de pro-duzir uma nova qualidade de vida nas relações que os seres humanos estabelecem entre si e com o meio ambiente. No campo da educação, grupos comunitários, ONGs e administrações públicas municipais vêm desenvolvendo projetos e atividades educacionais que questionam esse modelo de desenvolvimento e visam a um novo modo de viver e de pensar a existência humana sobre a Terra. Está cada vez mais claro que, para reverter o quadro socioambiental em que estamos mergulhados, é necessário atuar nos níveis macropolítico e micropolítico, pois a luta contra a captura não se situa apenas no plano da economia política, mas também no plano da economia subjetiva. Na visão de Guattari, "Os afrontamentos sociais não são mais apenas da ordem econômica, eles se dão também entre diferentes maneiras pelas quais os indivíduos e grupos entendem viver a sua existência" (GUATTARI; ROLNIK, 1986, p. 45).

Na perspectiva de transformação de um quadro generalizado de insalubridade que afeta a vida das sociedades humanas e o conjunto das espécies, a realização da pesquisa em IEIs, como o trabalho de formação que realizo ainda hoje, tem o sentido de questionar as concepções e as práticas que reproduzem, no dia a dia, os seus fundamentos. Os diálogos com as educadoras intencionam subverter esse quadro com interrogações sobre as ações cotidianas, de tal modo que seja possível, nos planos das três ecologias, contribuir para o rompimento com o instituído.

Penso que, no universo escolar, as IEIs ainda são campos férteis para estas rupturas – que Guattari (1987) denomina como "revoluções moleculares" –, porque é um segmento que ainda não sofreu inteiramente os efeitos da institucionalização escolar.

Essa é uma afirmação que vem sendo posta em xeque no contexto brasileiro atual, em que são claras as tentativas de enquadramento escolarizante desse segmento. Por exemplo, através de propostas de redução do corte etário para 5 anos, avanço do apostilamento e aprovação de uma Base Nacional Comum Curricular (BNCC) (BRASIL, 2017).

Num cenário de crise – em que os recursos para a educação escasseiam e o privado se insinua de forma já não tão sutil –, as crianças se tornam as vítimas mais frágeis de um perverso sistema que arranca tudo que pode das parcelas mais frágeis da população. Nesse contexto, seria mais produtivo que os movimentos sociais por Educação Infantil investissem energia em lutas por outras metas indicadas no Plano Nacional de Educação (PNE/2014) do que apostar na criação de um currículo nacional. Entre elas, as voltadas para a formação e também para a ampliação do atendimento às crianças de 0 a 3 anos, faixa etária desprotegida: por exemplo, na região metropolitana do Rio de Janeiro, onde vivem 41% das crianças do Estado. Aí, as creches comunitárias, criadas a partir da organização dos movimentos populares, fecharam porque os gestores públicos já não realizam convênios, e as redes públicas seguem indiferentes e incapazes de responder à urgência da demanda (SANTOS, 2013).

De qualquer forma, ainda que num contexto de investidas escolarizantes, talvez seja possível afirmar que a Educação Infantil é um campo mais flexível, em que são maiores as possibilidades de subversão de valores e transgressão de práticas educacionais que sustentam a lógica capitalística.

Há, na própria legislação, um compromisso com a educação integral das crianças, o que implica o desafio de assumi-la em todas as suas dimensões: corporal, emocional, cognitiva, espiritual, lúdica, política, social... Assim, a definição legal favorece um trabalho de formação de educadoras que vise à qualificação da vida no interior dessas instituições, buscando superar tanto uma concepção de atendimento que privilegia os cuidados – voltando-se fundamentalmente para os aspectos físicos (função de guarda) – quanto uma outra concepção cognitivista, que, sob diferentes roupagens teórico-metodológicas empiristas, construtivistas, mesmo sociointeracionistas tem como meta principal a transmissão e a apropriação de conhecimentos.

Vale realçar que a Educação Infantil não tem objetivo de promoção, nem mesmo para o acesso ao Ensino Fundamental (Lei de Diretrizes e Bases da Educação Nacional – LDB/1996, artigo 31). Isso possibilita um campo mais aberto para experimentações que, em um contexto democrático, poderão inspirar, também, concepções e práticas dos segmentos de ensino posteriores.

Outro aspecto favorável é que a educação em creches e pré-escolas é assumida legalmente como complementar à ação da família e da comunidade, o que favorece a ampliação do próprio conceito de educação e o questionamento das instituições de ensino como únicos espaços legítimos de aprendizagem, impulsionando-as à construção de novas relações com o entorno, com o mundo (TIRIBA, 1992).

Há ainda outro fator, decorrente da diversidade de setores sociais que sempre atuaram nesta área: o esforço de sobrevivência e de qualificação do atendimento (levado à frente por instituições comunitárias, beneficentes e filantrópicas que, na ausência do Estado, historicamente assumiram – e ainda assumem – o atendimento às crianças de 0 a 6 anos) possibilitou e ainda poderá possibilitar a descoberta/invenção de caminhos alternativos de educação, orientados por condições materiais e culturais que são distintas do modelo padrão, burguês, de classe média.

Hoje, esses caminhos se entrelaçam com os que são trilhados pelas redes públicas, na medida em que se torna cada vez mais frequente e significativo um movimento de parceria entre as administrações municipais e as instituições e grupos da sociedade que atuam junto às crianças, provocadas, principalmente, pela falta de recursos públicos. Essa proximidade poderá, talvez, em função da disputa entre as forças sociais em jogo, gerar novas políticas de formação de educadores e novas práticas educacionais mais respeitadoras da diversidade (de culturas, valores, costumes, interesses, saberes), atentas à necessidade de produção de novos modos de organização social e escolar.

Essas características delineadoras do campo da Educação Infantil foram favoráveis à realização de uma pesquisa interessada não apenas na observação e compreensão do que existe, mas também do que pode alavancar, enquanto devir.

As escolas são espaços onde as crianças passam, diariamente, sistematicamente, muitas horas diárias, por longos períodos de sua vida, justo os primeiros de sua existência. Nas IEIs convivem mulheres (mães e educadoras), pais, famílias, irmãos, vizinhos... Num contexto de tantas interações humanas, as instituições são lugares da diversidade, de encontro e confronto de infinitas formas de sentir e de viver a vida. É nesse espaço que ela, cotidianamente, é produzida. É aí que as pessoas, no dia a dia, podem fazê-la mais penosa ou leve, é aí que a tristeza e a alegria da vida são, todos os dias, experienciadas, vividas.

Inspirada em Espinosa (1983), penso nas IEIs – e também nas escolas de Ensino Fundamental – como espaços de produção de uma realidade pautada numa ética referenciada no que *é bom* e no que *é mau*. Isto é, em vez de uma moral fundada num conceito transcendente de Bom e Mau, busco uma ética que tenha como referência o que convém a nossa natureza (é bom) e o que não convém a nossa natureza (é mau).

Deleuze, escrevendo sobre a *Ética*, de Espinosa, explica que, na visão do filósofo do século XVII,

> O bom existe quando um corpo compõe diretamente a sua relação com o nosso, e, com toda ou com uma parte de sua potência, aumenta a nossa. Por exemplo, um alimento. O mau para nós existe quando um corpo decompõe a relação do nosso, ainda que se componha com as nossas partes, mas sob outras relações que aquelas que correspondem à nossa essência: por exemplo, um veneno que decompõe o sangue (DELEUZE, 2002, p. 28).

Em outras palavras, o bom encontro existe quando entramos em contato, quando vivemos um encontro com algo ou com alguém que aumenta a nossa potência, nos fortalece; e o mau existe quando esse encontro nos fragiliza, entristece, decompõe, despotencializa.

Pois bem, se somos capazes de produzir história e cultura, como produzir um cotidiano que se paute pela vivência do que é bom, alegra e, diante da vida, nos faz mais potentes? Como favorecer encontros que compõem? E como evitar os maus encontros, que decompõem, produzem tristezas? Se estas são sempre a expressão da nossa impotência, como trabalhar no sentido de um cotidiano em que, diria Espinosa, as paixões alegres se sobreponham às paixões tristes?

No ambiente das creches e pré-escolas temos, todos os dias, a oportunidade de oferecer ambientes, sensações, interações, condições materiais e imateriais que contribuam para a formação de dois modos de existência: um que é bom, que potencializa a existência; outro que é mau, que faz sofrer, que enfraquece. Nessa perspectiva, o desafio de cumprir o que a lei define como direito das crianças – explicitado na Constituição Brasileira (1988), na LDB e, posteriormente, nas Diretrizes Curriculares Nacionais para a Educação Infantil (DCNEI/2009) – implica oferecimento de creches e pré-escolas que contribuam para gerar potência. As formas de organização das rotinas, os modos de relação entre adultos e crianças precisam estar pautados em uma ética que seja "necessariamente uma ética da alegria: somente a alegria é válida, só a alegria permanece e nos aproxima da ação e da beatitude da ação. A paixão triste é sempre impotência" (Idem, p. 34).

Como dar força aos encontros que geram alegrias? Uma resposta possível é: acreditando nos desejos das crianças, apostando em sua capacidade de escolha. Nas IEIs, um caminho de favorecer bons encontros é o de possibilitar o contato permanente com o mundo natural, tempo e espaços para brincadeiras ao ar livre.

Entretanto, é evidente a distância da realidade em relação a essa crença e a esse movimento a favor do prazer, da potência. Emparedadas, elas vão sendo despotencializadas, adormecidas em sua curiosidade, em sua exuberância humana. Como diria Foucault (1987), seus corpos vão sendo docilizados. Sua subjetividade vai sendo modelada. Essa situação corresponde, no plano macropolítico, a um quadro socioambiental em que a natureza vai sendo também destruída. Esse duplo e simultâneo processo de degradação vai fazendo da Terra um planeta inóspito, inadequado para a vida das espécies que hoje o habitam. E, das instituições educacionais, espaços de aprisionamento, de impotência.

Na contramão dessa lógica, mobilizada por questões relativas à proximidade ou distanciamento da natureza no cotidiano da Educação Infantil, e sobre as conquistas e os desafios nesse sentido, a pesquisa em Blumenau foi acompanhada todo o tempo pelas indagações: como investir na produção de um cotidiano que se estruture na contramão de uma tendência que é destrutiva? Como potencializar brechas no que é dominante a fim de qualificar as relações dos humanos consigo mesmos, com os outros e com a natureza? Como, no dia a dia, enquanto educadora de educadoras, contribuir para que a Terra siga abrigando a Vida em sua força e beleza?

Essas perguntas são referência também para a opção por uma metodologia de formação que se constituiu como intervenção (BARROS, 1994), atenta às linhas de fuga do que se constituiu como hegemônico. Interessada na produção de novas formas de pensar e viver a vida, optei por caminhos de pesquisa que evitem reduzir a realidade ao que existe; que, ao contrário, a considerem como um campo de possibilidades, em que estão postas também as alternativas ao que está empiricamente dado. Assim, as perguntas e respostas dirigidas às educadoras, e a mim mesma, tiveram como referência o pressuposto de que

> (...) a existência não esgota as possibilidades de existência e que portanto há alternativas de superar o que é criticável no que existe. O desconforto e o inconformismo ou a indignação perante o que existe suscitam impulso para teorizar a sua superação (SANTOS, 2001, p. 23).

Assim, as entrevistas realizadas com as educadoras de Blumenau express-sam a busca de significados constituídos sobre as rotinas implementadas, constituindo-se como diálogos, em que a reflexão sobre o vivido provo-cava desacomodação e questionamento.

O tema da Parte 1 é o estado de emparedamento das crianças. Aí, estão os achados da pesquisa empírica sobre relações entre seres huma-nos e natureza, realizada em espaços de Educação Infantil de Blumenau. Depois de um relato sobre as razões de escolha dessa cidade como campo de pesquisa e metodologia utilizada, apresento dados sobre a situação de distanciamento das crianças em relação a elementos do mundo natural, como terra, água, areia, vegetação e o entorno da escola, assim como outras informações que revelam o diminuto tempo em que elas perma-necem em espaços ao ar livre, isto é, em áreas totalmente descobertas.

Logo de início, evidencia-se uma realidade de distanciamento, em que nem mesmo as janelas possibilitam o acesso ao mundo exterior! Os dados e depoimentos das educadoras revelam que o convívio com a natureza não é entendido como direito das crianças, mas como possibilidade que depende exclusivamente da decisão das professoras e dos demais adultos.

Ao longo do texto, as falas vão revelando as razões que as educado-ras apresentam para manter as crianças aprisionadas, assim como suas concepções e posicionamentos a respeito das rotinas e das normas que apartam as crianças do mundo natural. O debate em torno dessas ques-tões levou à constatação de que o distanciamento da natureza relaciona-se com a identificação dos elementos do mundo natural com a sujeira, a desorganização, a doença, o perigo e a liberdade. Ou seja, com aquilo que ameaça as organizações do cotidiano e da vida, planificadas e pautadas nos ideais de previsibilidade; ideais em coerência com o objetivo de en-sinar uma concepção de natureza que é acessada pela razão e assegurada graças a medidas de controle e modos de organização pouco sensíveis às necessidades e aos desejos das crianças.

Surpresas com a realidade de aprisionamento, buscando as razões, os motivos para o tempo imenso que as crianças permanecem em espaços entre paredes (menos de uma hora ao ar livre em grande parte das instituições que atendem em horário integral), surgem as falas das professoras de Blumenau sobre as práticas de controle que se dão de forma mais acentuada e efetiva nos espaços das salas. A partir daí, referenciados nos ideais da democracia, nossos diálogos abordam as normas e regras instituídas, os processos de questioná-las e transformá-las, a dificuldade de constituição de coletivos, exercício que exige movimentos de desconstrução de valores que são pautados no individualismo, na competição, na opressão etária, na hierarquia das relações, elementos que, articulados, asseguram o lugar social da instituição escolar enquanto reprodutora da ordem vigente.

Buscando responder à pergunta sobre o que se aprende ao ar livre e sobre os artifícios da pedagogia para manter as crianças distanciadas, incluí nessa parte um estudo inicial sobre documentos legais e orientadores da Educação Infantil no Brasil. O estudo revela que, em sua maioria, os documentos têm como fundamento uma concepção antropocêntrica em que as crianças não são concebidas como seres da natureza e esta é considerada como cenário à disposição dos humanos, objeto de domínio e de controle, raramente de reverência.

Nessa rota, interrogando-me sobre como o mundo adulto ocidental vê a si mesmo em suas relações com a natureza, abordo documentos internacionais produzidos pelas Organização das Nações Unidas (ONU) e por movimentos sociais em eventos paralelos aos grandes encontros sobre a sustentabilidade do planeta, a partir da década de 1970 (TIRIBA; PROFICE, 2014). A conclusão é que a análise das falas das professoras e dos documentos oficiais – nacionais e internacionais – evidencia a presença do pressuposto epistemológico da modernidade, que afirma a razão como instrumento privilegiado para a leitura e compreensão da realidade.

No fim da Parte 1, a intenção é dar visibilidade ao papel da instituição escolar como reprodutora da lógica dual moderna, fundada em um sentimento de vida e de mundo que separa o que é uno: seres humanos e natureza. Nessa linha, o capítulo traz reflexões sobre a constituição histórica de uma visão de mundo que é antropocêntrica e racionalista, visão em que esse divórcio central se esparrama e se desdobra em tantos outros, marcando a cultura da civilização ocidental: entre corpo e mente, razão e emoção, feminino e masculino, trabalho e lazer, conhecimento e vida...

E então, a partir de uma consideração de que as mulheres aprenderam a cuidar, por sua condição de coadjuvantes na produção da sociedade capitalista-urbana-industrial-patriarcal, avançamos para uma reflexão sobre como a cultura cindida se manifesta na educação das crianças pequenas. Nesse caminho, o texto aponta o binômio educar e cuidar como expressão, no campo da Educação Infantil, dessa mesma dualidade que marca a sociedade do descuido, uma sociedade que não sabe cuidar das crianças, nem das comunidades humanas, nem da natureza.

A Parte 2 apresenta desafios e proposições para a Educação Infantil e a formação de professoras, tendo como referência as DCNEI de 2009. Num cenário brasileiro em que o atendimento em creches e pré-escolas ainda não se constitui plenamente como direito, muito menos como alegria, fazer cumprir as DCNEI implica trabalhar no sentido da constituição de pessoas/grupos comprometidos com a produção de IEIs em que as crianças sejam respeitadas não somente como cidadãs de direito, mas também como seres que se fortalecem na alegria de brincar; seres da cultura, mas também seres orgânicos, desejantes, de carne e osso; sujeitos de afeto, de sensibilidade, de conhecimento, que exigem cuidados em todas as suas dimensões: corporais, emocionais, cognitivas, espirituais, culturais, considerando diferenças étnicas, de classe e de gênero, ambientais.

Nesse sentido, na interface entre realidade e utopia, nos últimos anos, como professora e pesquisadora da universidade pública brasileira, articulada a outras professoras e pesquisadoras do Grupo de Pesquisa Infâncias, Tradições Ancestrais e Cultura Ambiental (GiTaKa) e do Núcleo Infâncias, Natureza e Arte (Nina) – ambos vinculados à Escola de Educação da Unirio –, vim me dedicando à criação de metodologias teórico-brincantes. Isto é, metodologias de formação de professoras que articulam apropriação de conhecimentos com proximidade da natureza, exercício da democracia e vivências corporais, artísticas, cantantes, dançantes... (SANTOS; TIRIBA, 2015)

Como fruto desse esforço – de superação de metodologias de trabalho apegadas aos modelos racionalistas que ainda hoje imperam na educação das crianças, e, portanto, na formação de seus educadores –, definimos cinco desafios: reconectar-se com a natureza; dizer não ao consumismo e ao desperdício; redesenhar os caminhos de conhecer; dizer sim às vontades do corpo e, finalmente, aprender-e-ensinar a democracia.

O primeiro desafio é *reconectar-se com a natureza,* porque este é o caminho possível para o planeta. Em busca de novas perspectivas socioambientais, o desafio é religar, desfazer o colapso provocado pelo desenlace forçado, artificial.

Porque não considera a unidade, faz pouco-caso do que é a verdade primeira da realidade humana – o seu pertencimento ao universo natural –, a ideia de divórcio entre seres humanos e natureza gera descuido. O movimento de cisão dessa unidade está na contramão da sanidade da vida, porque a vida é conexão: tudo está entrelaçado, o cosmo somos nós, cada ser é parte, integra o universo maior e se move com ele: nasce e morre em unidade com ele. O desprezo a essa conexão é que vem gerando o quadro de enfermidade a que assistimos nos níveis das três ecologias.

No enfrentamento desse desafio, as crianças são aliadas! Elas perseveram em sua necessidade de conexão porque brincar na e com a natureza em liberdade é um bom encontro (ESPINOSA, 1983). É por essa razão que elas subvertem as regras que as impedem de afundar os pés e as mãos no barro, adentrar as poças de água, molhar o corpo na chuva... Essas são atividades que as alegram, potencializam.

Entretanto, na realidade cotidiana, as creches e pré-escolas brasileiras estão distantes de se constituir como espaços para essas experiências que tanto as agradam. Pois, se são desfavoráveis as condições para as brincadeiras espontâneas entre si, ou mesmo para as interações íntimas e afetivas entre elas e os adultos, mais frágeis são, ainda, as interações das crianças com o universo natural.

Levantamos essa questão porque o distanciamento do mundo natural, imposto às crianças pelos adultos, ainda não é entendido como algo que fere profundamente seus direitos. Numa perspectiva espinosiana, o movimento que as crianças fazem em direção a ela tem o sentido de assegurar que se cumpra a necessidade de manterem-se como seres que se constituem na/da substância única que é a vida. Nessa perspectiva, são entendidas como seres da cultura e da natureza, e o acesso ao mundo natural é um direito seu. E, portanto, deve ser assegurado às crianças! Não apenas por respeito à individualidade, mas porque a saúde do planeta depende da manutenção desta conexão: é preciso que as pessoas tenham vivências amorosas com a natureza para que possam tratá-la amorosamente.

Dizer não ao consumismo e ao desperdício é o segundo desafio porque religar exige outro modelo de desenvolvimento, pautado em relações de respeito entre os seres humanos e destes com a natureza e seus processos. O que temos todos nós a ver com isso?

Alheias à constituição de subjetividades consumistas, nossas práticas pedagógicas parecem indiferentes à importância que o ato de comprar vem ocupando na vida das crianças. É nas práticas de consumo que se estabelecem as relações entre as microações da vida cotidiana e as macroações definidoras do quadro de desequilíbrio ambiental. O consumo e o descarte são a culminância do ato produtivo: é preciso descartar e até mesmo desperdiçar o objeto atual de consumo para poder produzir outro objeto e descartá-lo outra vez, infinitamente... Assim bate o coração do sistema! E isso não seria nada demais se não significasse devastação.

O inimigo a conhecer e a enfrentar é um sentimento de mundo, um modo de viver que é alienado em relação à origem e à finitude de tudo que nos cerca; que pensa a Natureza não como ser vivo, mas como matéria-prima morta para a produção de bens; não como dádiva, bem de todos, mas como espaço privado, sob o controle de poucos (MIES; SHIVA,1997, 1998).

O objetivo principal ao inserir crianças e jovens nessa problemática não é simplesmente a apropriação de conhecimentos e a aquisição de uma consciência crítica a respeito da realidade ambiental. Pois o desafio da preservação da Terra não se enfrenta apenas – nem fundamentalmente – no plano reflexivo. Depende de ações concretas, comprometidas com uma inserção política na vida local (LOUREIRO, 2012; REIGOTA, 2004), com o envolvimento e a mobilização de crianças e adultos, famílias, estudantes e professores no sentido de transformar um estilo de vida que vem provocando uma verdadeira devastação ambiental. Devastação esta que, vale lembrar, é alimentada por um envenenamento da paixão de conhecer, que alia a ciência aos interesses do capitalismo.

Essa questão nos remete ao terceiro desafio: *redesenhar os caminhos de conhecer,* na contramão de um modo de funcionamento institucional que mantém as crianças apartadas do mundo natural, em função do pressuposto paradigmático que se assenta em uma visão ontológica da natureza como racionalmente organizada; que, epistemologicamente, se apoia na ideia de exclusividade da razão como instrumento de abordagem e compreensão da realidade; e, finalmente, se sustenta na concepção antropológica de um ser humano definido por sua racionalidade (PLASTINO, 2001).

Todo o trabalho escolar, seus objetivos, conteúdos e formas de organização de seus espaços e tempos são definidos com base nesses pressupostos. São eles que, predominantemente, fundamentam os modelos curriculares que foram influenciados pelo campo da psicologia do desenvolvimento, a partir do fim do século XIX (FORMOSINHO, 1998). Agora será necessário abraçar outras visões paradigmáticas, cujos pressupostos ontológicos, epistemológicos e antropológicos nos abram horizontes; outras leituras da realidade, realizadas a partir de pressupostos em que os humanos são seres da natureza e da cultura, constituem-se imersos num universo em que estas duas dimensões não se separam; em que a realidade não é uma máquina regida por leis matemáticas passíveis de interpretação racional, o humano está mergulhado,

INTRODUÇÃO | 43

em simbiose com ela; em que a razão não é o único caminho de acesso ao jeito de ser do mundo.

É significativo o movimento conceitual e legal no sentido de compreender e assumir as crianças como seres da cultura. Entretanto, o universo natural e as sensações que ele provoca não são considerados, permanecendo fora daquilo que seria internalizado por elas. É assim que a natureza segue como simples objeto de uso, externo, não identificado com o que as crianças são.

A necessidade de superação desse modo de conceber implica uma pedagogia que acompanhe as crianças em seus movimentos de aproximação, que diga sim às vontades do corpo.

Essa questão nos leva para um quarto desafio, o de acolher as crianças em seus desejos de deslocar-se e movimentar-se livremente, o que implica *dizer sim às vontades do corpo.*

Partimos da ideia de que, na modernidade, ao assumir a função de formar as novas gerações para a reprodução da sociedade industrial, a instituição escolar inspirou-se e fundamentou-se na mesma filosofia, na mesma metodologia cartesiana que possibilitou o desenvolvimento científico, econômico e político desta época: divorciou o ser humano da natureza, separou o corpo da mente, fragmentou o pensar e o fazer, o trabalho e o lazer... As grades curriculares, as rotinas das instituições educacionais expressam claramente a evidência de que a escola não tem pelo corpo o mesmo apreço que tem pela mente. O resultado é um processo educacional "do pescoço para cima". Assim, retomando as origens da pedagogia enquanto instrumento de emancipação e regulação nas sociedades modernas, e fazendo uma crítica ao cartesianismo que ainda orienta as escolas do século XXI, refletimos sobre a urgência de superar uma cultura escolar em que a obsessão pelo controle interfere até mesmo em domínios mais íntimos e privados, como o dos ritmos fisiológicos, impossibilitando as crianças de decidirem sobre questões de foro íntimo, como comer, defecar e dormir.

Nesse contexto de coerção, ainda tão presente em creches e pré--escolas, é preciso lembrar que o jeito de ser do nosso corpo não é algo que possuímos "naturalmente", não é apenas uma construção pessoal, mas social e política: é algo aprendido, construído ao longo de toda a vida (LOURO, 2000). Em função de a escola ter um importante papel no projeto educativo em que repressão e coerção corporal são condições para o êxito do paradigma racionalista, é que afirmamos a importância de dizer sim às vontades do corpo.

A afirmação nos coloca num novo universo epistêmico porque, para além da razão, as sensações provocadas por outros modos de expressão da natureza – humanas e não humanas – afetam corpos e mentes e compõem novas realidades a serem aprendidas, conhecidas. Considerar as vontades do corpo é fundamental porque as emoções oriundas do estado de conexão geram aprendizagens e orientam o desenvolvimento.

Ao fim, trazemos para o centro dos processos formativos o desafio de *aprender-ensinar a democracia*, considerando que o descolamento do mundo natural é assegurado graças à imposição de mecanismos de controle que afirmam os valores individualistas e competitivos sobre os quais se estrutura o sistema hegemônico. Na contramão dessa ordem, é preciso desconstruir as relações humanas verticais e fundar outras, horizontais (FREIRE, 1978). Pois, efetivado pela concepção racionalista – sempre interessado na objetivação do processo de conhecimento com vistas à transformação da natureza em mercadoria –, o sucesso do projeto capitalístico é assegurado graças a normas e regras que se naturalizam, que não são questionadas, e por isto seguem reproduzindo a lógica opressora.

Mobilizadas pelas falas das educadoras de Blumenau sobre a dificuldade de romper com a lógica do emparedamento que mantém as crianças distanciadas da natureza e, portanto, de si mesmas, aqui abordamos as relações de poder dos adultos entre si, entre adultos e crianças e entre seres humanos e não humanos. Abordamos, assim, as relações de poder que atravessam os planos da ecologia pessoal, social e ambiental, envolvendo especificamente aqueles que compartilham a produção da vida social no cotidiano escolar.

Em busca de referências democráticas, chamamos a atenção para a importância de um mergulho nas culturas dos povos e das comunidades tradicionais do Brasil e da América Latina e Caribe, como possibilidade de aprender com eles o respeito a todas as formas de vida, não apenas a humana. E ainda a importância dessa aproximação como possibilidade de compreensão e internalização de valores, atitudes e conhecimentos que estão na base de suas cosmovisões: cuidar de si, de nós, da natureza; respeitar as crianças como seres que têm uma visão de mundo própria; valorizar os saberes femininos; fazer a roda, dançar e cantar, conhecer de corpo inteiro, experienciar o "ser-coletivo", aprender-ensinar a democracia.

A escola, enquanto instituição nascida num contexto de emancipação e regulação que é própria da sociedade industrial moderna, contribui de forma significativa para a reprodução de um modo de produção e de subjetivação que é maléfico. Se, no coração do sistema, está o divórcio entre seres humanos e natureza, é nosso papel dar força à unidade indissolúvel com o cosmo, favorecendo convívio e reverência, a democracia como modo de relação entre humanos e não humanos; e, num nível micro, é também nosso papel dar força à conexão com a nossa animalidade, a nossa carnalidade. Isto é, com aquilo que em nós, humanos, é simplesmente natureza!

Na perspectiva da produção de novas relações dos seres humanos entre si e com a natureza, a educação escolar está comprometida com um desejo e uma necessidade de reestruturação da civilização, com a busca de novos valores que sejam a base e a expressão de modelos de desenvolvimento que não ameacem, mas, pelo contrário, assegurem a continuidade das espécies e a qualidade de vida do planeta.

Esse compromisso implica um projeto educativo atento à necessidade de tessitura de uma consciência de espécie capaz de reconstruir as regras das relações entre as pessoas, os grupos sociais e entre os povos da Terra, num aprendizado permanente de respeito à singularidade, à diversidade de estilos de vida e de modelos de desenvolvimento.

O desafio está em aliar as duas extremidades da corrente do desejo: a do futuro e a do presente. Pois

> esta opção permitiria pavimentar a estrada pela qual, assumindo seus desejos, as criaturas fossem ao mesmo tempo transformando a sociedade e tratando de ir conquistando a felicidade pessoal de cada uma. A pavimentação dessa estrada uniria o ideal de prazer futuro à reivindicação dos prazeres presentes (KONDER, 1998, p. 38).

Pensando que as crianças de hoje não podem esperar que as condições de vida sob a lógica do capital se transformem inteiramente para poderem desfrutar, agora, de um cotidiano em sintonia com os seus interesses e desejos, perguntamos: como potencializar, no cotidiano de nossas escolas, as possibilidades do presente? Este livro apresenta as respostas encontradas nos últimos treze anos, em diálogos com educadoras e educadores de todo o país. Algumas dessas respostas compõem textos publicados em meios eletrônicos de prefeituras, ministérios e ONGs do Brasil e do exterior. Aqui reunidas, invariavelmente expressam compromissos com a busca de pedagogias populares, conectadas com o melhor das tradições culturais do povo brasileiro; pedagogias ecológicas, porque atentas ao cuidado com a Terra, nos planos global e local; e libertárias, porque em sintonia com princípios de soberania e autogestão, individual-e-coletiva.

Nestes tempos de neoliberalismo, em que, diria o poeta Maiakóvski (2013, p. 17), "é preciso arrancar alegrias ao futuro", a publicação deste livro nos impulsiona a novos olhares sobre a realidade mundial em que estamos situados, na perspectiva de enxergar os limites e as possibilidades da construção cotidiana de uma utopia ético-política que tenha o cuidado como referência. E, por paradoxal que pareça, tem o sentido de um novo convite a não desanimar, a acreditar que vale a pena seguir desejando e apostando em processos educativos que sejam aliados da vida, da alegria, da liberdade.

Parte 1

Educação Infantil: liberdade ou aprisionamento?

1

A PESQUISA COMO QUESTIONAMENTO DO PARADIGMA MODERNO

> "(...) o objeto é a continuação do sujeito por outros meios (...) todo conhecimento emancipatório é autoconhecimento. Ele não descobre, cria. Os pressupostos metafísicos, os sistemas de crenças, os juízos de valor não estão antes nem depois da explicação científica da natureza e da sociedade. São parte integrante desta mesma explicação."
>
> *Santos, 2001, p. 84*

Desde 1998, quando pela primeira vez estive na cidade de Blumenau, reparei nos pátios dos CEIs: quase que inteiramente cobertos de brita, contrastando com o verde das matas do Vale do Itajaí. "Por que tanta brita?", eu me perguntava.

Num dos CEIs, descobri que havia uma lona preta sob a brita em toda a extensão do pátio e perguntei o motivo. "Para que não brote nenhuma planta", "Para que não apareça nenhum inseto", responderam.

Já naquela época me impressionou o forte movimento de manter longe dos humanos a natureza e perguntei a mim mesma: onde teria nascido este sentimento, esta necessidade? Como se estruturou historicamente esta relação distante? E como aparece nos dias de hoje, nas instituições de educação da infância, a necessidade, o hábito de manter longe dos humanos a natureza? Infelizmente, Blumenau não é um exemplo isolado. Talvez, em alguns aspectos, o distanciamento se radicalize, mas o fato é que o afastamento é uma realidade das crianças do Rio de Janeiro, cidade em que vivo: a vegetação vai sumindo, os pátios de terra e areia desaparecem para dar lugar ao cimento e à grama sintética. E em muitas outras cidades, de grande e médio porte, é o que vem acontecendo: os quintais dão lugar a novas construções ou ao cimento.

Blumenau expressa ideais emancipatórios que o movimento Renascentista alimentou e que o Iluminismo consagrou, gestados no mesmo contexto em que também se afirmaram os princípios da ciência, formulados 2 mil anos antes, pelos pré-socráticos. No mesmo caldo de cultura, constituíram-se os ideais do capitalismo e os mecanismos de regulação necessários à vida na cidade, o novo espaço de convívio que a modernidade consagrou, habitado por indivíduos livres para vender sua força de trabalho no mercado.

Nos últimos 250 anos foram, portanto, fabricados a modernidade e o sujeito moderno. Num único caldo cultural, trançados, articulados, produzindo efeitos mútuos, constituindo a teia da modernidade, estão a opção pela vida em torno da fábrica (na cidade, espaço privilegiado para trocas econômicas e sociais) e a consequente constituição dos espaços privados e da família nuclear, assim como a entrada das mulheres no mercado de trabalho. Tudo simultaneamente sendo gestado e reafirmado pela força das classes dominantes armadas, em luta pela constituição de uma nova forma de poder, a do Estado Moderno. Buscando corrigir ou eliminar as "patologias" de uma suposta sociedade democrática e igualitária, se afirmam, junto com os aparelhos ideológicos de Estado, as instituições de sequestro (FOUCAULT, 1987). Na perspectiva da emancipação das individualidades, mas também da reprodução da sociedade industrial, gestam-se os modernos sistemas de ensino e as instituições de atendimento às crianças pequenas.

Escolhi Blumenau como campo de pesquisa porque a cidade foi fundada por alemães cuja história de vida está relacionada a este cenário. Blumenau surge como materialização do sonho de construir uma Alemanha na América.

Eu já atuava em Blumenau desde 1998, convidada para oferecer cursos e consultorias pontuais. Mas, a partir de 2002, a relação com a cidade estreitou-se pelo fato de tornar-me assessora no campo da formulação de políticas públicas para a infância na faixa etária de 0 a 6 anos. A partir de então, as frequentes visitas à cidade provocaram uma aproximação das equipes com as quais trabalhava, e, consequentemente, ofereceram oportunidades de conhecimento das peculiaridades de sua cultura, do modo de ser de sua população.

Nessa época, eu já havia iniciado uma pesquisa exploratória em IEIs do Rio de Janeiro e de Niterói, testando o primeiro instrumento de investigação. Mas ainda não havia me decidido pelo local do trabalho de campo. Blumenau me pareceu ideal para a busca de respostas às perguntas fundamentais que o projeto de investigação colocava: como se estruturou historicamente esse sentimento e como aparece nos dias de hoje – nas instituições de educação da infância – a necessidade, o hábito de manter longe dos humanos a natureza? É de se supor que os modos de organização atual reflitam o passado.

A NATUREZA ENTRE A RAZÃO E A SENSIBILIDADE

Nas palavras de Thomas (2001, p. 1), "(...) é impossível desemaranhar o que as pessoas pensavam no passado sobre as plantas e os animais daquilo que elas pensavam de si mesmas".

Adultos e crianças da Blumenau de hoje são herdeiros dos milhares de colonos alemães que migraram para a América a partir da segunda década do século XIX, mais intensamente entre 1848 e 1870. Deixaram a terra natal em busca de melhores condições de sobrevivência, pois, na Alemanha, havia fome, desemprego e poucas oportunidades de trabalho nas cidades, incapazes de incorporar a massa de camponeses sem terra. A industrialização gerou acelerada urbanização e pôs a pique as economias artesanais. Além da necessidade de sobrevivência, havia outras razões, como a ânsia por maior liberdade religiosa e política (TEIXEIRA DOS SANTOS, 2002; ROQUETTE PINTO *et al.*, 2000).

Entre os colonos que desembarcaram no Vale do Itajaí, estava Fritz Müller, um dos principais colaboradores de Charles Darwin, o cientista que formulou a teoria da evolução das espécies. Assim, já em sua origem, Blumenau foi cenário de importantes estudos sobre a natureza. Como ele, outros naturalistas e cientistas, e também artistas, foram atraídos pela exuberância da natureza local. Para uns, interessava a beleza da vegetação, para outros, as suas características botânicas.

Blumenau é a expressão de um tempo em que, na Europa, havia uma tensão entre duas correntes culturais, dois caminhos, dois gêneros de interpretação da existência humana. Um que enfatiza a razão, outro, a sensibilidade. Em meados do século XIX, estas correntes de interpretação da realidade convivem e conflitam: uma enfatiza a racionalidade e a ciência empírica, como caminhos de desvendar os mistérios do universo. Outra, romântica, não está interessada na análise experimental de um mundo objetificado, mas na própria existência humana, na sua ontologia, nos seus significados, nos seus mistérios, sobretudo na possibilidade de reinvenção, de recriação do humano, da vida.

Os fundadores de Blumenau seriam fruto de uma mescla, de uma tensão entre essas duas visões-sentimentos de mundo. Cada uma, a seu modo, buscava penetrar o mundo natural e revelar os seus mistérios. Trouxeram consigo a ideia de supremacia da razão em detrimento da emoção, mas estabeleceram uma relação emocionada com a natureza. Era de amor e ódio a relação entre imigrantes e natureza.

Nos relatos dos viajantes, nos relatórios da colônia, nas cartas para os parentes distantes, assim como em poemas e romances, a natureza é a grande personagem, por quem os colonos se dizem magnetizados, acalmados, sensibilizados.

Na primeira carta escrita aos pais, em 21/4/1848, o fundador da Colônia, Hermann Bruno Otto Blumenau, expressa seu encantamento pela floresta. E, simultaneamente, o sentimento de orgulho por sua condição de homem civilizado que desbrava a terra:

Quanto mais para cima eu chegava, mais bela a terra se tornava e jamais havia visto paisagens tão maravilhosas como no Rio Benedito e Rio dos Cedros. As gigantes árvores, os cipós e trepadeiras, as diversas espécies de bambus, as flores com suas cores incandescentes como o vermelho-escarlate, o amarelo, algumas azul-lilás, estendendo sua sombra às margens do rio, em volta de águas plácidas. O silêncio absoluto, apenas quebrado pelo grasno do galo selvagem, que em bando levanta voo, e, sobre isto, estendia-se majestosamente, uma paz indescritível, um ar agradável, impregnado de perfume. Foram maravilhosos estes dois dias que passei lá em cima, na mais completa solidão, onde, antes de mim, nenhuma pessoa civilizada havia estado. (BLUMENAU, 1999, p. 35)

Blumenau nasce como empreendimento capitalista (PETRY, 2000). Sua fundação está relacionada ao ideal de criar uma Alemanha no Brasil. Os alemães que para cá embarcaram[1] buscavam, antes de tudo, o sonho de propriedade da terra. A Alemanha ainda não estava unificada politicamente, era um aglomerado de pequenos Estados de base agrícola. Os trabalhadores, ainda subordinados a relações de trabalho feudal, eram obrigados a permanecer na terra, mesmo quando ela era vendida. As duras condições de vida provocaram revoltas por liberdades políticas, busca de novos meios de subsistência e êxodo para as cidades.

Nos versos da primeira geração de poetas, todos nascidos na Alemanha, há a expressão do encantamento do imigrante com a natureza brasileira: a beleza do céu estrelado, o Cruzeiro do Sul, a delícia dos banhos de rio. A natureza selvagem os empolgava. Admiravam a majestade da mata virgem, a serenidade das águas claras e límpidas, os peixes brincando.

Sentiam orgulho de construírem as próprias casas com o suor de seus rostos, o esforço de seus braços. Mas este sentimento convivia com a necessidade de vencer a floresta, de domá-la, destruí-la. Assim, muito rapidamente, a mata nativa sentiu o efeito dos machados e cedeu seu lugar a campos produtivos e a plantações de milho, arroz, cana de açúcar, café...

A PESQUISA COMO QUESTIONAMENTO DO PARADIGMA MODERNO | 55

No início da colonização, o mundo natural era um paraíso poético a ser admirado e, ao mesmo tempo, um inimigo a ser vencido.

> Até onde a vista alcançava era mata virgem. Havia fumaça aqui e acolá, as chamas ardiam contra o céu, eram roças novas que estavam sendo preparadas. Rejubilamo-nos com a fogueira: que haja outras tantas, para que esta rica e abençoada terra possa ser desbravada e surjam agradáveis vilas para abrigar pessoas felizes e despreocupadas, onde, por ora, os macacos tranquilamente habitam... (STUTZER, 2002, p. 101)

Da mata vinham o palmito, o cará e outros legumes valorizados na alimentação dos imigrantes. Oriunda de uma Alemanha em que havia fome e desemprego, em que as terras para a população pobre plantar eram raras, em que o processo de industrialização pusera a pique as economias artesanais, em carta para a irmã, Stutzer comenta: "Ninguém precisa se preocupar com o pão de cada dia. Quem põe a mesa aqui é 'Nosso Senhor'. Ah, se os pobres de lá, que não sabem como saciar a fome de seus filhos, vissem isto." (STUTZER, 1998, p. 11)

Da mata vinha a matéria-prima para construir a casa, os móveis, os utensílios:

> (...) os troncos, ligados por cipó, formavam as paredes; as folhas entrelaçadas e amarradas às ripas serviam de teto; uma amarração de cipó amarrada a uma das paredes substituía o leito. Troncos de árvore e caixotes substituíam cadeiras e mesas. (FERRAZ, 1950, p. 91)

Da mata vinham os perigos. Nos relatos de imigrantes famosos, como Fritz Müller (1950), há referências a acidentes com corte de árvores, visitas de onças e jaguares etc.

Da mata, vinham também os nativos do território ocupado pelos alemães. A relação com os indígenas era difícil, de acordo com a opinião de uma das professoras entrevistadas:

Eram povos nômades, viviam dos recursos naturais. Da mesma forma que foi necessário "matar" a natureza, parece que foi necessário afastar, ou mesmo matar, os índios também. Como é que você ia matar a natureza sem acabar com eles? Foi uma consequência, era como se fosse um bicho da mata mesmo, como se fosse um animal. Eu penso que essa relação se deu assim (Sempre-viva, Entrevista Grupo de Formação 3).

A educadora expressa, em sua fala, uma realidade que pouco estudamos: a história das relações entre os europeus e os povos originários, em que estes foram destituídos da terra e sucumbiram às doenças, à escravidão e às guerras (RIBEIRO, 1995). A rotina era derrubar e queimar a mata, porque, na visão dos colonos, a natureza era, sobretudo, matéria-prima para os seus empreendimentos.

Historicamente, foi à custa da mata que a região se desenvolveu como modelo policultor de subsistência, com atividades industriais em paralelo. Todas essas atividades implicaram desmatamento. Às vezes, a descrição é macabra, é o caso da que foi escrita pelo pastor metodista James Flechter, que esteve no Brasil entre 1851 e 1868: "Foi um espetáculo novo observar a floresta virgem dos trópicos derrubada pelo machado dos mateiros. Por todos os lados, nobres palmeiras e raras e gigantescas parasitas estavam espalhadas pelo solo (...)." (FLECHTER *apud* TEIXEIRA DOS SANTOS, 2002, p. 46).

Os alemães chegaram com o objetivo de criar uma cidade no meio da mata fechada. Assim, a destruição foi inevitável. Mas Lauro Bacca, eminente ambientalista da cidade, diz, em entrevista concedida por ocasião desta pesquisa, que o amor pela natureza, aliado a alguns cuidados especiais na divisão dos lotes da colônia, contribuiu para a conservação de suas matas. Ao se referir à história do movimento pela conservação da natureza na região, Bacca explica que o primeiro ambientalista de Blumenau foi Fritz Müller, insigne naturalista que viveu na região de 1852 a 1856 e de 1867 a 1897.

O que Fritz Müller diria da paisagem de agora? Diria, talvez, que Blumenau é uma cidade bonita, de terra avermelhada e montanhas verdes.

O rio Itajaí-Açu, apesar das águas arruinadas, produz, em suas curvas, um encanto especial. A cidade foi sendo plantada em suas margens de altos barrancos, de onde as árvores se deitam, como que desejando, serenamente, mergulhar.

Por conta da colonização alemã, eu imaginava uma cidade loura de olhos azuis, mas não é assim. Nas ruas, nos shoppings, nos encontros de formação de educadores há uma mescla de distintas feições e tonalidades de pele: são descendentes de alemães, italianos, poloneses, entre outros povos europeus. Descendentes de africanos de diversas nacionalidades estão presentes; provavelmente, também de indígenas. Blumenau é uma cidade de muita desigualdade social. As professoras dizem que "pobreza a gente não vê", porque está detrás dos morros. A olho nu, a miséria não existe.

Atividade comercial, convenções, hotéis e shoppings luxuosos, trânsito intenso. Blumenau é uma pequena São Paulo. Tem, em menor ou maior escala, tudo que a grande metrópole apresenta de melhor e de pior.

Na realização da pesquisa, os pais dos pequenos que frequentam os CEIs eram homens e mulheres trabalhadores das fábricas, das pequenas indústrias caseiras e do comércio. Havia também filhos de comerciantes autônomos, trabalhadores domésticos; e, por causa da política de assistência às populações excluídas, os filhos de desempregados.

Eram 260 mil habitantes vivendo em função da lógica do capital, numa cidade que crescia a olhos vistos, com a construção civil a mil! Como conciliar os interesses do capital imobiliário com o da conservação do patrimônio público ambiental?

Segundo as professoras, impressionava a quantidade de parede que crescia e de cimento que cobria o chão onde, pouco antes, havia mata. O verde das montanhas ainda imperava, mas por quanto tempo?

Em geral, toda a vegetação é posta abaixo para dar lugar a uma edificação cercada de cimento por todos os lados, compondo um estilo em que austeridade e distância da natureza se articulam.

Muitos CEIs tinham estas características: muros altos, muita parede, brita no chão, pouco verde. Na cidade como um todo, como nas instituições de educação, a cisão entre seres humanos e natureza se faz concretamente, se materializa através das grades, da alvenaria, da cerca, do cimento que cobre a terra ou da brita que reveste o chão das escolas.

Blumenau me pareceu o campo ideal para fazer da pesquisa um instrumento interessado no questionamento e superação do divórcio fundamental da modernidade, pois a proximidade das educadoras e das instituições me permitia adentrar a cultura antropocêntrica que o constitui para buscar suas origens. Sem isso, seria impossível alcançar a compreensão de como esse modo de conceber a vida se materializa no presente, modelando formas de organização dos espaços, dos tempos, das rotinas.

Como o divórcio primordial da modernidade entre seres humanos e natureza – e os outros que nele se originam, como entre corpo e mente e entre emoção e razão – se materializa no cotidiano, na organização dos tempos e dos espaços das escolas da primeira infância, configurando um determinado modo ou estilo de vida?

A hipótese era a de que as crianças são afastadas de um convívio mais íntimo com o mundo natural, porque, do ponto de vista da construção do conhecimento científico, esse convívio não interessa. As relações com a natureza, vitais e constitutivas do humano, seriam pouco valorizadas porque o humano moderno, ocidental, é um ser que foi se desgarrando de suas origens animais, sensitivas, corpóreas, em razão de um afastamento relacionado à valorização dos "processos superiores da mente", que se acentuou entre os povos da Europa, especialmente a partir do século XV.

Trouxe também a hipótese de que o paradigma do Ocidente se esgotou justamente por sua logicidade descolada da vida em sua expressão natural, por sua racionalidade exacerbada, inimiga da biodiversidade. O corpo – o que identifica o ser humano com a natureza – seria também desprezado, ocuparia um plano secundário na escala de valores da sociedade. Por esse conjunto de razões, nas escolas, ele continuaria emparedado, quieto, colocado a serviço da mente.

Então, perguntei ao campo: é assim e, se é assim, por que ainda é assim? Que razões apresentam para valorizarem atividades entre paredes?

Como essa visão de ser humano divorciado da natureza se materializa no cotidiano das escolas de Educação Infantil?

Trabalhando a partir da hipótese de que as noções, os conceitos, os valores e os afetos se estruturam em processos de conexão com o ambiente em que se situam humanos e não humanos, minha atenção se dirigiu a práticas educacionais e políticas de formação alimentadoras e favorecedoras dessas interações. Queria conhecer as explicações das educadoras sobre as razões para as formas de organização das rotinas que configuram e definem o cotidiano de adultos e crianças, assim como a qualidade das relações que entre eles se estabelecem.

Tendo como referência o conceito das três ecologias, no campo da ecologia pessoal a pesquisa voltou-se para processos de singularização, de encontro de cada um consigo mesmo, de fortalecimento da integridade corpo-espírito-razão-emoção. Nesse sentido, foram consideradas as rotinas de sono, alimentação e controle de esfíncteres; os processos de inserção e acolhimento de crianças (MANTOVANI; TERZINI, 1998); modeladores de ritmos afetivo-corporais que repercutem em sua ecologia pessoal; e o espaço e o tempo do lúdico, do não produzir, não pensar (TUIAVII, 1986).

No horizonte da ecologia social, as atenções estiveram voltadas para indicadores de qualidade das relações entre as crianças e também entre os adultos, que denunciam e apontam pistas de transformação de atitudes individualistas e competitivas. E, ainda, para as interações dos adultos entre si, da escola com as famílias, com a comunidade, com a cidade (BERNET, 1997); interações produtoras de novas relações de vizinhança, novos modos de valorização das atividades humanas não orientadas por uma economia de lucro e por relações de poder, mas pelo afeto, pela solidariedade e pela generosidade, capazes, portanto, de romper com o isolamento das instituições educativas e enraizá-las criticamente em seu entorno.

No campo da ecologia ambiental, a organização do tempo e do espaço foi a referência fundamental para a análise das interações com a natureza.

No plano dessa ecologia as principais perguntas giraram em torno das concepções de conhecimento e de prática educativa que as relações com a natureza revelam: um conhecimento intelectual, descritivo do "objeto de estudo", ou uma integração mais ampla, que possibilitaria o desfrute, a admiração e a reverência? Que visão de natureza está embutida no modo de funcionamento das instituições e nas propostas pedagógicas? Elas contemplam práticas construtoras de uma visão dessa natureza como fonte primeira, fundamental à reprodução da vida, ou privilegiam aprendizados que ensinam uma concepção de natureza como simples domínio das explorações humanas?

Buscando respostas a essas questões, me aproximei das educadoras de Blumenau: professoras, recreadoras, atendentes, diretoras, coordenadoras pedagógicas, auxiliares de serviço. A observação das práticas, como as entrevistas e os passeios pelos arredores, visava a indagá-las sobre como suas práticas atuais aproximam ou afastam as crianças dos elementos do mundo natural.

Mas, além de conhecer as formas de organização dos espaços e tempos, a pesquisa estava interessada no desmonte do que está instituído. Isso exigia buscar caminhos de acesso à realidade para além do que existe, considerando-a como um campo de possibilidades em que estão postas também alternativas.

Assim, em aliança com *inconscientes que protestam* (GUATTARI; ROLNIK, 1986), a pesquisa apostou em caminhos que possibilitassem subverter movimentos regulatórios e potencializar movimentos emancipatórios. Pois, para criar o novo, é preciso remexer o velho, dele extrair o que não foi regulado.

Optei por realizar uma pesquisa/intervenção (BARROS, 1994) porque ela possibilita um movimento de desfamiliarização em relação ao que está instituído e é hegemônico, sempre em busca de pontos de ruptura, atenta aos caminhos de provocar e incentivar mudanças. Por essa razão, grande parte do trabalho de campo realizou-se em espaços de formação – os Grupos de Formação sobre Qualidade do Ambiente – e, explicitamente, apostou na possibilidade de transformações concretas, qualificações cotidianas.

A pesquisa é intervenção porque o que ela quer conhecer está indissoluvelmente ligado ao que ela pretende incentivar, isto é, a descoberta e o investimento em possíveis caminhos de transformação que se delineiem a partir do que está posto como realidade cotidiana. A teorização das ações não tem um objetivo de alcançar este ou aquele patamar, estas ou aquelas práticas que corresponderiam a uma visão desideologizada. Ela simplesmente quer desnaturalizar o que está instituído e vislumbrar caminhos outros, alternativas.

Tendo como pressuposto a ideia de que a realidade é produção cotidiana, os produtores da realidade são as pessoas e os grupos em ação, subjetividades que reproduzem e simultaneamente transformam. O projeto de intervenção tem como foco esta ação. É ela que, ao transformar-se ou afirmar-se, revela a adequação dos pressupostos, o acerto ou o equívoco metodológico, sempre orientada pela qualidade das interações entre os que participam da aventura. O objetivo não é compreender a ação, apenas, mas impulsioná-la em desenvolvimento, numa perspectiva de qualificação das ecologias.

Nessa linha, o objeto da pesquisa é gerado, é produzido pelo movimento de fazer brotar ou impulsionar práticas educacionais que contribuam para a emergência de novos estilos de viver, de sentir e de pensar. O caminho de fazer isto é uma aposta: evocamos e reviramos memórias, reacendemos lembranças, alimentamos utopias de uma vida pautada na liberdade, na autonomia e criatividade. É justamente porque essa não é a realidade de vida (nem das pessoas, nem dos grupos, em casa e na escola) que as utopias, os sonhos, os desejos estão muitas vezes esquecidos, sublimados. Seriam estes os "inconscientes que protestam". Eles vêm à tona, muitas vezes, a um leve sopro, provocados por interações magmáticas, isto é, que vão além de interações pautadas pela lógica identitária conjuntivista (CASTORIADIS, 1982), em processos de formação que explicitam claramente um compromisso vital entre teoria e prática.

62 | EDUCAÇÃO INFANTIL COMO DIREITO E ALEGRIA

Digo vital porque aliado da felicidade, um compromisso interessado na produção de novos equilíbrios ecosóficos.

São as interações humanas que atravessam o campo de pesquisa e mobilizam energias, vontades capazes de gerar mudanças significativas nas práticas sociais escolares, sejam elas no campo da pedagogia estrito senso, ou da gestão, das relações com as famílias, com a comunidade, com o movimento social vivo. Qual a força das mudanças, que alegrias trazem para os que compartilham as experiências? Como elas se irradiam e se conectam com outros desejos e movimentos subparadigmáticos de qualificação ecosófica? As respostas positivas interessam na medida em que abrem perspectivas para a produção do novo.

O objeto de pesquisa levou à opção por uma metodologia que privilegia a compreensão dos comportamentos a partir da perspectiva dos sujeitos da investigação. As estratégias mais significativas foram a observação participante, a aplicação de questionário aberto e entrevistas.

Ao chegar ao campo, eu tinha um plano genérico, inspirado numa perspectiva etnográfica, de tentativa de descrição de uma cultura, ou pelo menos dos aspectos dessa cultura que se referem a um determinado modo de organização dos tempos e dos espaços em IEIs. A partir desse plano genérico, baseado em hipóteses teóricas, defini uma primeira estratégia. Mas, depois de cada passo, de acordo com as informações que a estratégia utilizada oferecia, eu formulava novas questões, que exigiam um novo procedimento. Que motivos ou razões me levaram a opções por este ou aquele instrumento de pesquisa?

O que eu precisava, antes de tudo, era olhar para os espaços de Educação Infantil e seu entorno e identificar o que existia ali: árvores, terra, areia, céu, animais, plantas, o quê? Como as escolas se relacionam com isso que existe de natureza para além dos humanos? Assim, como instrumento de pesquisa, utilizei, inicialmente, um questionário aberto que me possibilitou uma visão mais ampla do universo em que crianças e adultos compartilham diariamente o cotidiano, assim como características do espaço físico, do entorno e do tempo que permanecem ao ar livre e em espaços fechados. A aplicação desse questionário foi realizada por membros do Grupo de Formação sobre Qualidade do Ambiente[2] e teve um retorno de 40 dos 56 CEIs existentes na época, constituindo uma amostragem de mais de 70%.[3] O fato de terem sido membros do Grupo de Formação a aplicar o questionário fortaleceu o envolvimento das equipes com a pesquisa e a produção de reflexões na relação com o questionário.

Com base na leitura das respostas, foi possível saber sobre o tempo de que as crianças dispõem para estar ao ar livre e o tempo que permanecem em espaços fechados; sobre os materiais que predominam como revestimento das áreas externas; sobre áreas verdes, praças, parques localizados no entorno das creches e sua utilização no cotidiano.

A partir de então, fui mostrar os dados às educadoras, em busca de seus porquês, suas histórias, seus significados, as razões, as motivações – pessoais, coletivas, histórico-culturais – de uma prática pedagógica em que o contato com a terra, a areia e a água, muitas vezes inexiste. Foram, então, realizadas cinco entrevistas coletivas com os Grupos de Formação, nas quais estiveram presentes 108 educadoras, vinculadas a 28 CEIs. Destas, apenas 68 se manifestaram. Inspirada no nome da cidade de Blumenau, que significa "campo de flores", usei nomes de flores, árvores e arbustos para identificar não apenas as educadoras, como também os CEIs pesquisados.

As entrevistas evidenciaram uma necessidade de pesquisar mais profundamente a história de Blumenau, a relação que os alemães pioneiros estabeleceram com o local, o enfrentamento com a floresta e com os nativos, enfim, as origens históricas do que se constituiu como valor, como costume, como ideário em suas relações com a natureza. Parti, então, para a pesquisa de documentos históricos, biografias, cartas dos primeiros colonizadores aos parentes da distante Europa, assim como leituras de análises atuais sobre as origens e o desenvolvimento local.

A evidência de uma histórica relação de amor e ódio com a mata densa me levou a novas entrevistas, mas desta vez com um ambientalista e com pessoas responsáveis pela gestão de educação ambiental e do setor de obras da Secretaria Municipal de Educação. O objetivo era saber sobre a história do movimento verde na cidade, políticas atuais de preservação, concepções e práticas de educação ambiental etc.

Simultaneamente, iniciei um processo de observação das dinâmicas de trabalho no interior de três CEIs, localizados na zona rural, em área central e em área semiurbanizada. Ao final, realizava andanças e conversas com a direção e funcionários para conhecer mais de perto os mecanismos de reprodução cotidiana de um modo de funcionamento que preza os espaços fechados. A partir daí, foi definido o quinto movimento: visita a um CEI de cada uma das quatro regiões da cidade que se constituem como polos de formação da Secretaria de Educação. Uma profissional, geralmente a diretora e/ou a coordenadora, acompanhava a visita, respondendo a questões de um instrumento elaborado exclusivamente para suprir as lacunas do questionário inicial.

Na fase final da pesquisa, aconteceram dois encontros destinados à devolução das informações que a pesquisa coletara. O primeiro constituiu-se em apresentação, para setenta pessoas, das análises preliminares do material recolhido: num evento organizado especialmente com esta finalidade, estavam diretoras e coordenadoras de CEIs (algumas participantes do Grupo de Formação de Qualidade do Ambiente) e membros da Secretaria, responsáveis pela Educação Infantil e pela Educação Ambiental. O debate que se seguiu foi gravado, com o objetivo de integrar-se ao material da pesquisa.

O segundo encontro de devolução foi realizado com representantes de todos os CEIs e/ou membros dos Grupos de Formação que participaram diretamente de cada etapa da pesquisa. Aí foram apresentados os textos com as transcrições das entrevistas e conversas gravadas, e também os dados dos questionários, já sistematizados. Em pequenos grupos, elas puderam ler o material que tinham nas mãos, fazer anotações, debater suas impressões, e, finalmente, socializá-las com todos. As fitas gravadas e as anotações produzidas nessa ocasião também foram incorporadas como material de pesquisa.

Esse movimento de confrontar os entrevistados com os resultados obtidos em fases anteriores possibilitou a confirmação e/ou a negação, ou mesmo fez emergir uma conflitualidade diante dos dados apresentados. Em qualquer das hipóteses, exigiu novas posturas do investigador; e, sem dúvida, sobre os pesquisados, o efeito foi o de uma prática de intervenção.

Finalizando, quero dizer algumas palavras sobre os efeitos provocados pela dimensão de produção de realidade, realçada nesta pesquisa pelo fato de realizar-se em parceria com a Secretaria Municipal de Educação de Blumenau. Nos diálogos com as educadoras, buscávamos os sentidos, os valores, os significados das práticas e dos questionamentos que nos fazíamos, sempre em busca de compreender os muitos modos de relação com a realidade, as muitas formas de inventar cotidianamente a existência, pois, como Foucault, entendíamos que "se a linguagem exprime, não o faz na medida em que imite e reduplique as coisas, mas na medida em que manifesta e traduz o querer fundamental daqueles que falam" (FOUCAULT, 1992, p. 306).

A relação que estabelecemos a cada encontro gerou interessantes e produtivas dinâmicas de formação em serviço, momentos em que os objetos de pesquisa se definiram também como campos de intervenção (BARROS, 1994). Sobretudo quando os dados revelavam aspectos significativos para a qualidade de vida das crianças nos CEIs, sobre os quais não era possível calar. Essas situações foram geradoras de novas questões, revelando visões e aspectos que não haviam sido pensados, fazendo do momento da pesquisa também momento de produção de objeto e momento de produção teórica. Nesse processo, pesquisador e pesquisado, ou seja, sujeito e objeto do conhecimento, se constituíam no mesmo processo e se revezavam nestes papéis.

2

A NATUREZA COMO LUGAR DA SUJEIRA, DA DOENÇA, DO PERIGO, DO INCONTROLÁVEL, DA LIBERDADE

> Poderia um constrangimento tão cruel deixar de influir no humor e no temperamento? (...) mais infelizes que um criminoso agrilhoado, fazem vãos esforços, irritam-se, gritam. Dizeis que seus primeiros sons são choros? Acredito, vós as contrariais desde o nascimento. Os primeiros presentes que recebem de vós são correntes; os primeiros cuidados que recebem são torturas. Não tendo nada de livre a não ser a voz, como não se serviriam dela para se queixarem? Gritam pela dor que lhe provocais: garroteados do mesmo modo, gritaríeis mais forte ainda.
>
> *ROUSSEAU, 2004, p. 18*

Ao se referirem a si mesmas quando meninas, as educadoras trazem à tona um tempo não tão distante em que suas vidas estavam mais próximas da natureza.

> EUGÊNIA: Era aquela infância que eu acho que é o sonho, não sei: espaço, terra, água, banho no rio, muita brincadeira, brinquedo inventado pela gente, de sabugo, de boneca de pano, de milho, peteca feita com as palhas de milho.
>
> PRIMAVERA: (...) eu gostava de brincar com barro, fazia casinha de barro, pegava água e barro fazia sofazinho, tinha aquela criatividade.

Quando chovia colocava o biquíni, eu e meus irmãos íamos para chuva, tomar banho de chuva. (...)

EUGÊNIA: (...) não tínhamos energia elétrica (...) até hoje, quando tem a lua cheia, eu adoro ficar na porta à noite olhando para a lua e digo "como você fez parte da minha infância"; nas noites de lua, a gente aproveitava para brincar à noite (Entrevista Grupo de Formação 3).

Algumas das educadoras nasceram em cidades próximas, de pequeno porte, ou na zona rural do município; outras sempre viveram em Blumenau. É comum se referirem a um sítio próximo à residência, ou mais distante, em que passavam as férias, ou o fim de semana. Em qualquer das situações, as lembranças da infância envolvem, geralmente, um cotidiano mais próximo da natureza, com elementos do mundo natural compondo o cenário do mundo do faz de conta. Pauzinhos, argila, folhas, cabanas de troncos e galhos, sabugo de milho, pétalas de rosa eram a matéria-prima das brincadeiras.

A vida das crianças, hoje, em Blumenau é diferente. Falando sobre sua infância, e comparando com a das crianças que estão nos CEIs, a mesma educadora explica que as brincadeiras em grupo são raras, porque estão limitadas aos espaços internos das casas. Assim, além de distanciadas da natureza, estariam mais sós; ou seja, há uma mudança nos planos das ecologias pessoal, social e ambiental.

FLOR DA FORTUNA: Hoje, eu vejo as crianças que estão em creche, ou que não estão em creche, brincando muito sozinhas, muito dentro dos apartamentos e dentro das casas, muito com os computadores e televisão (...) Eu penso que antes era uma brincadeira mais compartilhada (...) porque a gente estava mais no meio da rua, não estava tanto dentro do apartamento (Entrevista Grupo de Formação 4).

Como esse modo de vida, distanciado do mundo natural, se materializa no cotidiano das instituições de atendimento às crianças de 0 a 6 anos? Se é nos CEIs que elas passam a maior parte do tempo, qual a qualidade das interações com o mundo natural nestes espaços?

Nas creches, as crianças ficam por muitas horas. O tempo que elas têm em casa é o de dormir... É muito comum, inclusive, que sejam encaminhadas – depois de um longo período diário nos CEIs – a uma creche domiciliar, onde aguardam o fim da jornada de trabalho dos pais.

Considerando que chegam ainda bebês de poucos meses e permanecem matriculadas até os 5 ou 6 anos, pode-se dizer que, até essa época, a vida delas é nesse lugar. Vale perguntar, então: as rotinas possibilitariam um contato mais estreito com o mundo natural? O que há aí: terra, árvores, água, areia, o quê? Como as escolas se relacionam com o que existe de natureza para além dos humanos?

Logo no primeiro encontro com o Grupo de Formação sobre Qualidade do Ambiente na Educação Infantil ou nos encontros com as educadoras das instituições observadas, com frequência – e espontaneamente – as educadoras falaram de uma preferência das crianças pelos espaços ao ar livre. Embora não fosse uma hipótese, esse é um dado que a pesquisa, em seu processo, revelou. Assim, trabalho com ele por considerar que confirma algo que não é difícil observarmos a olho nu: nas situações do dia a dia, em casa ou nas creches e pré-escolas, o comum é que as crianças demonstrem uma grande atração pelas brincadeiras ao ar livre.

Se a maior parte da vida das crianças acontece nos CEIs, será que aqui deveria ser um lugar onde pudessem fazer coisas de que gostam, que elas querem?

> Miosótis: Sim.
> Pesquisadora: E o que é que as crianças mais gostam?
> Avenca: De brincar, com certeza.
> Pesquisadora: Brincar de quê?
> Avenca: De brincar na areia, de brincar no parque, de se melecar todos...
> Pesquisadora: Como assim, o que você quer dizer com "melecar"?
> Avenca: Elas gostam de se sujar, de se lambuzar, com terra, água, fazer barro, subir nas árvores... (Entrevista CEI Flamboyant)

A resposta é clara: as crianças gostam de se sujar, de se lambuzar, de se misturar com aquilo com o que brincam, no caso, os elementos do mundo natural. Entretanto, na contramão dessa atração, na maioria dos CEIs, elas permanecem emparedadas a maior parte do tempo.

De fato, nas descrições das rotinas, colhidas pelo questionário, que foi respondido em mais de 70% dos CEIs, aparece claramente uma dinâmica de emparedamento, na qual a criança vai de um espaço fechado a outro: da sala onde é recebida, para a sala da TV, para o refeitório, para a sala de sua turma, para atividades de higiene, para o dormitório... A chegada aos espaços externos é demorada, e é comum que muitas vezes não aconteça!

Assim, embora a maioria das crianças passe nos CEIs um tempo médio diário que varia entre 8 e 10 horas diárias, não é tão simples que desfrutem do prazer de estar ao ar livre. O tempo de permanência no pátio é muito menor que o tempo em sala.

Em apenas três das 40 unidades pesquisadas, as crianças permanecem mais de quatro horas diárias fora dos domínios das paredes. Em 11 delas, o tempo de permanência ao ar livre – de uma a duas horas diárias – pode ser ainda menor, já que, conforme dizem as professoras, isso acontece "se não chover"[1] ou "se der tempo".

> MIOSÓTIS: Geralmente é uma hora de manhã e um pouquinho mais à tarde, uma hora e meia. Tem dia que, dependendo do tempo, de manhã, às vezes, não tem o horário livre fora (...) se tem chuva, já não sai e aí fica o dia todo dentro (Entrevista CEI Flamboyant).

Blumenau localiza-se em uma região de clima temperado, possui verões quentes e úmidos. Argumento que as condições climáticas interferem, é claro, e este será sempre um aspecto a considerar, não apenas em Blumenau, mas em qualquer lugar, já que cada um tem as suas características: a temperatura é mais alta ou mais baixa, é seco, chove ou neva nesta ou naquela estação. Entretanto, se as condições climáticas são sempre um pressuposto a ser considerado, a questão não está no clima, na temperatura em si, mas nas relações que estabelecemos com essa invariável. Assim, numa creche de uma região chuvosa, podemos nos predispor a apanhar um pouco de chuva ou nos comportamos como se fôssemos todos de papel. Se é tão quente, por que os banhos, as brincadeiras com água não são mais frequentes? Por que não se plantam mais árvores nas creches e pré-escolas?

Mas o que mais impressiona é que, em 4 CEIs, ou seja, em 10% do total de unidades pesquisadas, as crianças são como prisioneiras: têm, diariamente, de 30 a 60 minutos ao ar livre.

Entretanto, a situação de aprisionamento é ainda mais grave quando consideramos apenas as 17 unidades que atendem por um período de 12 horas diárias. Chama a atenção a informação de que, em duas delas, o tempo ao ar livre se restringe a um período de trinta minutos. Em três unidades o tempo é de uma a duas horas. Em seis CEIs, as crianças permanecem ao ar livre por um período de duas a três horas. E em quatro unidades, elas ficam de três a quatro horas ao ar livre.

Em síntese, podemos dizer que, em 11 dos 17 CEIs que funcionam por um período de 12 horas, as crianças permanecem menos de três horas diárias ao ar livre. Retomando a informação de que elas saem da creche para irem para casa dormir; ou, em alguns casos, são levadas a outras instituições onde aguardam seus pais; e, ainda, considerando que a ida para o lado de fora depende de vários fatores, pode-se inferir que essas crianças crescem entre paredes, sem contato com a natureza.

Nos berçários, a situação de emparedamento pode se acentuar. São várias as razões apontadas. Às vezes, nem o banho de sol matinal está assegurado, muito menos o da tarde. Em várias unidades, os espaços reservados para essas crianças incluem, além das salas, um solário, que às vezes é apenas uma pequena sacada de cimento e nada mais. Em alguns casos, além do solário, as crianças frequentam também as áreas externas, mas isso não é o comum. E quando as turmas de berçário e maternal ocupam a parte superior dos prédios, as dificuldades para levá--las ao pátio aumentam.

FLOR DE SEDA: Descemos em torno de 30 minutos pela manhã e um pouquinho mais pela tarde.

PESQUISADORA: Vocês acham que essa quantidade de tempo ao ar livre é uma boa quantidade para eles?

FLOR DE SEDA: Eu acho suficiente.

PESQUISADORA: Suficiente para quê?

FLOR DE SEDA: Para eles brincarem, saírem um pouco da sala, terem contato com as outras crianças. Porque a gente tem um horário certo. Tem a hora do lanche, tem a hora das trocas, tem a janta. Então, é tudo controlado (Entrevista CEI Casuarina).

Mesmo sendo por pouco tempo, e sabendo que os bebês ficam satisfeitos com a troca de espaço de atividades, há casos em que os menores só vão para o pátio depois que já estão andando firmemente:

ANTÚRIO: A gente só desce com os nossos bebês a partir do mês de junho porque eles já estão andando melhor.

PESQUISADORA: Vocês do berçário já experimentaram alguma vez trazer eles aqui para baixo e saber se eles gostam mais daqui ou lá de cima?

FLOR DE SEDA: Eles adoram aqui embaixo. Quando a gente vai lá para cima eles começam a chorar, porque eles queriam ficar aqui embaixo.

PESQUISADORA: Por que você acha que eles gostam mais daqui?

ANTÚRIO: Porque eles mudam de sala, é mais livre, tem crianças maiores aqui (Entrevista CEI Casuarina).

Apesar do reconhecimento da importância, para as crianças, dos tempos ao ar livre, somados às 2 horas destinadas ao sono (apontadas por 28 CEIs), as 5 horas ou mais de permanência em sala (apontadas por 20 CEIs), podemos inferir que, em um número considerável de unidades, as crianças chegam a permanecer 7 horas ou mais em espaços fechados. Se incluirmos também o tempo dedicado à alimentação, assim como aos cuidados de higiene anteriores e posteriores à alimentação e ao sono, então o tempo entre paredes é bem maior, pode chegar a 8 horas diárias. Ou seja, 4/5 do total de tempo médio em que permanecem nos CEIs.

A situação de aprisionamento fica evidente quando verificamos que, em grande parte dos CEIs, as janelas das salas não estão acessíveis às crianças.

O que se vê das janelas?

Algumas permitem a visão de morros arborizados, de vacas, cavalos, pôneis. Outras estão mais voltadas para estradas ou vias públicas urbanas, onde se avistam carros, caminhões, máquinas e o movimento dos que passam na rua, dos vizinhos. Num deles, há vista para o espaço de um clube, as crianças podem ver as quadras, os gramados e os associados que entram e saem. São muito comuns as janelas que dão para pátios internos, as crianças veem outras salas do CEI, o portão por onde chegam os pais para buscá-las, os colegas de outras turmas e os adultos transitando pelos espaços comuns.

Não é difícil imaginar a satisfação das crianças, a sua alegria ao observarem o mundo lá fora, o céu, o vento nas árvores, a chuva... a sua alegria diante da movimentação de animais, carros e pessoas, especialmente as conhecidas... Que significados, que aprendizagens possibilitam essas interações com o mundo social e natural que circunda os espaços onde a vida, cotidianamente, transcorre?

Que direitos estão sendo desrespeitados quando as crianças não têm sequer acesso visual ao universo de que são parte? Essa é a pergunta central diante da informação de que elas não têm acesso às janelas em 10 unidades, ou seja, em 25% dos 40 CEIs pesquisados – ou porque são muito altas ou porque não existem. Em outras 9, quase 25%, apenas algumas janelas são acessíveis.

Essas informações demonstram a atualidade dos escritos de Freinet (1979), relativos às edificações escolares da primeira metade do século XX. Ele dizia que, na França, as janelas eram propositalmente colocadas no alto das paredes, para que as crianças permanecessem concentradas na aula, não se distraíssem com o que está lá fora. Em Blumenau, como em outras cidades brasileiras, mesmo que por razões diferentes (por exemplo, economia de material), a situação é semelhante: nos questionários respondidos há várias referências às janelas de basculante e à precariedade da ventilação.

As informações que colhemos indicam que, no Brasil, mesmo instituições públicas de Educação Infantil não atendem aos critérios de credenciamento e funcionamento apontados pelo Ministério da Educação (MEC), em 1998: um dos aspectos considerados é justamente a altura das janelas, de forma que as crianças "possam olhar o que existe do outro lado".

Sensíveis a essa necessidade, as educadoras que responderam aos questionários de 3 CEIs fizeram referência ao papel dos profissionais, criando condições para as crianças observarem o lado de fora, colocando banquinhos, oferecendo apoio. Entretanto, é preciso chamar a atenção para a situação de um dos CEIs que funcionam durante 12 horas diárias, em que as crianças não têm acesso às janelas. Na hipótese de que neste CEI os espaços externos sejam cobertos de brita ou cimento, fica evidenciada uma situação de emparedamento e, simultaneamente, de isolamento em relação ao mundo natural.

A permanência entre paredes é maximizada nos CEIs em que alguns fatores se conjugam: o tempo ao ar livre é diminuto, as janelas não estão acessíveis e as educadoras não favorecem a visão do lado de fora. Assim, nem as crianças vão lá fora, nem acessam, através das janelas, o mundo a sua volta, a luz do sol! O que isso pode significar para a saúde das crianças, para a sua ecologia pessoal, considerando que chegam em casa já à noite? Quantas crianças desta e de outras cidades brasileiras estão submetidas a essa condição de seres que nem sequer têm acesso visual ao mundo em que vivem?

Em vez de terra, cimento e brita!

Apesar de declararem uma paixão quase unânime das crianças pelas brincadeiras ao ar livre, houve também quem dissesse que depende do espaço que elas têm para ficar do lado de fora. Ou do que está se propondo do lado de dentro. Alguns depoimentos deixam claro que, para as crianças, os espaços não têm importância em si, mas são desejados em função do que, em cada momento, oferecem. Não importa, dentro ou fora de sala, as crianças querem permanecer onde vivenciam o que tem significado para elas. Os espaços internos podem ser muito agradáveis, mas, talvez, até mesmo porque aí predominem as atividades, o lado de fora as atrai muito. Assim, embora não sejam objetos de análise, algumas perguntas foram incluídas nas entrevistas com os Grupos de Formação, porque era preciso saber minimamente sobre a qualidade do espaço onde as crianças permanecem a maior parte do tempo.

O objetivo da pesquisa não era conhecer dados mais objetivos, como a metragem, mas captar a sensação das profissionais em relação aos espaços onde permanecem com as crianças. Hoje, como é esse espaço? As salas são amplas ou mais apertadas, são confortáveis ou são apenas um espaço de guarda, de estar ali porque é ali que é? Há cantos de brincadeiras, almofadas, tapetes, brinquedos ao alcance das crianças?

As respostas referiram-se a salas amplas, com espaço para movimentação, em apenas 12 CEIs. E, quanto ao conforto, informaram que em 34 dos 40 pesquisados, há almofadas nas salas de atividade. Mas, em muitos, elas ficavam guardadas em armários, ou suspensas em prateleiras. Ou seja, não estão disponíveis para as crianças, ou não compõem os espaços como elementos que ofereçem conforto.

Se as crianças ficam tanto tempo nas salas, e elas não são assim tão confortáveis, vale agora mostrar dados sobre o que há do lado de fora. Como é esse espaço de que as crianças tanto gostam?

Os dados revelaram que os CEIs oferecem brinquedos em quantidade: há escorregador, balanços, trepa-trepas, casinhas de boneca. Mas, além dos brinquedos, o que o espaço externo contém? Quando estão ao ar livre, em que pisam: em grama, em brita, em cimento, em areia, em quê? De que são revestidos os espaços externos?

Uma análise dos dados oferecidos pelos questionários dos 40 CEIs pesquisados revela que predominam como revestimento, nesta ordem: o cimento, a brita, a areia e a grama.

Ao contrário do que eu imaginava, ao iniciar a pesquisa empírica, a brita não é o que predomina, mas sim o cimento. De qualquer forma, esse não é um dado animador. Entretanto, a areia e a grama também aparecem em quantidades consideráveis.[2]

Fora os parques, onde estão os brinquedos, geralmente quase tudo em volta é coberto de brita. A respeito disso, uma das entrevistadas diz: "Nas escolas (de Ensino Fundamental), a brita impera. Realmente não existe areia nas escolas." (Avenca, entrevista CEI Flamboyant).

Nas entrevistas com as professoras, a questão do revestimento das áreas externas foi levantada e as discussões abordaram vários aspectos, desde o porquê da predominância de materiais como cimento e brita, até os benefícios de cada um às atividades das crianças. A maioria dos argumentos usados para justificar o predomínio da brita ou do cimento está relacionada à higiene, ao cuidado que é necessário para que as crianças se mantenham com roupas secas e limpas: "(...) elas diziam que era mais higiênico (...) Uma vez eu questionei numa escola em que eu trabalhei, mas elas disseram 'Ah, mas a areia suja muito porque levanta poeira!'" (Crisântemo, entrevista CEI Flamboyant).

Continuando a pesquisa sobre o que há no espaço externo, o questionário perguntou sobre vegetação. De acordo com as respostas oferecidas, em 2 dos CEIs pesquisados, não há vegetação alguma. Nos demais, há referência a árvores (em 32), a plantas (em 16), a canteiros (em 26), a hortas (em 24) e a flores (em 17). A grama não é tão comum: ela é citada nos questionários de apenas 3 CEIs.

Nos textos das profissionais que responderam a esse item, são lembradas experiências de contato prazeroso como o plantio de hortas, flores e canteiros de ervas e temperos. Mas tudo indica que o contato é eventual, pois, tanto as visitas às unidades, quanto as respostas aos questionários complementares deixaram claro que, geralmente, não cabe às crianças e suas educadoras a responsabilidade de cuidar dos vegetais, mesmo daqueles que elas plantaram. Uma das razões é que esta seria uma atividade não adequada, perigosa, imprópria para crianças.

No entanto, há exceções, apontadas nas entrevistas com os Grupos de Formação: "(...) há anos, as crianças aprenderam a plantar as árvores, a cuidar (...) cada turminha semeia e cultiva. Porque elas dão tanto valor (...)." (Prímula, entrevista Grupo de Formação 1).

Mas são ainda minoria os CEIs em que as crianças participam da limpeza, da colheita, enfim, se integram, e conhecem na prática os processos de nascimento e crescimento dos frutos da terra. Em geral, esse contato não é assegurado nas rotinas cotidianas, não é parte indissociável do planejamento pedagógico das unidades.

Buscando indícios de relações com a natureza, no item sobre a presença de água nos CEIs, as educadoras respondem que há inúmeras torneiras, muitas mangueiras, mas nem tantos chuveiros ao ar livre. Apenas 5 se referem a piscinas, 5 a riachos e 1 a bacias de plástico. Em 4 CEIs, responderam que não há água no espaço das unidades, o que pode demonstrar a invisibilidade desse elemento.

Mas o fato de a água estar presente não significa que as crianças tenham acesso a ela. Como a pergunta seguinte evidenciou, é o que acontece em 10 CEIs (25%), dando a entender que os adultos não oferecem o contato com esse elemento vital.

Mesmo nas unidades em que isso acontece, em geral, as respostas apontam para uma relação funcional, utilitária com esse elemento da natureza: serve para limpar os espaços e para fazer a higiene das crianças. Apenas em um questionário é informado que as crianças brincam sempre com água.

Quando está muito calor, são oferecidos banhos de mangueira para refrescar. Mas, mesmo no verão, talvez na maioria dos CEIs, eles não são parte da rotina, raramente acontecem, como a seguir:

ALFAZEMA: Uma vez teve uma professora, num dia bem quente, que pegou a mangueira e molhou as crianças. No outro dia, uhhh... Os pais vieram reclamar que eles estavam todos doentes, porque teve gente que passou aqui e viu a professora dando banho nas crianças.

PESQUISADORA: Há quanto tempo você trabalha aqui?

ALFAZEMA: Há 9 anos (Entrevista CEI Casuarina).

Entre os pesquisados, apenas 2 CEIs dispunham de chuveiros instalados do lado de fora, que serviam para brincadeiras. Em vários há piscinas de plástico, que são utilizadas no verão, com autorização dos pais. Em um dos CEIs, há piscina para o berçário e o maternal, mas os maiores não têm acesso.

Há poucas referências a brincadeiras com água em atividades de panelinhas, banhos de boneca etc.

VANDA: Mas mesmo quando a gente não proporciona com a questão da água, eles pegam um potinho, enchem de água, vão atrás da casinha e ficam brincando lá na lama. "Olha, Vanda, o fulano está mexendo na lama!", e aí eu faço de conta que não estou vendo. (Entrevista Grupo de Formação 2)

Porque a professora é sensível à necessidade infantil, ela finge que não vê. Mas, numa perspectiva de trabalhar com base no interesse das crianças, o razoável seria que fossem oferecidas condições para o contato com a água. Ao contrário, em geral as professoras dificultam esse contato.

ALOÉ: Nós não temos mais torneira no parque. Nós tínhamos uma mangueira lá.

PESQUISADORA: E vocês tiraram? Então, quer dizer que não existe brincadeira com água? Nem de lavar boneca, botar uma bacia, dar banho, lavar roupa de boneca?

MIOSÓTIS: Eles vêm até o banheiro, enchem um potinho... Eles arrumam uma alternativa. Eles fazem um bolinho de areia com água e dão um jeitinho e vão até o banheiro buscar água.

PESQUISADORA: ... eles fazem isso por conta deles? Mas vocês dão força... Você não facilita isso? Parece que isso não é uma atividade de professora...

ALOÉ: Não, não somos nós que falamos para ir ao banheiro e encher um balde de água e trazer. Eles trazem. Para ser bem sincera, nós até dificultamos (Entrevista CEI Flamboyant).

Querendo saber mais sobre contato com a água, pergunto sobre banho de chuva: "Os pais crucificariam a gente." (Dália, entrevista Grupo de Formação 2). Essa opinião é reforçada em outras entrevistas, nas quais os banhos de chuva são relacionados à doença. Um dos CEIs afirma que as crianças chegam a desfrutar deles, mas que não é uma prática constante, sendo a mais habitual os banhos de mangueira.

Blumenau é uma cidade quente e abafada no verão, à tarde são comuns as pancadas de chuva. Pergunto às educadoras se elas, quando crianças, aproveitavam essas ocasiões, e, diante de respostas positivas, provoco:

PESQUISADORA: (...) se vocês já fizeram isso, sabem como é bom. Se vocês têm as crianças o dia inteiro, essas crianças mal têm férias... se elas não tomarem banho de chuva agora, elas vão tomar quando?

VERÔNICA: Os pais da gente eram bem conscientes sobre o banho de chuva. Eles permitiam que a gente estivesse na chuva. Mas hoje não...

PESQUISADORA: Vocês já fizeram uma reunião e perguntaram qual era o pai que tomava banho de chuva?

VERÔNICA: Nós até chegamos a fazer uma discussão nas reuniões de como foi a infância deles e aparecem esses relatos. Mas possibilitar para as crianças no CEI... tem aqueles que aceitam e aqueles que fazem cara feia.

PESQUISADORA: (...) vocês vão esperar que todos aceitem?

VERÔNICA: (...) não é fácil lidar (Entrevista Grupo de Formação 2).

O medo de doença, a reação dos pais, a dinâmica de funcionamento institucional, especialmente as rotinas de limpeza: tudo parece concorrer para que o contato com a água seja rarefeito. Assim, banhos de mangueira, brincadeiras de fazer comidinha, dar banho em boneca, fazer barquinho para colocar na correnteza das valas quando chove... nada disso é corriqueiro, ao contrário, é exceção!

A água vale pela utilidade que tem: essa é a mensagem para as crianças!

O que há no entorno?

Se nos espaços dos CEIs a proximidade com elementos da natureza não está assegurada, vale perguntar: o que há nos espaços externos aos CEIs?

Tanto pela análise dos instrumentos, quanto pelas observações locais, o que se pode concluir é que espaços no entorno dos CEIs é o que não falta: dos 40 pesquisados, 10 fazem referência a espaços arborizados, 9 a praças, 15 a parques, 10 a terrenos baldios, 6 a campos de futebol, 8 a associações desportivas e de moradores, 8 a ruas do bairro e 6 a casas de colegas. 9 questionários não especificaram o que há no entorno. E 6 informaram que não há nada, o que é impossível, e pode indicar um não olhar, uma negação do que está ao redor!

A pergunta seguinte diz respeito ao planejamento de atividades em áreas que circundam ou estão próximas: em 22 CEIs as respostas são positivas. Mas a frequência das atividades é muito baixa: a análise das respostas demonstra que, em mais de 40% dos CEIs, nunca ou raramente as crianças exercitam o direito de ir e vir em relação aos espaços do entorno.

Em apenas 6 CEIs as crianças realizam, diariamente, atividades nas redondezas. Em 2 CEIs, elas acontecem 2 vezes por semana; em 6, elas ocorrem uma vez por semana. E em 3, a cada quinze dias. Em 4 CEIs, a exploração do entorno é mensal, o que pode indicar tratar-se de uma atividade que tem caráter festivo, especial, portanto, não entendida como direito. Mesmo considerando que é um lugar frequentado regularmente pelas crianças e suas famílias, pois é onde residem (e, às vezes, até mesmo as educadoras), é comum identificarem o entorno como lugar sujo, não apropriado para brincadeiras e exploração, frequentado por gente que não tem educação.

AMARANTO: Tem muitos meninos lá da rua que vão jogar futebol na quadra de cimento na hora que as crianças estão lá. E como eu já falei, os meninos falam muito palavrão, eu já pedi para eles se retirarem enquanto as crianças estão lá, e eles respondem para mim: "Ah, tu não manda [sic] aqui!" Então eu prefiro tirar as minhas vinte crianças de lá (Entrevista Grupo de Formação 2).

É significativo que em apenas 6 CEIs, ou seja, 15% do total pesquisado, o espaço do entorno seja assumido como espaço educativo;[3] ou melhor, que o acesso a ele seja considerado como direito da criança.

Isto nos leva à pergunta: no imaginário dos profissionais, a criança não teria direito de conhecer a realidade natural e social que a cerca? Se essa é uma das funções da Educação Infantil, como as profissionais conceberiam o acesso a essas realidades: por meio do discurso pedagógico, das gravuras, das histórias, de práticas que falam da realidade, mas dela não se aproximam? Isso confirmaria uma concepção em que o conhecimento não está relacionado à vida concreta.

Numa das perguntas anteriores, sobre o acesso à água, os questionários de 5 CEIs fazem referência à existência de riachos no entorno, mas eles também não são objeto de exploração das crianças. Entretanto, no encontro com um dos Grupos de Formação surge uma exceção:

PESQUISADORA: Você trabalha com as crianças [de 2 a 3 anos] perto do rio?
AMARANTO: Como é que é? Morrem muitos afogados? [risos]
VANDA: Não, tem as pedras. Só que é uma área verde, tem um caminho que vai até o rio, tem bambu, onde muitas vezes a gente faz a nossa roda de conversa e leituras de histórias, brincadeiras. Coisas que a gente faria na sala, mas a gente faz lá. Piquenique também.
PESQUISADORA: E como é que você faz para eles não caírem dentro d'água?
VANDA: É tudo combinado com as crianças (...) a gente faz uma receita de um bolo e vamos comer esse bolo lá na beira do rio. E a gente leva cesta de frutas para o bosque (Entrevista Grupo de Formação 2).

Esse é o caso de um CEI cercado de verde por todos os lados. Como ele, há muitos outros que gozam da mesma situação. Entretanto, parece que, geralmente, as educadoras não enxergam essa realidade, como se o espaço interno do CEI fosse, exclusivamente, o lugar destinado às vivências da infância, às aprendizagens. Como diz Vanda, é verdade que no CEI Sapucaia, "a gente tem de buscar essas alternativas fora porque o espaço interno da creche é muito quente". De qualquer forma, esse é um problema comum a outros, mas a prática de explorar e curtir o entorno nem mesmo é de todas as turmas daquele CEI.

> VANDA: (...) próximo de lá tem um pasto, a gente vai para esse pasto, que é propriedade de uma criança, a gente anda de pônei, as crianças sobem um morro, descem, rolam. As formigas atacam, mas em outro momento que a gente vai lá elas já "aprenderam", já sabem onde tem formiga e não vão lá e já avisam o coleguinha onde tem formiga, para ele não pisar. Quando a gente está no parque, elas adoram e falam baixinho: "Vamos ouvir o barulho!" Barulho de pássaros, da água nas pedras. Elas têm muita sensibilidade, até porque a gente proporciona esse ambiente de fora (Entrevista Grupo de Formação 2).

Há outros exemplos de educadoras que proporcionam regularmente um contato mais próximo da natureza, até mesmo em locais inusitados:

> ALFAZEMA: A gente tomava café, fazia a higiene e saía. Elas viam a cidade, viam os carros, a gente ia para o cemitério.
> PESQUISADORA: Cemitério? E você ia fazer o que com elas lá?
> ALFAZEMA: Cemitério de gatos e de gente... Ué?! Ia passear, olhar, catar plantas e conversar sobre as pessoas que morriam, sentava, às vezes fazia lanche e levava pipoca (Entrevista CEI Casuarina).

Mesmo quando o entorno não oferece as melhores condições para atividades, há quem invista nas saídas pela importância dessas atividades para as crianças:

CAMOMILA: No nosso CEI tem uma pracinha do lado, eles adoram. A gente leva papelão e eles escorregam numa grama nos morros, tem árvores para subir, tem um parquinho, que é um pouco precário – só tem um balanço, porque os outros estão quebrados – mas tem uma roda, o escorregador só tem escada. Mas eles adoram. E tem uma árvore bem grande... (Entrevista Grupo de Formação 1)

Ao longo dos debates, vai ficando claro que a vida das crianças nos espaços da creche seria muito diferente se elas tivessem mais tempo ao ar livre. E também se o entorno fosse assumido como direito das crianças e considerado como espaço educativo, o que aconteceu em 2009, a partir da aprovação das DCNEI.

Quando questionadas a respeito do que as rotinas institucionais estão produzindo como subjetividade, as educadoras se dão conta da situação de aprisionamento e controle a que são submetidas, e falam do que acreditam ser consequência dessa imposição.

SEMPRE-VIVA: A gente está notando que tem tantas crianças que chegam em época escolar e eles já não estão motivados para ir. Não tem aquela alegria de ir para o colégio obedecer, porque isso para eles já uma coisa que acontece desde 1 aninho, 2 anos... que seria aquela época de eles estarem só brincando, mas já são cobrados com atividade, com isso e com aquilo. Eu acho que isso está escolarizando muito as crianças (Entrevista Grupo de Formação 5).

Como efeito do trabalho de formação, e até mesmo da pesquisa, sensibilizadas, algumas equipes mobilizam-se para transformar essa situação:

GARDÊNIA: (...) o maternal I, eles agora começaram a descer mais (...) Teve um dia que os berçários até desceram para o parque dos maiores ali (...) teve uma melhoria assim, na questão de acesso ao parque nos últimos meses. Isso é uma coisa que tem que colocar porque isso realmente está acontecendo, é visível (Entrevista Grupo de Formação 5).

Se uma criança chega à creche aos 4 meses e sai aos 6 anos; se passa 12 horas diárias aqui, e até os 3 anos não frequenta o pátio; se, a partir dessa idade, adquire o direito de permanecer por 2 ou 3 horas, no máximo, brincando lá fora, sobre cimento e brita; se as janelas da sala onde fica o restante do tempo não permitem a visão do mundo exterior; se assim os dias se sucedem, essa criança não conhece a liberdade... Ela jamais escolhe, apenas obedece.

> SEMPRE-VIVA: Ela está prisioneira, ela é uma prisioneira!
> GARDÊNIA: Ela se torna uma prisioneira sem infância (Entrevista Grupo de Formação 5).

A NATUREZA COMO LUGAR DA DOENÇA, DA SUJEIRA, DO PERIGO

Até aqui os dados revelaram que o tempo entre paredes é o que predomina, que o cotidiano das crianças e adultos das creches está descolado do mundo natural. Os seres humanos, muito cedo, são dela separados. E mesmo ao ar livre, o chão em que pisam é prioritariamente de cimento e brita, a terra e a areia não são elementos de sua intimidade, a água não está ao alcance, nem o mundo à vista. Mas, por que é assim?

Depois de pesquisar o que há de natureza nos espaços e o tempo de que as crianças dispõem para o seu desfrute, pergunto, agora: por que as práticas escolares, já na creche, caminham na contramão do desejo das crianças? Que razões têm os adultos para organizar os espaços e o tempo como organizam?

Com a palavra, as educadoras hesitam... por atalhos, algumas explicações vão sendo construídas, invariavelmente identificando a natureza com doença, sujeira e perigo. As explicações surgem entrelaçadas, articuladas, emaranhadas, como elementos de uma rede que aprisiona. Aprisionamento que se evidencia não apenas na visão de profissionais e familiares, mas, como veremos adiante, é oficializado pelos documentos que definem e norteiam o atendimento às crianças pequenas no Brasil.

Iniciamos trazendo a visão de natureza expressa pelas educadoras de Blumenau, em contraposição à visão de Rousseau e também a de mulheres que chegaram ao Vale do Itajaí no século XIX.

Nos primeiros anos de Blumenau colônia, em 1886, Therese Stutzer, em carta para a irmã, escreve sobre a alegria de sua filha, com os pés em contato com a terra:

> Lá vem minha menina e vejo que ela está descalça. Seu maior prazer é tirar as meias e os sapatos para andar livremente. Todas as suas amiguinhas o fazem e Eva as imita. "Mas minha filha, tu és uma menina alemã." Ela sacode a cabeça e lá se vai, e nós precisamos alcançá-la (STUTZER, 1998, p. 11).

No século XXI, não é tão simples que as crianças estejam de pés descalços nos espaços de IEIs, apesar das educadoras trazerem de sua infância a recordação dessa vivência. Uma professora diz:

> PESQUISADORA: Você brincava de pés descalços?
>
> BROMÉLIA: Brincava.
>
> PESQUISADORA: Os seus alunos ficam de pés descalços?
>
> BROMÉLIA: Não, porque pode ficar doente.
>
> PESQUISADORA: Mas você ficava doente de pés descalços sempre?
>
> BROMÉLIA: Não... eu acho que é a sociedade, a família que faz essa coisa de "não anda de pé descalço senão vai ficar doente, vai ter que ficar em casa e tomar remédio". É muita preocupação, muita proteção à criança (Entrevista Grupo de Formação 4).

O que dizem as professoras é que o cotidiano de crianças e adultos é balizado pelo objetivo de proteção a tudo que possa ameaçar a saúde das crianças, o que faria todo o sentido, se não implicasse limitação exagerada aos seus movimentos ao ar livre. Entretanto, ignorando que a propagação de micro-organismos é favorecida em ambientes abafados, não apenas em Blumenau, é muito comum verificarmos situações em que turmas inteiras estão em salas de janelas fechadas, portanto, sujeitas a todo tipo de contágio.

No século XVIII, quando, na França, 80% da população viviam, ainda, no campo, mas já começava a se deslocar para as cidades, Rousseau dizia que esse caminho levava à doença. Na natureza estava a saúde, "ela nos destinou a sermos sãos" (1978, p. 241). 250 anos depois, o que as educadoras afirmam é justo o contrário: o contato com a natureza causa doenças! E essa visão é preponderante no estabelecimento das rotinas das IEIs.

Quando pergunto por que as crianças permanecem mais tempo em espaços entre paredes, as famílias, mais especificamente, as mães, surgem, com muita frequência, como as grandes responsáveis por um cotidiano de pouco contato com a natureza, em especial com a água, a terra e o vento.

> PESQUISADORA: Vocês acham que hoje em dia esses meninos e meninas (quando estão em casa) tomam banho de chuva?
> JASMIM: Eu acho difícil (...) porque vai ficar doente, se pegar uma garoa, até quando eles se molham a mãe já reclama. Vai ficar doente... (Entrevista CEI Casuarina)

Ao comparar as suas infâncias com as atuais, as educadoras situam o problema: as famílias estavam mais presentes na vida das crianças, isso permitia que elas fossem mais olhadas, mais cuidadas:

> BEIJO: Na época que eu era criança, nós tínhamos muito esse contato com a natureza. Nossos pais permitiam, eles estavam mais em casa com a gente. E hoje em dia, não. Os pais trabalham geralmente o dia inteiro, a criança fica muito na creche (Entrevista Grupo de Formação 1).

Num modo de organização social em que as crianças estão entregues, na maior parte do tempo, aos cuidados de uma instituição, o medo de doença pesa muito na definição das rotinas. Os pais estão nas fábricas;

as crianças, nas creches. Se adoecerem, quem fica ao lado delas, em casa? Quem pode assegurar que a mãe permanecerá empregada se faltar ao trabalho? Quem paga o remédio? Causa angústia a simples hipótese de o adulto se ver nessa situação.

> (...) Transformada por nós, sem piedade ou indignação, em mercadoria de uma época, a criança contemporânea tem como destino flutuar erraticamente entre adultos que não sabem mais o que fazer com ela (CASTRO *et al.*, 1997, p. 98).

As crianças atrapalham, numa sociedade em que o valor maior está na produção de riquezas; e, ainda mais, em que os pais trabalhadores são submetidos a baixos salários. Em vez da tranquilidade necessária à recuperação dos filhos, em vez de aconchego, de proximidade sensível, o que a situação produz é estresse, pois a vida da família, o tempo dedicado aos filhos, tudo está organizado em torno de um eixo central: o trabalho remunerado.

> BEIJO: (...) Eles [os pais] estão nas fábricas e isso faz com que as mães estejam muito preocupadas (...). "Ai, se o meu filho pegar uma gripe... eu vou ter que ficar fora do trabalho." Então, eu percebo que as mães protegem, evitam as doenças justamente para não faltar ao trabalho (Entrevista Grupo de Formação 1).
>
> PRÍMULA: Elas [as mães] falam; "Se a criança ficar doente, quem tem que pagar a medicação é você." (Entrevista Grupo de Formação 1)

Se, doente, não há quem cuide, o melhor é evitar a qualquer preço a enfermidade; e se a natureza é quem ameaça o estado de saúde, o espaço interno representa segurança, e, ao contrário, o espaço externo, a insegurança. Aí, tudo pode acontecer: é o lugar do vento, da chuva, dos micróbios da terra e da areia, enfim, dos elementos e fenômenos da natureza que provocariam enfermidades.

É interessante comparar essa visão de natureza expressa nas falas das educadoras com a concepção de Rousseau (1978). No *Discurso sobre a origem e os fundamentos da desigualdade entre os homens*, o filósofo elabora uma história da humanidade, em cuja trajetória abandona o estado de natureza (em que os seres humanos eram felizes, livres e iguais; momento mais feliz e duradouro da humanidade, idade de ouro, na qual deveriam ter permanecido) para um outro estado de ruína e opressão, nascido com o advento da propriedade privada.

> Com tão poucas fontes de males, o homem, no estado de natureza, não sente, pois, necessidades de remédios e, menos ainda, de médicos; a espécie humana não está, pois, a este respeito, em condições piores do que todas as outras e é fácil perguntar aos caçadores se, nas suas caminhadas, encontraram muitos animais enfermos (ROUSSEAU, 1978, p. 241).

Para o filósofo, foi a civilização quem trouxe os males do corpo. No estado de natureza, os seres humanos ainda não haviam sido corrompidos pelo que ele define como civilização, que é como ele se refere à sociedade capitalista. Rousseau questiona as "verdadeiras vantagens da indústria e do efeito real que resulta de seu progresso" (Idem, p. 295).

As falas das educadoras parecem inverter a ideia de Rousseau sobre os benefícios da vida em relação íntima com a natureza. Atento à realidade de seu tempo, sensível às transformações profundas provocadas pelo estilo de vida que o capitalismo nascente engendrava, em meados do século XVIII, ele assim se referia à vida nas cidades, onde os humanos abriram "novas portas à dor e à morte" (Idem, p. 292).

> Se considerardes as penas do espírito que nos consomem, as paixões violentas que nos esgotam e arruínam os trabalhos excessivos com os quais se sobrecarregam os povos, a preguiça ainda mais perigosa à qual os ricos se abandonam, e que fazem com que morram uns de suas necessidades e outros de seus excessos; se pensardes nas misturas

monstruosas de alimentos, nos temperos perniciosos, nas mercadorias adulteradas, nas drogas falsificadas, nas trapaças daqueles que as administram, no veneno das vasilhas em que são preparados; se prestardes atenção às doenças epidêmicas oriundas do ar confinado entre as multidões de homens reunidos, à delicadeza de nosso modo de vida, às passagens alternadas do interior de nossas casas para o ar livre (...); em uma palavra, se reunirdes os perigos que todas essas causas continuamente juntam sobre nossas cabeças, vereis como a natureza faz com que paguemos caro o desprezo que demos a suas lições (Idem, p. 293).

Apesar da atualidade das palavras de Rousseau, comprovadas pelos tantos males da vida moderna, hoje, ao contrário, é justamente a vida ao ar livre que é entendida como causadora do surgimento de enfermidades. Portanto, o retrato desenhado por Rousseau, assim como as referências de Stutzer às condições de saúde nas cidades alemãs, são atuais: são vários os fatores que interferem na saúde de adultos e crianças, reunidas em espaços fechados, propícios, portanto, à propagação de doenças.

As enfermidades não são a única coisa que se deseja evitar: o contato com elementos da natureza, como terra, água e areia aparece, geralmente, associado à sujeira.

> CAROLINA: (...) os adultos não suportavam que elas (as flores da árvore) caíssem no cimento, então eu varria mais para a parte de areia. Aí as crianças iam brincar lá e enchiam os copinhos de areia e em cima da areia colocavam umas folhinhas e diziam "Aqui um bolo para ti, Carolina!" Elas inventavam um monte de coisa com aquelas florezinhas.
> PESQUISADORA: (...) para você folha é sujeira?
> CAROLINA: Não. É (...) coisa da natureza. Eu disse para a Verônica "Eu vou ficar até com pena de varrer. Olha que tapete lindo no chão! Mas como é o serviço, a gente vai lá e varre" (Entrevista Grupo de Formação 2).

Como Carolina, Therese Stutzer, em 1886, também se entusiasmava com a alegria das crianças em contato com a natureza:

> Isto aqui é um verdadeiro paraíso para as crianças, pois sempre podem estar ao ar livre e brincando com flores. Hoje Eva fez sua cama de brinquedo, como ela afirma, de flores caídas de azaleias vermelhas. Podes imaginá-la aí deitada, com seu cabelo escuro e de vestidinho branco jogando as flores para o alto e gritando de alegria (STUTZER, 1998, p. 11).

Carolina é citada como uma exceção entre as profissionais que se ocupam da limpeza dos CEIs. Nas palavras das professoras, tal como as mães, as auxiliares de limpeza não querem que as crianças se sujem porque elas querem reduzir as tarefas que, tradicionalmente, são de sua responsabilidade.

> SEMPRE-VIVA: (...) tem a questão de a mulher tomar o espaço dela na sociedade e ter que trabalhar. E para ela ter que trabalhar, ela tem que tornar a vida dela mais prática e a vida dela mais prática envolve essas coisas. Um terreno menor para limpar. Como é que ela ia cuidar de um jardim se ela tem que trabalhar fora, cuidar de filho, de roupa e de tudo mais? Então, são muitas as questões que envolvem essa separação do ser humano com o meio ambiente (Entrevista Grupo de Formação 3).

De fato, são muitas questões! Como veremos adiante, elas se situam entre as ruínas de um velho paradigma e a emergência de um novo.

Quando pergunto como é a vida das crianças ao chegar em casa, no fim do dia, torna-se ainda mais evidente o lugar da mulher na sociedade patriarcal: "Eu acho que é raro (...) o pai que vai cuidar do seu filho... vão jogar, vão fazer outras coisas. E eu acho que a mãe fica envolvida com o serviço da casa. A grande maioria é assim" (Érica, entrevista CEI Flamboyant).

Sempre-viva chama a nossa atenção para o fato de que são as mulheres que, historicamente, exercem a função de cuidar, não apenas das crianças, como de tudo que diz respeito ao bem-estar físico e emocional que envolve as atividades de vida diária nos espaços em que as pessoas convivem: a comida, a limpeza da roupa, dos ambientes...

Como veremos posteriormente, é justamente na atividade de cuidar que se mostra a diferenciação tradicional entre homens e mulheres, tanto no âmbito do mercado quanto da vida privada. E esse não é um fenômeno que se manifesta apenas na sociedade brasileira ou latino-americana, mas no conjunto da sociedade ocidental (TRONTO, 1997).

As mulheres de Blumenau não fogem à regra: desde a colônia, cumprem os papéis de mães e donas de casa e participam ativamente da produção de meios de subsistência (PETRY, 2000). Considerando que, historicamente, as creches nasceram como direito das mulheres trabalhadoras, faz sentido que as rotinas sejam pautadas de acordo com suas necessidades, definidas, por sua vez, em função de concepções de natureza que circulam na cultura em que estão inseridas.

Indo adiante em nossos debates, as professoras se referem a Blumenau como cidade em que, em qualquer extrato social, impera uma concepção que vincula a natureza não apenas à doença, como também à sujeira.

> VERÔNICA: (...) o povo blumenauense, eu percebo que é um povo bem trabalhador, bem organizado, está sempre limpando (Entrevista Grupo de Formação 5).
>
> ÉRICA: (...) aqui é uma comunidade conservadora, onde a limpeza realmente impera (...). É verdade, isso está em nós! Se passar a mão e aqui tem poeira, isso deixa a gente irritado (Entrevista CEI Flamboyant).

Confirmando as palavras das educadoras, os escritos de Therese Stutzer sobre Blumenau, datados do século XIX, referem-se com frequência – e também com orgulho – "à ordem e limpeza que reinava em toda a parte" (STUTZER, 2002, p. 55).

Ao longo das entrevistas, foi possível observar como essa "cultura da limpeza" e da ordem interfere nas práticas da Educação Infantil, em especial no contato com a natureza, por corresponder a uma concepção que a identifica à sujeira. Por exemplo, quando as educadoras explicavam que, muitas vezes, não levavam os bebês para apanhar sol porque eles se sujavam e era necessário trocá-los a todo instante; ou quando falavam da necessidade de manter as salas e também as crianças sempre muito limpas, e que isso fazia diminuir o tempo de que dispunham para estarem com elas ao ar livre.

A associação de elementos do mundo natural à sujeira e à enfermidade nos remete à influência da visão higienista nas concepções de saúde das famílias e nas práticas pedagógicas atuais. De fato, até 1996, os espaços de Educação Infantil não estavam vinculados aos sistemas de ensino e, especialmente as instituições de atendimento às crianças de 0 a 3 anos, eram normatizadas e supervisionadas pelo Ministério da Saúde/MS (KRAMER, 1984). Vale lembrar que, no processo de urbanização que se efetuou no Brasil, entre meados do século XIX e as primeiras décadas do XX, foi o pensamento médico quem influenciou as formas de organização das cidades, assim como os papéis e os lugares sociais ocupados pelas famílias, pelas mulheres, pelas crianças e as populações pobres. Nesse período, é a ideologia higienista (fundada nas teorias racistas, na eugenia e no darwinismo social) que vai oferecer as bases científicas para uma nova ordem societária moderna, racional, produtiva e individualizante (COSTA, 1999). Extrapolando o meio médico, essa ideologia penetra em toda a sociedade, fazendo alianças com a pedagogia, a arquitetura, o urbanismo e o direito, intervindo, portanto, nas concepções de atendimento a crianças, especialmente as da faixa de 0 a 3 anos, consideradas como mais frágeis.

Assim, há de se convir que a vinculação da natureza à ideia de doença e de sujeira poderá estar, ainda nos dias de hoje, marcada pelas influências do higienismo. Como veremos mais adiante, essa hipótese é reforçada pela constatação de que as orientações relativas aos padrões de infraestrutura das unidades de Educação Infantil se referem, nos documentos oficiais, fundamentalmente aos espaços internos, sugerindo uma distância do mundo natural.

Em "uma comunidade onde a limpeza impera"; ou, dito de outra forma, em uma comunidade em que a concepção de cuidado se articula com a ordem de estar tudo sempre muito limpo, o tempo ao ar livre diminui, as crianças são afastadas dos elementos do mundo natural.

Mas as falas das educadoras sobre o que contribui para o emparedamento revelam também o "medo de acidente". E, como a função das instituições é manter as crianças íntegras para devolvê-las aos pais, não importa que essa integridade se restrinja aos aspectos corporais, elas procuram evitar tudo o que, em sua maneira de entender, possa favorecer acidentes.

> ORQUÍDEA: O elemento principal para não sair é o medo de que aconteça alguma coisa com as crianças no trajeto. Quando eu vou ao sítio eu vou sozinha com as crianças e tenho medo que aconteça alguma coisa. E se uma criança atravessa a rua, vem um carro e atropela? (Entrevista CEI Jurubeba)

Depois da entrevista, participando de um passeio realizado pela equipe desse mesmo CEI, localizado na zona rural da cidade, observei que as educadoras seguiam pela lateral de uma estrada sem movimento de veículos. Durante o trajeto, tive a impressão de que não havia motivo para tanta apreensão, mas seguiam com as crianças, sempre de mãos dadas. Então, no encontro realizado posteriormente, com o objetivo de trocarmos impressões sobre o que vivenciamos, quando surgiu a oportunidade, perguntei:

> PESQUISADORA: O perigo é da reclamação do pai se acontecer alguma coisa, ou o perigo é mais da situação da rua?
>
> ORQUÍDEA: Eu acho que o perigo é mais da reclamação... o medo tem a ver com reação dos pais, mesmo quando eles autorizam.
>
> PAPOULA: (...) a responsabilidade é muito grande. Agora a gente não põe uma criança num chuveiro sem pedir autorização... assim mesmo eles já ameaçam a gente de tudo quanto é forma... dizem "se a criança pegar um resfriado"... imagina se acontecer alguma coisa (Entrevista Grupo de Formação 1).

O medo, muitas vezes, não está relacionado a riscos reais para as crianças, mas à insegurança diante do que imaginam que poderia acontecer. Isso muitas vezes decorre do fato de não haver um investimento das direções e coordenações no sentido de construção de uma relação de confiança com os pais. Daí a distância, a formalidade nos contatos, como se as instituições fossem simples prestadoras de serviços a uma clientela qualquer.

Ou então o medo de acidentes está relacionado à insegurança na relação com as crianças, já que, muitas vezes, as educadoras dão a entender que não conversam abertamente sobre as atividades que vão realizar. Muitas delas, subestimando a capacidade de compreensão das crianças, não fazem acordos, não as assumem como parceiras e interlocutoras na definição de regras que precisam ser respeitadas.

De qualquer forma, seja pelo que for, as áreas ao ar livre são percebidas como espaços da insegurança. Aí, tudo pode acontecer: é o lugar do vento, da chuva, da terra, enfim, dos elementos e fenômenos da natureza, onde está a sujeira. Mas não apenas: os espaços externos são identificados como lugar de acidentes! E, como a função das creches é manter as crianças íntegras, parece não importar aos educadores que essa integridade se restrinja aos aspectos corporais, uma vez que as necessidades, os desejos de estarem ao ar livre não pesam, ou pesam pouco na definição das rotinas das instituições. E, mesmo as profissionais que reconhecem e afirmam a importância do contato com o universo que circunda o CEI, dizem da dificuldade de negociar com os responsáveis essa necessidade, esse desejo das crianças.

O temor em relação aos pais aparece nas falas com frequência: é difícil acordar com eles, não apenas a permissão para sair com as crianças pelo entorno, como também a realização de atividades que envolvem contato direto com água, terra e areia.

Ao longo das entrevistas, as relações estabelecidas entre a natureza, as doenças e os acidentes levavam, inevitavelmente, ao tema da morte.

MARGARIDA: Uma vez uma criancinha de 2 anos [caiu] da altura de um banquinho, escorregou e bateu com a cabecinha. A médica disse que, dependendo do local onde bate a cabeça, qualquer um de nós pode ter morte instantânea (Entrevista Grupo de Formação 5).

Quando está em pauta o tema da morte, as leis da natureza aparecem como imposição numa cultura em que a morte tem, geralmente, conotação de tragédia, fatalidade, quando, em realidade, é uma simples condição da vida. Morremos como morre tudo que é natural. Morremos, isto é, outra vez assumimos a forma de natureza. Independentemente de crenças sobre outras possibilidades de vida, voltamos a ser terra, água, ar... Essa constatação sobre o destino comum de todos os seres, humanos e não humanos, causa, via de regra, indignação, além de medo, às vezes pânico, pavor. São esses sentimentos que identificamos em Pascal (1979) e, até mesmo, em Descartes (1979), em sua angústia e inconformismo, em torno de um corpo finito que abriga a infinitude do pensamento.

Na contramão dessa tendência, uma educadora diz:

VERÔNICA: Se a gente começar a pensar em todas essas possibilidades a gente (...) se engessa e se põe dentro de uma redoma, porque a vida é isso... Mas se a gente privar a criança do movimento livre, a gente está abrindo mão da própria vida (Entrevista Grupo de Formação 5).

Como Rousseau, Verônica acredita que o princípio da liberdade é norma, não é fato, "não é apenas uma negação de impedimentos, mas um dever de realização das aptidões espirituais" (CHAUI, 1978, p. XIX).

Com o filósofo do século XVIII, outra vez nos aproximamos de Espinosa, para quem a verdadeira realização humana, no sentido da integridade de corpo e espírito, está na conexão com a natureza. Entretanto, essa parece não ser a visão da maioria das profissionais que atuam junto às crianças e tampouco dos documentos que nortearam e ainda norteiam a construção de creches e pré-escolas brasileiras, como veremos adiante. O estudo detalhado das rotinas dos CEIs de Blumenau deixa claro que as crianças estão distanciadas do mundo natural.

A DISTÂNCIA DA NATUREZA E OS ARTIFÍCIOS DA PEDAGOGIA: O QUE SE APRENDE AO AR LIVRE?

Buscando compreender as razões que têm as educadoras para manter as crianças preferencialmente emparedadas, pergunto agora: se a escola é tão voltada para dentro, será que aí não há o que aprender?

À medida que eu sugeria que elas falassem sobre suas experiências de infância, surgia o contraste entre o que podiam aprender ao ar livre os constrangimentos das crianças de hoje.

> ORQUÍDEA: eu tinha 5 anos, (...) era uma escolinha isolada, todos na mesma sala, e lá era rodeado de mato, a gente ficava mais fora do que dentro. Nós lavávamos a caneca da merenda no ribeirão, para a gente era uma festa e a gente aprendia (Entrevista CEI Jurubeba).
>
> HERA: Onde a gente passa tem uma pinguela e lá tem o rio, onde a gente trabalhou sobre a poluição, e eles viram que tem garrafas e sacolas plásticas. Eu vi eles comentarem com os de 4 anos que não podia jogar... Eles ensinando as crianças de 4 anos... Começaram a observar que nas árvores também tinham sementinhas e daí foi. Não tinha nada de sala de aula, de papel, e veja quantas coisas eles aprenderam nesse passeio (Entrevista Grupo de Formação 2).
>
> CAROLINA: (...) no fundo (do CEI) tem uma casa onde mora um casal que cria galinha, planta, tem uma horta. Ao lado, atravessando a rua, tem um sítio com um portão grande, e a pessoa que cuida desse sítio oportuniza às crianças poderem frequentar aquele espaço. E ainda, na região, nós temos uma olaria, onde as crianças também têm o contato com argila, de saber como é que faz os vasos... E hoje, a preocupação do CEI é de trabalhar mesmo a questão do meio ambiente.

Tanto que os projetos hoje desenvolvidos se referem à questão do meio ambiente. Mesmo uma lagarta que chega numa folha de couve oportuniza à criança a observar a sua transformação em borboleta (Entrevista Grupo de Formação 2).

ORQUÍDEA: (...) é muito concreto também. Porque numa outra escola que eu estudei, a gente tinha as aulas em sala de aula, mas tinha também fora, tinha a horta que nós estávamos em contato (Entrevista CEI Jurubeba).

VERÔNICA: O aluno, quando vai para fora, trabalha a observação e junta a observação ao concreto, além das hipóteses que ele levanta sobre determinados conteúdos. Ali ele vai investigar, analisar e também vai tirar as suas conclusões. Não é só o conhecimento do professor; mas ele vai construir o seu conhecimento pra depois o professor intermediar algumas etapas que ele não chegou a concluir. Eu vejo que o educador realmente entra como mediador na aprendizagem da criança (Entrevista CEI Jurubeba).

ZÊNIA: Eu acho que do lado de fora se aprende igual, mas sair das quatro paredes dá muito prazer para a criança, ela se sente melhor. E a partir do momento que ela está mais feliz com ela mesma, com certeza vai aprender mais. Minha escola também foi dentro de quatro paredes e como era gostoso às vezes sair um pouco daquela rotina. Acho que uma escola de hoje, que quebre a rotina, deve ser muito boa (Entrevista CEI Jurubeba).

As falas das educadoras sugerem infinitas linhas de reflexão. Quero chamar atenção apenas para alguns aspectos:

Desconsiderando o exemplo, que hoje sabemos ecologicamente incorreto, algo se aprende lavando caneca no ribeirão, mesmo que essa aprendizagem não esteja prevista. Pois o conhecimento do mundo é internalizado não apenas pelas interações dos humanos entre si, mas também na conexão dos humanos com o universo de que são parte. O conhecimento não se processa linearmente, mas rizomaticamente, transversalmente (GALLO, 2003; DELEUZE, 2002).

As crianças aprendem entre si: de forma clara, direta, elas exibem, para as educadoras, as inúmeras possibilidades de desenvolvimento que a atividade descrita possibilita. As crianças também aprendem conteúdos quando estão distanciadas do papel, da cola, enfim, dos materiais que permitem a sistematização das aprendizagens. Elas aprendem em contato direto com a realidade socioambiental. A vivência da situação concreta não é apenas suporte para atividades mentais "superiores". Pois, em se tratando de um momento da história da humanidade em que é necessário preservar a Vida sobre a Terra, não basta adquirir noções, conceitos, conhecimentos sobre a realidade. Não basta aprender a pensar globalmente, é preciso aprender a agir localmente. Nesses processos, ganha importância o papel do professor: ele não é alguém que transmite, ou, como diria Paulo Freire (1978), "deposita" informações na cabeça das crianças.

Se as crianças gostam de estar ao ar livre, é porque aí realizam bons encontros, e, portanto, vivenciam paixões alegres, sentem-se mais felizes, ganham potência (ESPINOSA, 1983; DELEUZE, 2002). Em interação com um universo que é mais amplo, que vai além das paredes das salas, aprenderão com alegria. Se a qualidade das aprendizagens é proporcional à qualidade das interações, então as crianças aprenderão melhor quando estiverem mais felizes; e cabe às IEIs se empenharem na oferta de tempos e espaços que favoreçam a sensação de realização, de plenitude, de inteireza de corpo e espírito.

Mas, como apenas um dos depoimentos se refere ao prazer, à felicidade que geram as atividades realizadas nas áreas descobertas, insisto nas perguntas sobre o porquê do apego aos espaços fechados. Então, outras visões começam a surgir, articulando a aprendizagem à satisfação, inclusive dos bebês, em atividades realizadas ao ar livre.

> AVENCA: Eu trabalho no período da tarde e eu percebo claramente quando as crianças vão para o parque de manhã e quando elas não vão. Não precisa me dizer o que elas fizeram de manhã porque, quando

eu chego, já sinto a agitação delas. Quando elas vão para o parque, elas gastam mais energia, estão mais relaxadas. E o dia que elas não vão para o parque, elas ficam batendo uma na outra, empurrando (...). (Entrevista CEI Flamboyant).

Algumas educadoras têm a clareza de que a maior parte do dia as crianças estão nos CEIs, e, em casa, não sobra tempo para brincar no quintal ou na rua. Por outro lado, sabem da importância das atividades físicas para o equilíbrio do corpo e da mente: elas deixam as crianças mais calmas, mais tranquilas, a um ponto de uma professora do turno da tarde perceber, pela agitação, que não foram para o pátio na parte da manhã.

As atividades ao ar livre proporcionam aprendizagens que se relacionam ao estado de espírito porque colocam as pessoas em sintonia com sentimentos de bem-estar. Há, portanto, equilíbrio entre o que se faz e o que se deseja fazer. Um dos efeitos do manuseio de barro, da areia, da argila é o de proporcionar esse equilíbrio. Num dos encontros do Grupo de Formação, em debate sobre a agitação das crianças e a tensão que há no ambiente sempre que elas permanecem, por longos períodos, emparedadas, surgiu uma reflexão sobre trocas de energia:

> SEMPRE-VIVA: (...) A criança está recebendo energia. Ela não percebe isso, mas está refletindo no corpo dela. Enquanto ela está dentro da sala brincando com coisas muito mecânicas, muito artificiais, num determinado tempo ela já está estressada. E se ela passa três, quatro horas na natureza em contato com o barro, ela não se estressa, porque está trocando energia com a natureza. Existe essa troca (Entrevista Grupo de Formação 3).

Depois de um passeio com as crianças, encantadas com a beleza do dia e satisfeitas com as experiências de molhar os pés no riacho e comer goiaba do pé, ao nos reunirmos para trocar ideias, surgiu outra reflexão, em torno dos ensinamentos e das aprendizagens que o contato com a natureza pode propiciar:

A NATUREZA COMO LUGAR DA SUJEIRA, DA DOENÇA, DO PERIGO... | 99

VERÔNICA: (...) é muito importante poder escutar o barulho da água, ouvir o canto de um pássaro, porque hoje a gente não para e escuta, e observa. É importante primeiro por causa da questão da saúde, tem muitas pessoas sofrendo de estresse, depressão e, no meu ponto de vista, ter mais tempo com a natureza é o remédio (Entrevista CEI Jurubeba).

Entretanto, não é comum que as crianças sejam convidadas a atividades de contemplação da natureza, a vivências que sejam de contato, que não tenham como objetivo a aprendizagem de conteúdos, que valorizem as sensações, os estados de espírito:

PESQUISADORA: (...) vocês já convidaram as crianças a ficar deitadas olhando para o céu e ver o movimento das nuvens? O que elas aprendem?

ORQUÍDEA: Trabalhando um pouquinho com as crianças, você percebe que o céu é azul, as nuvens são brancas.

VERÔNICA: Acalma. Se você aprende, eu não sei. Mas acalma (Entrevista CEI Jurubeba).

Há a percepção de que o encontro com a natureza tranquiliza, acalma – ou seja, propicia experiências de bem-estar físico e espiritual. Mas, em geral, os planejamentos pedagógicos não incluem essas atividades; se limitam àquelas em que o objetivo é a apropriação de noções e conceitos sobre as propriedades da matéria, que permitam ordená-la, seriá-la ou simplesmente classificá-la, como acima, nas palavras de Orquídea.

O olhar para a natureza, quando acontece, visa à observação e a análise de algo que pode ser dominado, que pode ser posto a serviço dos humanos, e que, portanto, "se transforma em expressão da vontade de poder" (BORNHEIM, 2001, p. 14). Para isso, é necessário partir, fragmentar, objetivar, objetar, transformar em objeto sempre atrelado, sem importância em si. Esse movimento está na contramão de uma visão e de uma postura diante do que os pré-socráticos chamavam de *physis*.

Isto é, a totalidade do universo, contendo tudo que existe, a própria vida em todas as suas manifestações, animadas ou inanimadas, humanas ou sobrenaturais. Para esses filósofos, o conceito de *physis*

> é o mais amplo e radical possível, compreendendo em si tudo que existe (...) À *physis* pertencem o céu e a terra, a pedra e a planta, o animal e o homem, o acontecer humano, como a obra dos homens e dos deuses e, sobretudo, pertencem à *physis*, os próprios deuses (...) a *physis* compreende a totalidade daquilo que é; além dela nada há que possa merecer a investigação humana (...) Pensando a *physis,* o filósofo pré-socrático pensa o ser, e a partir da *physis* pode então aceder a uma compreensão da totalidade do real: do cosmos, dos deuses e das coisas particulares, do homem e da verdade, do movimento e da mudança, do animado e do inanimado, do comportamento humano e da sabedoria, da política e da justiça (Ibidem).

O senso comum, assim como a filosofia ocidental contemporânea, está muito distante de uma visão que articule o material e o imaterial. Nas instituições de educação, a natureza não é objeto de contemplação, de deleite: o encontro com o mundo natural não visa a propiciar plenitude e atitude de reverência. Ou bem-estar, como para Rousseau (1978), em que o mergulho na natureza, como mergulho em si mesmo, é que possibilitaria essa sensação e asseguraria uma ética da integridade.[4]

Distantes dessa preocupação, os planejamentos pedagógicos seguem se pautando por uma perspectiva de trabalho que fragmenta a realidade. Embora haja o reconhecimento de que o contato com o mundo natural é importante para a saúde – na medida em que alivia tensões, relaxa, acalma –, a natureza está, geralmente, associada aos objetivos de transmissão de conteúdos.

Mas, ainda que seja com essa intenção, apenas em alguns CEIs, ou melhor, em algumas turmas de alguns CEIs, as educadoras consideram os pátios como extensão das salas de aula. Isto é, em geral, eles não são utilizados rotineiramente para atividades como contar histórias, desenhar, fazer pesquisas etc. Por isso, o tempo ao ar livre é muito menor do que o disponibilizado para a permanência em sala. As incursões nos pátios e no entorno aparecem no planejamento pedagógico quando a intenção é a de experienciar ou comprovar, previamente ou posteriormente, o que foi ensinado em sala, através do discurso ou de recursos como vídeo, livros...

E mesmo que algumas situações vivenciadas em passeios sejam significativas para as crianças, isso não significa que as professoras darão continuidade à exploração do que as mobilizou. Ao fim do passeio, se houver tempo, há apenas algumas perguntas, alguns comentários, a menos que já seja uma atividade prevista no planejamento:

> PESQUISADORA: Você falou do passeio... às vezes acontece uma situação, como a história da tempestade que derrubou a árvore da escola, que mobilizou as crianças (...) a árvore caiu, não há mais sombra no pátio, derrubou a casinha, a tempestade deixou casas destelhadas no bairro... O trabalho pedagógico continua a partir disso?
>
> ZÊNIA: Se estiver inserido no projeto (...) depende do que você está fazendo no projeto, você vai seguindo e desenvolvendo. Eu perguntava "O que vocês viram?" Eles diziam "A gente viu isso, aquilo!" (Entrevista CEI Casuarina)

Muitas vezes as perguntas são formais, cumprem apenas a função de conferir o que as crianças incorporaram em termos de informação, de conteúdo, que podem estar, ou não, colados no interesse demonstrado pelas crianças. Identificando essa prática de fazer as mesmas perguntas para todos, com o objetivo de assegurar o processo de disciplinarização e individualização que é típico das sociedades modernas (FOUCAULT, 1987), Nogueira diz que ela visa a "garantir uma igualdade de direitos que se traduz numa igualdade de atuação: todos têm o direito de responder às mesmas perguntas, mesmo que cada um do seu jeito; todos repetem a mesma atividade ou tarefa" (NOGUEIRA, 1993, p. 9).

Os passeios geralmente são planejados como culminância dos projetos, mas o que acontece de significativo, nesses passeios, não é elemento disparador de uma nova pesquisa, ainda que seja pontual, ou, muito menos, se for do interesse de um pequeno grupo. Isso leva a crer que a metodologia de trabalho não está orientada pelo que, no cotidiano, mobiliza as crianças, mas pelo que as educadoras entendem como importante para o aprendizado em cada momento, de acordo com o que é definido a priori. Na visão de Nogueira, essa concepção metodológica corresponde ao modelo de escola da sociedade liberal, em que:

> A ideia central é que todos tenham acesso a tudo o que é dado pela educadora. Espera-se, por outro lado, que todos deem alguma resposta ao trabalho proposto, inserindo-se de uma ou outra forma. Esse é o pressuposto que organiza todo o trabalho (NOGUEIRA, 1993, p. 11).

A experiência vivida é desvalorizada, ou, em outras palavras, o que surge como interesse não se constitui como objeto de pesquisa pedagógica porque os adultos funcionam como donos do planejamento, das atividades, do tempo e dos materiais pedagógicos, definindo o que, quando, onde e como as crianças devem aprender. Assim, não é o movimento do grupo, resultante de seus interesses, de suas percepções sobre a realidade, que indica os caminhos a seguir; não é a observação das atividades espontâneas das crianças que aponta os temas de trabalho (GOUVÊA; TIRIBA, 1998).

Freinet (1999) critica esse tipo de prática pedagógica, atribuindo a ela o objetivo de despertar um interesse artificial. De fato, quando é necessário criar um interesse em torno de um objeto ou de uma ideia é justamente porque essa ideia ou objeto não interessa à criança. Quando insistimos, estamos contribuindo para provocar uma cisão, estamos ensinando as crianças a alienarem-se de seus próprios interesses, de si mesmas, de seus desejos. Assim, "exigir atenção é uma investida contra a vida. A atenção não se impõe, ela é natural se é suscitada pelo interesse" (GOUVÊA; TIRIBA, 1998, p. 75).

Nas palavras de Nogueira,

não se trata de partir da realidade da criança, mas de estar nela, de criar um ambiente que acolha seus temas, suas questões, suas significações (...) Trabalhar os acontecimentos significativos não é só uma forma de agradar as crianças ou de motivá-las. É ensinar a usar as "fontes", os métodos, os recursos e a si próprio (pensamento, ação, intuição) na construção de conhecimentos. É estabelecer autonomia na relação intelectual e política na relação com o trabalho. É principalmente fazer um trabalho de pensamento que não se prende à busca da essência ou da verdade abstrata (...), mas que mergulha no mundo e trata das coisas reais e da verdade pela perspectiva que é a da relação com a vida (NOGUEIRA, 1993, p. 40).

Entretanto, se é verdade que as atividades seguem um roteiro que não prevê a intervenção criativa das crianças, também é verdade que, nos últimos anos, o investimento em formação tem provocado transformações significativas em relação às dinâmicas de trabalho no interior das salas:

> AVENCA: Quando eu entrei no CEI era uma escolinha mesmo. Eu achei que fosse para sentar a criança na cadeirinha ali, depois dar uma folhinha para todo mundo desenhar etc. Agora já mudou bastante.
> ZÊNIA: A gente está buscando um resgate do lúdico, do brincar, da liberdade, de valorizar a infância, não criar um robozinho com 3 anos de idade sentado em mesinhas pequenas (...) (Entrevista CEI Jurubeba).

Há o reconhecimento de uma transformação nas práticas da Educação Infantil provocada tanto por processos de formação inicial, nas universidades, quanto de formação em serviço. Entre as novas concepções que circulam nesse segmento está a de que o objetivo da Educação Infantil é o de educar e cuidar, e de que as aprendizagens são fruto de processos de interação entre adultos e crianças e entre as próprias crianças. Entretanto, o investimento nessa nova visão ainda não conseguiu superar a dicotomia entre o tempo de aprender e o tempo de brincar.

Mesmo reconhecendo que qualquer atividade é pedagógica, as que são identificadas como tal são vinculadas ao uso de mesa, lápis, papel, tinta, livro. Assim, na dinâmica geral de funcionamento das instituições, as aprendizagens estão relacionadas aos espaços das salas. E as brincadeiras, aos espaços dos pátios. Essa é mais uma razão pela qual as atividades ao ar livre não são privilegiadas, sempre há outras "prioridades":

> AVENCA: (...) é importante que elas saiam pelo menos meia ou uma hora todos os dias (...) acho importante andar pela rua também, sair por aí (...) este ano a gente não saiu muito ainda. Mas o ano passado, nossa!
> PESQUISADORA: E por que você não saiu este ano?
> AVENCA: Eu sei lá. Eu tenho isso para fazer, eu tenho aquilo para fazer! E você acaba privando as crianças disso (Entrevista CEI Flamboyant).

Assim é que, mesmo havendo nos processos de formação em serviço uma valorização das brincadeiras da infância, é muito forte a influência de uma concepção preparatória, que tradicionalmente relaciona as aprendizagens às salas. Em consequência, o mundo ao ar livre não é identificado como espaço de intervenção pedagógica. As atividades ao ar livre são reconhecidas como importantes, mas no cotidiano elas não têm prioridade. Não sendo identificada com uma função pedagógica, nos espaços externos, o papel das educadoras se esvazia.

> EUGÊNIA: (...) Como elas [as crianças] passam muito tempo presas, então na hora que ela vai lá para o parque é a hora do professor ficar parado e a criança toda livre (Entrevista Grupo de Formação 4).
> FLOR DA FORTUNA: Tem uma relação que foi construída, é uma relação daquelas coisas que estão no ar, que alguém construiu (...) quando se está fora, se está solto, não tem atividade, (...) é a hora de folga da educadora, a gente só está olhando de fora. É como se o estar fora, estar no pátio, não tivesse todo um movimento riquíssimo (Entrevista Grupo de Formação 3).

Se as funções das professoras se restringem fundamentalmente às salas, fica excluído de seu universo de atuação o conjunto de percepções e aprendizagens que as crianças realizam nos espaços externos. Ficam secundarizadas as aprendizagens relacionadas ao contato com a natureza, que vão além do cognitivo, que abrangem sensações, sentimentos, valores, enfim, outras dimensões do humano, tal como vimos anteriormente.

Assim, as atitudes de alienação, de passividade, de indiferença ou de desatenção às atividades espontâneas das crianças nos pátios estão associadas a uma ideia de que não merecem o olhar da educadora. Como comentou criticamente uma delas, "ali não é com você", "ali você só tem de tomar conta". Do ponto de vista do planejamento pedagógico, os espaços ao ar livre são, geralmente, os espaços do nada.

A natureza como lugar do incontrolável

Confrontadas com as próprias palavras a respeito do que as crianças aprendem brincando ao ar livre, as educadoras justificam o aprisionamento dizendo que dentro de sala não perdem o "controle" das crianças.

> ALAMANDA: A gente manipula mais as crianças dentro daquele espaço (Entrevista Grupo de Formação 3).
>
> SEMPRE-VIVA: É mais fácil você controlar vinte crianças entre quatro paredes do que você controlar vinte crianças em espaço aberto (...) Historicamente, existe uma formação acadêmica de que nós precisamos ter o controle dos nossos alunos. Na verdade, libertar as crianças nos causa medo... Porque está embutido (...) é como se elas estivessem soltas e a gente estivesse perdendo o controle. É uma necessidade nossa (Entrevista Grupo de Formação 1).

De fato, historicamente, as atividades ao ar livre estão relacionadas ao recreio, justamente o momento em que os professores deixam suas funções para descansar, tomar um café, relaxar. É comum relacionar a dicotomia aula × recreio a uma dicotomia maior, entre atividade produtiva e lazer: divórcio típico do modo de produção capitalista, em que o trabalho é a atividade principal. Atividade, aliás, realizada sob controle: tem objetivos, metas e um tempo definido para acontecer.

Ao identificar os espaços entre paredes como mais propícios ao controle das crianças, uma das educadoras afirma que a origem desse modo de conceber o trabalho está nas ideias que são incorporadas em processos de formação inicial de professores:

> INDAIÁ: Eu percebo que isso vem um pouco da nossa formação. O que a gente aprende lá? A gente faz o magistério para dar aulas. Eu tenho que pôr em prática aquilo que eu aprendi. E aí eu chego lá e me frustro, porque, se eu tiver que ficar só no parque, o que eu vou fazer? A gente repete aquilo que fizeram com a gente, a gente vai repetindo (Entrevista Grupo de Formação 1).

As educadoras reproduzem em seu cotidiano profissional não apenas o que lhes foi ensinado nos cursos de formação, mas também o que viveram enquanto alunas. Portanto, entre as ideias que norteiam as práticas pedagógicas está a de que "você é o dono daquele espaço, você é o dono da sala de aula e tem que controlar os seus alunos" (Alamanda, entrevista Grupo de Formação 3).

Reproduzindo a lógica da fábrica na escola, o tempo ao ar livre não tem importância porque não é o tempo do trabalho produtivo. Não está sob o foco da pedagogia porque não é *locus* de aprendizagem escolar. Do ponto de vista da pedagogia, o espaço externo é o lugar do nada. Por essa razão, não há por que os cursos de formação de professoras se ocuparem dele: não é lugar de ensinar nem de aprender. Seria, talvez, lugar de uma liberdade temida, porque difícil de controlar.

A questão do controle relaciona-se com a possibilidade de olhar cada indivíduo. Na visão de Foucault (1987), o próprio conceito de indivíduo foi produzido socialmente, e este foi um dos aprendizados fundamentais para a adequação das pessoas ao novo modo de produção e às formas de organização social que lhes correspondem. Até o século XVIII, o controle sobre os indivíduos era exercido pelo grupo sobre um indivíduo ou sobre indivíduos pertencentes a esse grupo. Mas, a partir do século XIX,

> (...) não é de forma alguma na qualidade de membro de um grupo que o indivíduo é vigiado; ao contrário, é justamente por ser um indivíduo que ele se encontra colocado em uma instituição, sendo esta instituição que vai constituir o grupo, a coletividade que será vigiada. É enquanto indivíduo que se entra na escola, é enquanto indivíduo que se entra no hospital ou que se entra na prisão. A prisão, o hospital, a escola, a oficina não são formas de vigilância do próprio grupo. É a estrutura da vigilância que, chamando para si os indivíduos, tomando-os individualmente, integrando-os, vai constituí-los secundariamente enquanto grupo (FOUCAULT, 1987, p. 91).

De fato, os espaços das salas favorecem o olhar atento e o acompanhamento das ações de cada indivíduo. Excluindo as inovações que já podemos vislumbrar, em especial em algumas experiências inspiradas em concepções sociointeracionistas, podemos dizer que a própria organização dos espaços é definida em função de assegurar a atenção de cada um, não do grupo. E o mesmo acontece em relação aos usos individuais dos materiais pedagógicos.

Mas no encontro com a equipe de um dos CEIs, uma das educadoras aponta os espaços externos como mais apropriados à aprendizagem da solidariedade:

> CRISÂNTEMO: A criança sabe interagir com outras crianças brincando livres, e quando elas estão presas, elas são muito individualistas. E soltas, elas sabem compartilhar e brincar com outras crianças (...) Eu vejo que quando a turma da Avenca vem na minha sala, os meus dizem assim "É meu banco, é meu brinquedo. A tua sala é lá!". Eles são muito individualistas. "Isso é meu, eu vou brincar com isso!" E

quando eles estão brincando livres no parque, eles não são assim, eles sabem compartilhar os brinquedos por igual, surgem briguinhas, mas tudo normal (...) eles sabem que o parque é de todo mundo. Enquanto trancados na sala, não... é mais individualista na sala... (Entrevista CEI Flamboyant).

O que diz Crisântemo é que a possibilidade do exercício da liberdade de movimentos – de escolha em relação as suas próprias atividades – num pátio que é de todos favorece posturas menos competitivas, que os espaços da sala favorecem posturas mais individualistas.

Refletindo sobre essa questão, retomo as ideias de Fourier (1978), para quem a felicidade, a alegria da liberdade, a plenitude de satisfações implicarão que os indivíduos tenham apreço pela organização que os faz felizes e não tenham nenhum motivo para a competição exacerbada e destrutiva que a "civilização" lhes impõe. Estaria aí, talvez, uma explicação para os comportamentos mais solidários que, na visão de Crisântemo, os espaços ao ar livre favorecem.

Vale a pena nos determos nessa questão, porque o individualismo está no centro da lógica capitalística. Nas sociedades ocidentais, o individualismo é muito mais que uma simples característica de personalidade: é uma característica elevada à categoria de axioma, é uma referência primeira, é premissa universalmente verdadeira, que não exige demonstração. É, portanto, um valor: compõe um modo de pensar, sentir e agir que se estrutura como subjetividade e se institui e difunde como modelo.

De acordo com Konder, o esforço de formação de pessoas individualistas corresponde "aos anseios e as aspirações dos comerciantes dispersos que se moviam com dificuldade na sociedade feudal rigidamente hierarquizada" (KONDER, 2000, p. 11) e diz respeito ao que ele chama de "o homem burguês", isto é, o indivíduo "autônomo, empreendedor e competitivo". Deixando claro que não se refere ao banqueiro, ao empresário, ao industrial, isto é, aos proprietários dos meios de produção, mas a um tipo humano que a burguesia permite que se desenvolva na sociedade, o autor acrescenta:

Não se trata de uma "modelagem" do burguês feita pela burguesia (fenômeno que de fato existe, mas permanece restrito ao espaço de classe): trata-se de um condicionamento promovido, não pela burguesia diretamente, mas pelo conjunto da sociedade burguesa, quer dizer, pelas características do "sistema" social estruturado sob a hegemonia da burguesia (KONDER, 2000, p. 15).

O individualismo é, junto com a propriedade, um dos cinco princípios do liberalismo político, sistema de ideias elaborado, nos séculos XVIII e XIX, por pensadores ingleses e franceses, no contexto das lutas de classe da burguesia contra a aristocracia. O individualismo é o princípio segundo o qual o progresso individual resultaria em benefício para a sociedade em geral e a função da autoridade seria permitir a todos o desenvolvimento de suas potencialidades. A posição social, vantajosa ou não, dependeria unicamente dos diferentes atributos de cada sujeito (CUNHA, 1977).

Vale enfatizar que o aprendizado da competição está no centro do projeto educativo na sociedade capitalista. O sentimento competitivo, como as posturas que o envolvem, é enfaticamente ensinado pela escola e pelas instituições sociais como um todo. Entretanto, como afirma Humberto Maturana, a competição não tem participação na evolução do humano:

> (...) o fenômeno de competição que se dá no âmbito cultural humano, e que implica a contradição e a negação do outro, não se dá no nível biológico. Os seres vivos não humanos não competem, fluem entre si e com outros em congruência recíproca (...). Se dois animais se encontram diante de um alimento e apenas um deles o come, isso não é competição. Não é, porque não é essencial, para o que acontece com o que come, que o outro não coma. No âmbito humano, ao contrário, a competição se ganha com o fracasso do outro, e se constitui quando é culturalmente desejável. No âmbito biológico não humano, esse fenômeno não se dá. A história evolutiva dos seres vivos não envolve competição (MATURANA, 1998, p. 21).

Mas, voltando à questão das diferenças, apontadas pelas educadoras, entre os espaços das salas e dos pátios, o que dizem é que, na sala, as crianças estão mais limitadas, tanto fisicamente, quanto pelo tipo de atividade ou material que lhes é oferecido. Nos espaços ao ar livre, as crianças têm maior liberdade, na medida em que os adultos não estão preocupados em controlar suas atividades, cada uma pode decidir com que, com quem e como vai brincar. Esses espaços oferecem para as crianças maiores ou menores possibilidade de exercer a liberdade de escolha. Por esses motivos, na visão de Malva, ali elas seriam mais criativas.

> MALVA: Eu acho que dentro da sala é mais direcionado e quando a gente sai, a gente deixa eles mais livres. Na sala, eles têm que fazer o que o educador está sugerindo: recorte, colagem, brincar de loucinha ou de casinha. Fora, não. Eles criam, se eles querem correr, eles correm, se eles querem brincar de escorregador... E eu não estou lá direcionando como que eles vão subir no escorregador, lá é mais livre, eles vão criando. Tanto que se é para subir na escadinha, eles inventam de subir por onde escorrega. Eles criam mais... (Entrevista Grupo de Formação 3)

No sentido oposto à liberdade, nas salas, as energias se dirigem ao controle.

Se as áreas externas são identificadas com liberdade e criatividade, por que, geralmente, elas são tão pouco frequentadas?

> Porque não é criatividade nem liberdade o objetivo da formação capitalística "(...) não se toma como fundamento do trabalho a potência das criações, das indagações, dos enunciados, que poderiam produzir outros caminhos, outros encontros, e, principalmente, que garantiriam os espaços das atuações singulares" (NOGUEIRA, 1993, p. 11).

Provavelmente, pelo fato de o foco da atenção pedagógica não estar no que mobiliza e aciona a criatividade e a liberdade, as atividades mais prazerosas são ofertadas em apenas um dia da semana, ou em eventos especiais, como, por exemplo, na semana da criança, quando são realizadas oficinas e jogos que agradam muito.

> PESQUISADORA: Vocês disseram que eles adoram um piquenique para lanchar no lado de fora? É comum?
> ALOÉ: Não. No ano passado a gente fez pizza lá fora uma vez (Entrevista CEI Flamboyant).

A regra é manter as crianças em esquemas de rotinas predefinidas, desatentas ao que mais agrada. Por isso, é comum que as atividades mais prazerosas aconteçam apenas eventualmente, funcionando como prêmio, em vez de direito.

> PERPÉTUA: (...) só muito esporadicamente, nas datas comemorativas, ficam os quatro jardins juntos interagindo com vários tipos de jogos (...) Isso na semana da criança, em que a gente realizou várias oficinas e a gente se organizou junto para poder propiciar esse momento para as crianças (Entrevista CEI Casuarina).

A PEDAGOGIA COMO PRÁTICA DE PODER

Sobrepondo-nos às crianças, em nome de nossos ideais educativos, em nome do que é para o seu "bem", não do que é bom, nos tornamos indiferentes ou pouco sensíveis ao que expressam através de linguagens variadas. A indiferença se manifesta também na intransigência, na rigidez das rotinas relativas às atividades de vida diária, como alimentação, banho e limpeza dos ambientes:

CALÊNDULA: O almoço tem que ser nesse horário porque a cozinheira vai embora e ela tem que deixar limpo para a cozinheira da tarde, só que não está escrito isso em lugar nenhum. Mas é assim que funciona (Entrevista Grupo de Formação 2).

É interessante notar que a definição da regra parece independer dos objetivos do trabalho com as crianças. As normas de organização e limpeza dos ambientes são definidas anteriormente à definição das rotinas em moldes de respeito aos ritmos infantis (LUZ, 2012). Alienadas em relação ao fato de que o trabalho dos adultos de uma instituição, sejam eles professores ou auxiliares de serviço, só existe em função de existir a necessidade infantil, é comum que a organização seja determinada, levando-se em conta, apenas, o objetivo de assegurar as funções de guarda das instituições (KRAMER, 1994), que se materializam no trabalho desenvolvido pelas auxiliares de serviço. "Tem muita coisa ainda colocada em função do adulto. Fica muito mais prático (...), a cozinheira recolhe tudo na mesma hora, é mais prático para o adulto, mas para a criança com certeza não é" (Orquídea, entrevista Grupo de Formação 5).

No encontro com um dos Grupos de Formação, quando insisto sobre o porquê de um aprisionamento a horários e normas, algumas educadoras referem-se às rotinas como amarras:

INDAIÁ: (...) eu tenho uma cozinheira que ficou muito chateada (com o atraso) e disse assim: "Menina, todo mundo vai obedecer ao horário certinho do almoço, que é onze horas!" Ela falou assim, (...) é uma coisa rígida... Se (a criança) está no espaço lá fora e para ela está sendo um prazer e quer continuar, por que não atrasar o almoço, então? (Entrevista Grupo de Formação 1)

Esclarecendo que muitas vezes não há relação entre apego às regras e tempo de serviço do funcionário na unidade, mas uma espécie de amarra ao que está instituído, uma tendência a repetir o que sempre se fez, a professora diz:

AGAVE: Mesmo a gente sabendo que o melhor é estar na rua, é incrível, porque há uma resistência: "Daqui a pouco já vai ter o almoço, já tem que lavar as mãos..." A gente não consegue perceber o porquê que se faz, sabe que é melhor brincar na rua. Mas a gente persiste naquela... (Entrevista Grupo de Formação 1)

Parece haver uma tendência à inércia, isto é, a continuar fazendo o que se faz porque "sempre foi assim", "já era assim quando vim para cá", "é uma ordem, uma rotina". Elas reconhecem a mesmice da rotina e, simultaneamente, apontam a dificuldade de subversão e superação de um apego a ela.

SAUDADE: Quando a gente tenta romper, às vezes esse rompimento se dá em uma semana, 15 dias, e depois a tendência do grupo em si é voltar para aquela rotina, não é? Porque fica mais fácil para organizar a minha cozinha, fica mais fácil para eu deixar livre para o outro dia e assim por diante (Entrevista Grupo de Formação 1).

Em algumas entrevistas, quando era evidente para as próprias educadoras que a manutenção da rotina estava na contramão das necessidades e dos desejos infantis, e, algumas vezes, mesmo de seus próprios desejos e necessidades, adentrávamos o tema da democracia, indagando sobre as possibilidades de uma pessoa ou do grupo alterar regras que se obedece mesmo sem saber por quem foi estabelecida e por quê.

Chegávamos então à questão de que mesmo as muitas das ordens "sem sentido" são mantidas porque não há a compreensão de que podem ser revistas sempre que não estiverem de acordo com as necessidades, os desejos de crianças e adultos. Introjetados princípios autoritários, tudo funciona como se as regras, os horários, as rotinas existissem para servirmos a elas, e não ao contrário. Esse é o efeito ótimo de uma estrutura de funcionamento institucional e social em que o poder exterior se interioriza, tornando-se difuso e assegurando a autovigilância. Mas também mantendo modos de organização da vida de crianças e adultos que não favorecem ninguém, embaçam as relações, criam um ambiente de opressão e infelicidade.

Um bosque, um pasto, uma beira de rio ou uma pracinha... o acesso das crianças a qualquer um desses espaços exige da educadora disposição, disponibilidade, desejo de viver outras realidades, vontade de desemparedar. Isso tem relação com os significados, as emoções que desperta na própria educadora, a proximidade do mundo natural. Algumas, espontaneamente se aproximam dele, outras não. Assim, fica evidente que a distância que os colonos alemães impuseram à natureza, desde a fundação da colônia, bem como o encantamento que ela exerceu sobre eles estão presentes na conformação dos espaços físicos dos CEIs, mas também na visão de mundo das educadoras: por um lado, a natureza é evitada, às vezes tolerada; por outro, é lembrada saudosa e apaixonadamente, como o que foi vivido na infância e, portanto, a ela pertence.

Seja como for, se depende de decisão da educadora, da diretora, de acordo com o que cada profissional considera importante ou suficiente, podemos pensar que o contato com a natureza não é assumido como princípio do projeto pedagógico, não é premissa a partir da qual se estrutura o trabalho de Educação Infantil.

3

O EMPAREDAMENTO OFICIALIZADO

Interessada na reflexão sobre como a situação de emparedamento se naturaliza, me pergunto sobre como o mundo adulto pensa a relação entre as crianças e o ambiente natural. Como organiza o contato com o universo não humano, conformando espaços, definindo proximidades e distanciamentos? Instigada por essas questões, busco documentos legais, que compreendem normas sancionadas para a Educação Infantil; e ainda documentos orientadores do funcionamento das instituições, da prática docente e dos processos educativos.

O objetivo não é apresentar um estudo detalhado e aprofundado da questão, mas apenas trazer informações e buscar compreender a pouca atenção à área não construída, isto é, aos espaços ao ar livre, algumas vezes nem sequer citados em documentos que orientam a construção, reforma ou manutenção de prédios destinados a funcionar como creches e pré-escolas;[1] e, além disso, chamar a atenção para uma situação cotidiana em que a dimensão cultural se impõe exclusivamente e o distanciamento da natureza é assumido como valor.

Como diz Bernardi, numa cultura, aquilo que é assumido como padrão de comportamento, que adquiriu força coercitiva com poder sobre cada membro da sociedade e sobre o conjunto de seus membros, está integrado no sistema como valor; pois "a força coercitiva transforma a cultura em norma, atribui-lhe assim um poder que limita a liberdade de escolha do indivíduo e o leva a conformar-se com formas estáveis de comportamento" (BERNARDI, 2007, p. 39).

Que forças coercitivas fazem do distanciamento a norma, da desconexão com a natureza a forma estável de comportamento e da pedagogia o instrumento de coerção?

Iniciando por Blumenau, verificamos que, no período em que foi realizada a pesquisa, as atividades de construção e reforma dos prédios escolares eram norteadas com base na Portaria nº 321 de 26/5/88, do Ministério da Saúde. Nesse documento, as definições para a área interna são detalhadíssimas. Ao contrário, são poucas e genéricas as normas técnicas que orientam o projeto arquitetônico, no que diz respeito ao espaço externo.

Chamamos a atenção para essa portaria porque, de modo geral, ainda hoje é assim: devastar o terreno é o primeiro ato de um processo de construção que não passa pelos que irão utilizar cotidianamente a escola. Segundo a engenheira civil responsável pela Superintendência de Obras da Secretaria Municipal de Educação,[2] quando se trata de construção de escolas, sejam elas de Educação Infantil ou não, a primeira providência é a de "limpar o terreno". Os contatos com o órgão público responsável pela conservação ambiental no município, a Fundação Municipal do Meio Ambiente (Faema), não contemplam questões relativas à qualidade do ambiente externo, no que diz respeito à presença de elementos da natureza: de forma burocrática, visam apenas a obter autorização para corte de árvores, tubulação de córregos e terraplanagem.

Ainda de acordo com a engenheira, o projeto arquitetônico é realizado por uma empresa terceirizada, a partir de dados de demanda, como número de crianças e o que se quer nas salas. Essas informações são obtidas junto às equipes da própria Secretaria. Isto é, no processo de elaboração do projeto arquitetônico há pouca ou nenhuma participação de educadoras, crianças e suas famílias, aqueles que farão uso do prédio que está sendo construído.

> A realidade é que aquele ou aqueles que pensam e projetam os espaços das crianças em Blumenau não conseguem ainda compreender a lógica da infância; e aqueles que trabalham com as crianças seguem com suas queixas, mas pouco fazem para transformá-las. (HOEMKE, 2004, p. 18)

Curiosa em relação ao que dizem as normas de construção e reformas anteriores a 1988, verifico que, na Portaria nº 1, de 15/1/69, do Departamento Nacional de Segurança e Higiene do Ministério do Trabalho (BRASIL, 1969),[3] há orientações para a organização de um berçário, uma saleta de amamentação, uma cozinha dietética e instalações sanitárias para o uso dos adultos, além de orientações sobre os materiais a serem utilizados nos revestimentos dos pisos e das paredes. Em 1972, a Coordenadoria de Proteção Materno-Infantil, órgão da Secretaria de Assistência Médica ligado ao Ministério da Saúde, publicou o documento "Creches – Instruções para instalação e funcionamento" (BRASIL, 1972). No item II, após a apresentação de uma relação de áreas de construção de uma creche "modelo" para setenta crianças, há, em destaque, uma referência a "espaço verde".

Sobre esse espaço, o documento acrescenta que deve ser dada especial atenção à vegetação ali existente, não sendo permitidas plantas que deem sementes, pelo perigo de a criança levá-las à boca, ou cujas folhas, flores e frutos sejam venenosos. Deverão ser instalados brinquedos, como balanços, pequenas escorregadeiras, caixotes e bancos transportáveis, poços de areia, sobre os quais deve ser mantida vigilância constante quanto à segurança e higiene (p. 22). No Anexo 10 (p. 83), em que estão sugestões para horários de atividades diárias, recomenda-se que as crianças de 3 meses a 1 ano permaneçam ao ar livre nas primeiras horas do dia. E que este seja o local das atividades das crianças maiores, utilizando os espaços fechados da instituição apenas quando não é possível estar do lado de fora.

No item III, sobre o funcionamento, na parte referente à assistência pedagógica, há a seguinte recomendação: "Durante o dia, as crianças devem ficar o máximo possível ao ar livre, em espaços verdes, varandas ou pátios, tanto para o sono, quanto para as atividades" (p. 38). Entretanto, o espaço ao ar livre não é contemplado no Anexo 9, onde está uma detalhada relação de equipamentos e materiais de recreação considerados necessários às áreas reservadas às crianças (p. 73).

Uma apostila mimeografada do Ministério da Previdência e Assistência Social – Legião Brasileira de Assistência, elaborada como instrumento de orientação para a instalação de Creches Casulo, é ainda mais enfática do que o documento analisado anteriormente, no que se refere à necessidade de espaço ao ar livre:

> Caso a Creche Casulo não disponha de espaço próprio para este fim recorre-se às praças, calçadas etc., existentes nas proximidades, desde que ofereçam a segurança necessária. Os brinquedos do pátio podem ser construídos com materiais diversos encontrados em cada região, como galhos de árvores, bambus, troncos, cordas etc., e material de sucata (exemplo: pneus pendurados para balançar ou no chão para rolar; manilhas ou tonéis para formar túneis) (BRASIL, s./l., p. 21).

Além das recomendações acima, há sugestões de utilização de mangueira para banho ou brincadeiras; lonas para proteger as crianças pequenas contra umidade ou calor do solo; caixa de areia, tanque etc. (Ibidem).

O documento "Creche urgente", do Conselho Nacional dos Direitos da Mulher e Conselho Estadual da Condição Feminina (SP), de 1988 – fruto do movimento de mulheres em defesa do dever do Estado no compartilhamento do cuidado das crianças –, prevê que 70% do total da área de uma creche devem servir às atividades das crianças. E é lacônico em relação à área externa.

É interessante notar que alguns dos documentos até aqui apresentados valorizam a relação com a natureza e valorizam os seus elementos. Isso num contexto político em que a ênfase do atendimento às crianças estava na função de guarda e, portanto, em que as atividades de cunho pedagógico não eram assumidas hegemonicamente como fundamentais. Com o reconhecimento da função pedagógica teríamos subestimado o convívio com a natureza?

A partir dos anos 1990, o tema ambiental ganha relevância no cenário mundial, especialmente a partir da realização, no Brasil, da Conferência das Nações Unidas sobre o ambiente e o desenvolvimento (Eco-92).

Desse evento resultou o "Tratado de Educação Ambiental para Sociedades Sustentáveis e Responsabilidade Global", construído ao longo de um ano de trabalho em rede integrada por educadores, adultos, jovens e crianças dos cinco continentes. O documento afirma a necessidade de justiça ambiental e respeito a todas as formas de vida:

> Consideramos que a educação ambiental para uma sustentabilidade equitativa é um processo de aprendizagem permanente, baseado no respeito a todas as formas de vida. Tal educação afirma valores e ações que contribuem para a transformação humana e social e para a preservação ecológica. Ela estimula a formação de sociedades socialmente justas e ecologicamente equilibradas, que conservam entre si relação de interdependência e diversidade. Isto requer responsabilidade individual e coletiva em nível local, nacional e planetário (...) Consideramos que a educação ambiental deve gerar, com urgência, mudanças na qualidade de vida e maior consciência de conduta pessoal, assim como harmonia entre os seres humanos e destes com outras formas de vida (BRASIL, 2011, p. 1).

Em 1995, a Coordenação de Educação Infantil do MEC publicou o documento "Critérios para um atendimento em creches que respeite os direitos fundamentais das crianças" (reeditado em 2009). Um dos critérios afirma o contato com a natureza como direito delas.

O objetivo do texto é colaborar para "atingir, concreta e objetivamente, um patamar mínimo de qualidade que respeite a dignidade e os direitos básicos das crianças, nas instituições onde muitas delas vivem a maior parte de sua infância" (ROSEMBERG; CAMPOS, 2009, p. 7). Tem como foco o atendimento em creche, para crianças entre 0 a 6 anos de idade, mas os critérios se aplicam também a outras modalidades de atendimento, como a pré-escola.

O documento é composto de duas partes. A primeira afirma compromissos dos que estão envolvidos na produção organizativa e no funcionamento cotidiano das instituições e aponta critérios de atendimento que devem ser assegurados nas práticas de cuidado integral às crianças. Tendo como referência os critérios apresentados anteriormente, a segunda parte indica os compromissos a serem assumidos na elaboração e implementação de políticas públicas, por órgãos governamentais e não governamentais, no sentido de assegurar práticas concretas de respeito aos direitos das crianças.

No texto "Esta creche respeita a criança" (CAMPOS, 2009), são apresentados 12 *critérios básicos para a unidade creche*. Um deles[4] – "Nossas crianças têm direito ao contato com a natureza"– se desdobra em outros, que afirmam os direitos ao sol, às brincadeiras com água, areia, argila, pedrinhas etc.; ao convívio com plantas e canteiros; a janelas que permitam a visão do que está fora, a visitar parques e jardins zoológicos, a passear ao ar livre.

No texto seguinte, "A política de creche respeita a criança: Critérios para políticas e programas de creche" (ROSEMBERG, 2009), são apresentados 8 critérios básicos. Um deles,[5] "A política de creche reconhece que as crianças têm direito ao contato com a natureza", aponta compromissos dos políticos, administradores públicos e gestores com o direito de contato com a natureza, em coerência com o texto anterior. Com esse objetivo afirma a importância de: orçamentos que assegurem manutenção de área verde no entorno ou dentro da creche; responsabilidade das instâncias de arborização e jardinagem municipal para com as creches e seus espaços externos; condições para plantio de pequenas hortas e árvores frutíferas de rápido crescimento; previsão de espaços ao ar livre nos projetos de construção e reforma dos prédios; formação de profissionais que incluam atenção ao tema da natureza e orientação para propiciar o contato e o respeito das crianças para com a natureza; e, finalmente, a importância dos passeios e outras atividades que favoreçam maior contato com a natureza.

Esse documento é um marco no que diz respeito à relação com a natureza, pois, ao contrário de alguns dos que o sucedem, enfatiza a importância do contato e não subentende a natureza como elemento da diversidade cultural, não evidencia uma visão antropocêntrica, em que o mundo natural é atrelado ao humano.

Em 1998, o MEC elaborou o documento "Subsídios para credenciamento e funcionamento de instituições de Educação Infantil". No volume I, a seção II sugere que as propostas elaboradas pelas instituições prevejam áreas para atividades ao ar livre. Além disso, depois de uma longa relação de especificações para o espaço interno, o artigo 16 recomenda, laconicamente, que "as áreas ao ar livre deverão possibilitar as atividades de expressão física, artística e de lazer, contemplando também áreas verdes" (p. 37).

Mas o volume II desse mesmo documento, denominado "O espaço físico nas instituições de Educação Infantil", refere-se, por exemplo, a "tomar sol e conviver com a natureza" como atividade necessária ao favorecimento das "diferentes dimensões e competências humanas (a lúdica, a artística, a fantasia e a imaginação etc.)". E, em coerência com a visão antropocêntrica que perpassa o paradigma moderno, são apontados como parte do contexto educativo, de maneira indistinta: a rua, as praças, a praia, o rio, a floresta, o jardim. Como se tudo fosse cultura, como se não houvesse diferença entre o que é produzido na cultura e o que é modo de expressão da natureza que antecede o humano. Enfatiza também que:

> O espaço, externo e interno, deve permitir o fortalecimento da independência das crianças: mesmo sendo seguro, não precisa ser ultraprotetor, isto é, em nome da segurança não deve impedir experiências que favoreçam o autoconhecimento dos perigos e obstáculos que o ambiente proporciona (p. 100).

Finalmente, faz algumas perguntas que deverão auxiliar as instituições em relação à proposta de credenciamento a ser apresentada e submetida às autoridades competentes: as janelas estão na altura das crianças para que elas possam olhar o que existe do outro lado? Tem espaço (interno e externo) adequado para os bebês conviverem entre eles e se movimentarem? Tem sombra para as crianças brincarem ao ar livre? Tem chuveiro e esguicho na altura das crianças, no espaço externo? O ambiente é adequado para trabalhar e fazer experiências com os elementos da natureza? Tem tanque de água? Tem árvores, flores, jardim, horta e os respectivos apetrechos adequados para aprender a lidar com plantas e a conservá-las? A grama está devidamente aparada? Tem espaço adequado para pequenos animais?

Também em 1998, o MEC publicou o Referencial Curricular Nacional para a Educação Infantil (BRASIL, 1998c). O documento, referindo-se à natureza ou ao meio ambiente (SANTOS, 2015), valoriza a observação, com vistas a que a criança se perceba como "dependente e agente transformador do meio ambiente e valorizando atitudes que contribuam para a sua conservação (Idem, p. 63). No volume I, a natureza é "fenômeno a ser observado". No volume II, ela é um dos objetos de conhecimento. E nas orientações didáticas, volume III, na parte relativa a aprendizagens sobre os seres vivos, aparece como recurso pedagógico, para que as crianças descubram a sua riqueza, beleza e valor.

Bastante consultado ainda nos dias atuais, o documento reflete uma visão invasiva e utilitarista ao enfatizar a natureza como objeto abordado prioritariamente através de processos mentais. De fato, em algumas passagens, o contato tem importância na medida em que serve para a construção de noções, geralmente apontadas do ponto de vista do interesse humano:

> A criação de alguns animais na instituição, como tartarugas, passarinhos ou peixes, também pode ser realizada com a participação das crianças nas atividades de alimentação, limpeza etc. Por meio desse contato, as crianças poderão aprender algumas noções básicas necessárias ao trato com os animais, como a necessidade de lavar as mãos antes e depois do

contato com eles, a possibilidade ou não de segurar cada animal e as formas mais adequadas para fazê-lo, a identificação dos perigos que cada um oferece, como mordidas, bicadas etc. (Idem, p. 178).

Numa outra passagem (p. 189), a proposta de atividade sugerida implica retirar a liberdade dos animais, mesmo que temporariamente, como forma de favorecer o aprendizado.

> O contato com animais e plantas, a participação em práticas que envolvam os cuidados necessários à sua criação e ao cultivo, a possibilidade de observá-los, compará-los e estabelecer relações é fundamental para que as crianças possam ampliar seu conhecimento acerca dos seres vivos (...) Formigas, caracóis, tatus-bola, borboletas, lagartas etc. podem ser observados no jardim da instituição, pesquisados em livros ou mantidos temporariamente na sala (Idem, p. 189).

Reafirmando a visão antropocêntrica, a ênfase está no registro e na observação, mesmo que para isto seja necessário aprisionar os animais: "No caso de haver possibilidade de se manter pequenos animais e plantas no espaço da sala, as atividades de observação, registro etc. podem integrar a rotina diária" (Idem, pp. 189-190).

Além da ênfase na aprendizagem que o contato proporciona, chama a atenção que um documento da importância do RCNEI proponha uma prática ilegal, como a criação de animais silvestres.[6]

Vale acrescentar que um balanço das fotografias que ilustram o RCNEI mostra que a maioria foi feita no espaço externo: na Introdução, de um total de duas fotos, uma é externa; na parte de Movimento, entre 12 fotos, 10 focalizam o lado externo; em Natureza e Sociedade, das 15 fotos, 13 são externas; e na parte de Matemática, num total de 8, 5 focalizam o lado de fora.

Entretanto, o espaço externo aparece como auxiliar, como elemento que serve para a verificação dos conteúdos que são ensinados em sala.

Nos exemplos, o contato com o mundo natural está relacionado à aprendizagem de noções, não a um comprometimento com a sua conservação e preservação. Não há, aliás, nenhuma referência a essas ações. Não há reflexão sobre a situação ambiental planetária.

A ausência de referências ao mundo natural é uma característica das Diretrizes Curriculares Nacionais para a Educação Infantil – DCNEI (BRASIL, 1999), instituídas pela Resolução nº 1, da Câmara de Educação Básica, de 7 de abril de 1999. A natureza não está contemplada nesse documento, a não ser no item que aborda o respeito ao bem comum. Ela aparece, portanto, numa mesma ordem de importância em que estão os bens culturais, sem autonomia, sem vida própria, dependente dos seres humanos.

Entre os documentos estudados, destaca-se a Resolução do Conselho Municipal de Educação de Belo Horizonte/MG, CME/BH, nº 01/2000 (Belo Horizonte, 2000), que traz definições claras: a área externa deve corresponder a 20% do total da área construída e incluir espaços ensolarados e sombreados, duchas externas, torneiras acessíveis a crianças e brinquedos de playground; e ainda teatro de arena e casa de boneca, se houver possibilidade. Há ainda uma especificação para as áreas verdes, incluindo pomar, hortas e jardins, em tamanho proporcional ao número de crianças atendidas.

É preciso lembrar que, no contexto de produção do documento em questão, Belo Horizonte era um exemplo, em termos de ampliação do acesso, qualificação dos serviços e gestão numa perspectiva democrática. Mas essa não era a realidade da maioria dos municípios brasileiros, principalmente a partir da implantação do Fundo de Manutenção e Desenvolvimento do Ensino Fundamental e de Valorização do Magistério (Fundef), em 1998, quando se aprofundaram as dificuldades para manter e/ou ampliar as redes de atendimento às crianças de 0 a 6 anos. Em função de uma política econômica que caminhava na contramão de direitos expressos na Constituição de 1988 e na LDB, em vez de assegurar espaços ao ar livre, as prefeituras, muitas vezes, fizeram o contrário: como sai mais barato fazer uma ampliação do que criar uma unidade nova, construíram novas salas em espaços onde antes havia jardins, campos de futebol, enfim, áreas ao ar livre, destinadas às brincadeiras.

Em 2005, com o propósito de nortear as práticas político-pedagógicas das instituições, o MEC lançou o documento "Política Nacional de Educação Infantil" (BRASIL, 2005a, BRASIL, 2005b), que não faz referência às questões ambientais.

No mesmo ano, é criado o Programa de Formação Inicial para Professores em exercício na Educação Infantil (ProInfantil). No vasto e qualificado material pedagógico produzido, o foco está na criança como ser da cultura. O tema das relações com a natureza aparece timidamente apenas em alguns textos específicos ou como conteúdo da área de domínio que a professora deve desenvolver.

À medida que os anos passam e o tema ambiental alcança relevância, as referências à natureza ganham espaço nos documentos produzidos graças à iniciativa da Coordenação Geral de Educação Infantil, do MEC.

Assim, "com a finalidade de estabelecer não um padrão mínimo, nem um padrão máximo, mas os requisitos necessários para uma Educação Infantil que possibilite o desenvolvimento integral da criança até os cinco anos de idade" (BRASIL, 2006a, p. 9), é elaborado, em 2006, o documento Parâmetros Nacionais de Qualidade para a Educação Infantil.

Embora enfatize as crianças como sujeitos de cultura, aponta perspectivas no sentido de que sejam assumidas também como seres da natureza. Considerando-as como parte do universo animal, vegetal, mineral, e defendendo a proximidade. Em relação à natureza, o documento chama a atenção para a importância de que elas "desfrutem da vida ao ar livre, aprendam a conhecer o mundo da natureza e compreendam a repercussão das ações humanas nesse mundo (...) " (Idem, p. 18), como condição para que respeitem a biodiversidade, tanto quanto a diversidade cultural. Na direção da análise que aqui realizamos, o documento merece destaque, uma vez que se aproxima de uma visão em que a natureza não é considerada apenas como componente do ambiente social, não é apenas cenário onde humanos mentais atuam.

Publicado também em 2006, o documento "Parâmetros Básicos de Infraestrutura para Instituições de Educação Infantil" (BRASIL, 2006b) – produzido a partir de um diálogo entre educadores, arquitetos e engenheiros envolvidos com o planejamento, a construção e a reforma de prédios – inova em termos de referências para a construção de espaços de Educação Infantil: a criança surge como sujeito de todo o processo – as necessidades de expressão e vivência infantis são o guia para todo o manual, além de considerar a integração entre crianças e a comunidade do entorno como referências fundamentais para o bom andamento e manutenção do projeto de construção.

As relações existentes entre a criança e o espaço externo estão no foco da proposta, inclusive prevendo formas de conexão ao mesmo tempo com o ambiente interno e externo, por meio de construções que privilegiem essa integração:

> Quando for possível, criar salas de atividades com área adjacente, estimulando a convivência em grupo e encorajando a interação das atividades internas e externas. Essa espécie de pátio privado, aberto, vai intermediar a relação interior-exterior, permitindo que as crianças visualizem a área externa, além de possibilitar uma série de atividades na extensão da sala. A criança pode estar participando de determinada atividade e, ao mesmo tempo, assistir e observar outras atividades externas (p. 26).

O documento refere-se ao cuidado paisagístico, no que diz respeito ao revestimento dos solos e à vegetação; ao conforto térmico, visual, acústico, olfativo e qualidade do ar; e à qualidade sanitária dos ambientes, assim como ao emprego adequado de técnicas e de materiais de construção, valorizando as reservas regionais com enfoque na sustentabilidade. Valoriza ainda o espaço externo como incentivador da curiosidade infantil e de seus processos de apropriação de conhecimentos. Mas não há referências às crianças como seres que são parte deste ambiente, que necessitam dele para o seu processo de autoconstituição enquanto seres da natureza.

Essa ideia também não está presente nas DCNEI (BRASIL, 2009). O documento de caráter mandatário – que orienta as políticas públicas na área e a elaboração, o planejamento, a execução e avaliação de propostas pedagógicas e curriculares – não diz muito sobre as relações com a natureza. O foco está nas crianças, entendidas como seres de cultura que constroem sentidos sobre a natureza.

No entanto, vale salientar o destaque à crise ambiental, no item X do art. 9º, ao afirmar a importância das experiências que "promovam a interação, o cuidado, a preservação e o conhecimento da biodiversidade e da sustentabilidade da vida na Terra, assim como o não desperdício dos recursos naturais" (item X).

Entretanto, ainda que o documento afirme as interações e brincadeiras como eixos estruturadores das práticas pedagógicas que compõem a proposta curricular da Educação Infantil, não há referências à importância de oferecer vivências com a natureza, com seus elementos, embora as crianças demonstrem grande atração por elas. Em contrapartida, são explicitadas claramente, no item XII desse mesmo artigo, as experiências que "possibilitem a utilização de gravadores, projetores, computadores, máquinas fotográficas e outros recursos tecnológicos e midiáticos". Por que não são indicadas experiências que possibilitem as brincadeiras a céu aberto, com água, terra, areia, vento?

Em 2014, foi realizado um estudo propositivo sobre a organização dos espaços externos das unidades do Programa Nacional da Reestruturação e Aquisição de Equipamentos para a Rede Escolar Pública de Educação Infantil (Proinfância, BRASIL, 2007)[7] em conformidade com as orientações desse programa e as DCNEI. Elaborado por Maria da Graça Souza Horn (2014), o estudo[8] (BRASIL, 2014) tem como referência um diagnóstico da utilização dos espaços físicos em unidades do Programa Nacional de Reestruturação e Aquisição de Equipamentos para Rede Escolar Pública de Educação Infantil (Proinfância), que apontou dificuldades na organização dos espaços físicos das instituições.

Com base nas definições das DCNEI, sua intenção é de oferecer elementos para a qualificação do espaço externo como lugar em que, para além das salas de atividades, as crianças também constroem uma cultura de pares. O objetivo é o de contribuir para que sejam asseguradas condições ambientais favoráveis às brincadeiras, como atividade constitutiva da produção dessa cultura. É nesse contexto que os elementos da natureza são valorizados.

A proposta tem entre seus fundamentos o fato de predominarem vivências infantis em espaços urbanos, muitas vezes em ambientes estéreis, pouco propícios a experiências variadas de interações entre humanos e com elementos da natureza. Nesse sentido, apresenta propostas para a valorização de elementos que, geralmente, já estão presentes nos pátios, mas, muitas vezes, em precárias condições de uso, como as casinhas de boneca semiabandonadas ou sem atrativos para as crianças. Tendo como pressuposto a concepção de que as crianças são protagonistas de seu processo de aprendizagem e que as salas de atividades não são os únicos espaços em que elas podem aprender, o documento apresenta contribuições para a qualificação dos espaços externos a partir de três perguntas: Por que é importante brincar e interagir nos espaços externos? Como podemos organizar os espaços externos? Que materiais poderão ser disponibilizados nos diferentes espaços do pátio?

Na contramão de uma pedagogia tradicional, cuja visão é a de que só os espaços das salas oferecem condições para a realização de um trabalho com intencionalidade pedagógica, o documento aponta cuidados no projeto de construção, como, por exemplo, relativos a: amplitude dos espaços externos; acesso direto das salas de atividades para a área de transição; criação de espaços nos quais a criança possa ter privacidade (buracos, cabanas etc.); previsão de espaços com sombra e com sol; previsão de pisos diversificados, como terra, pedra, madeira, grama etc.; e previsão de equipamentos de madeira, substituindo, sempre que possível, os de plástico.

A proposta salienta os efeitos positivos da interação das crianças com a natureza, indicando o que o convívio oferece: desenvolvimento do poder de observação e da criatividade; promoção do uso da linguagem e das habilidades cooperativas; alívio do estresse e possibilidade de lidar com as adversidades; auxílio no tratamento a crianças com déficit de atenção; melhor desempenho da coordenação motora; desenvolvimento da imaginação; e despertar de um sentimento de admiração pelo mundo.

É perceptível a concepção de natureza como aquela que oferece benefícios aos humanos, mas a recíproca não é verdadeira. Apesar do reconhecimento dos inúmeros benefícios e prazeres que proporciona, a natureza segue sendo vista como cenário, paisagem, pano de fundo. O foco está exclusivamente nas crianças! Seu objetivo seria oferecer condições favoráveis ao desenvolvimento infantil, mas nem sequer há referências significativas à importância do contato entre crianças e natureza como elemento de preservação ambiental. O esquecimento revela uma visão utilitarista em que a natureza não é percebida como o todo de que as crianças são parte. Nem é percebida em sua autonomia, mas a serviço dos humanos.

Finalizando o estudo, chegamos à BNCC (2017), cujo caráter é normativo e que aponta conhecimentos e competências a serem desenvolvidos por crianças e jovens brasileiros ao longo da escolaridade.

Aqui analisamos a terceira versão do documento, encaminhada pelo MEC ao Conselho Nacional de Educação (CNE), em abril de 2017. A BNCC adota dez competências gerais, entre as quais: Argumentar com base em fatos, dados e informações confiáveis, para formular, negociar e defender ideias, pontos de vista e decisões comuns que respeitem e promovam os direitos humanos e a consciência socioambiental em âmbito local, regional e global, com posicionamento ético em relação ao cuidado de si mesmo, dos outros e do planeta (BRASIL, 2017, p. 19).

Atendo-nos ao capítulo referente à educação das crianças de 0 a 5 anos, veremos, já no item inicial, em que a Educação Infantil é afirmada como primeira etapa da educação básica, que "a interação durante o brincar caracteriza o cotidiano da infância, trazendo consigo muitas aprendizagens e potenciais para o desenvolvimento integral das crianças

(p. 33). Entretanto, como veremos adiante, é realçado o valor das interações na construção de conceitos matemáticos, necessários a medições, quantificações e ordenações.

Ao longo do documento, a natureza é reduzida a objeto de curiosidade e exploração das crianças, fonte de ampliação de conhecimentos do mundo, com vistas ao uso que se possa fazer dela.

> (...) promover interações e brincadeiras nas quais as crianças possam fazer observações, manipular objetos, investigar e explorar seu entorno, levantar hipóteses e consultar fontes de informação para *buscar respostas às suas curiosidades* e indagações. Assim, a instituição escolar está criando oportunidades para que as crianças *ampliem seus conhecimentos* do mundo físico e sociocultural e possam utilizá-los em seu cotidiano (Idem, p. 38, grifos nossos).

Considerando o entorno como o que está para além das paredes, das salas e das instituições, a natureza surge como objeto de exploração. Sem dúvida, há de se reconhecer que cabe à escola ampliar o conhecimento das crianças. Mas a esta altura dos acontecimentos – quando o processo de destruição ambiental é de pleno conhecimento público, quando a concepção de natureza como máquina já não reina exclusiva, quando equívocos de metodologias científicas são evidentes, quando a opção por uma cultura capitalista industrialista já se mostra, no mínimo, questionável – é de estranhar que as referências à natureza mantenham o caráter antropocêntrico de universo que serve à curiosidade e à manipulação das crianças, com vistas a que ampliem seus conhecimentos.

O texto afirma uma "concepção de criança como ser que observa, questiona, levanta hipóteses, conclui, faz julgamentos e assimila valores e que constrói conhecimentos e se apropria do conhecimento sistematizado por meio da ação e nas interações com o mundo físico e social" (p. 34). Outra vez o mundo físico aparece como cenário onde as crianças atuam, ignorando-a como ser da natureza. Essa omissão alimenta os pressupostos da cultura antropocêntrica desatenta aos efeitos dos atos humanos sobre o ambiente em que todos vivemos.

Permanece, portanto, a visão presente desde as primeiras versões do documento, em que o objetivo fundamental da escola ao inserir crianças e jovens na natureza seria simplesmente propor um processo que possibilite elaborar hipóteses, adquirir uma consciência crítica a respeito da realidade ambiental. Como se a questão fosse apenas teórica, se desse exclusivamente no plano reflexivo, e a vida na Terra não dependesse de ações concretas, mas de simples apropriação de conhecimentos, sem o compromisso com uma inserção da escola na vida local, com o envolvimento e a mobilização de docentes e discentes em uma prática social para que, exercitando-se como agentes de mudança, aprendam o poder de transformar!

Lendo detalhadamente os enunciados relativos aos "Direitos de aprendizagem e desenvolvimento na Educação Infantil" (conviver, brincar, participar, explorar, expressar, conhecer-se) podemos verificar o caráter antropocêntrico e racionalista do documento, no que diz respeito às relações com a natureza.

Em realidade, a afirmação das crianças como seres produzidos na cultura e que são produtores de cultura é um avanço conceitual importante, que as coloca em lugares de protagonismo, o que exige consideração verdadeira sobre seus atos e expressões.

Entretanto, logo no primeiro direito de aprendizagem e desenvolvimento, a dimensão cultural aparece como exclusiva, o direito de conviver se restringe aos humanos, exclui a biodiversidade.

> CONVIVER com outras crianças e adultos, em pequenos e grandes grupos, utilizando diferentes linguagens, ampliando o conhecimento de si e do outro, o respeito em relação à cultura e às diferenças entre as pessoas (BRASIL, 2017, p. 34).

No segundo direito, os tempos e os espaços do brincar servem apenas à ampliação e à diversificação de possibilidades, para as crianças, de acesso a produções culturais.

> BRINCAR de diversas formas, em diferentes espaços e tempos, com diferentes parceiros (crianças e adultos), serve de forma a ampliar e diversificar suas possibilidades de acesso a produções culturais. A participação e as transformações introduzidas pelas crianças nas brincadeiras devem ser valorizadas, tendo em vista o estímulo ao desenvolvimento de seus conhecimentos, sua imaginação, criatividade, experiências emocionais, corporais, sensoriais, expressivas, cognitivas, sociais e relacionais (BRASIL, 2017, p. 34).

Como se pode verificar, não é citado o "estímulo" ao desenvolvimento das crianças no que se refere às brincadeiras com elementos da natureza. O que se afirma centralmente é o acesso às produções culturais. Nessa perspectiva, como em documentos anteriores, os rios, os lagos e a vegetação assumem a condição de bens culturais, ao lado de praças, jardins e museus.

O quinto direito de aprendizagem e conhecimento, relativo a "conhecer-se e construir sua identidade pessoal, social e cultural", não inclui a identidade natural, que possibilitaria às crianças se identificarem como pertencentes a uma espécie entre outras.

Segundo a versão da BNCC que está sendo analisada, "os campos de experiência constituem um arranjo curricular que acolhe as situações e as experiências concretas da vida cotidiana das crianças e seus saberes, entrelaçando-os aos conhecimentos que fazem parte do patrimônio cultural" (p. 36).

O enunciado nos leva a inferir que as relações com a natureza não são acolhidas como experiências e saberes infantis, talvez em função da dificuldade de identificar, como tal, a atração das crianças por brincadeiras em espaços ao ar livre.

No campo de experiências "O eu, o outro e o nós", o texto refere-se à descoberta, pelas crianças, de outros modos de vida, mas exclusivamente no que diz respeito ao universo humano. No campo de conhecimento "Corpo, gestos e movimentos", o sentido do trabalho está outra vez na produção de conhecimentos "sobre si, sobre o outro, sobre o universo social e cultural". O texto aponta a importância de "explorar e vivenciar um amplo repertório de movimentos, gestos, olhares, sons e mímicas com o corpo", mas não assume o corpo como natureza, lugar do desejo e da inconsciência; nem faz referência ao ambiente natural como privilegiado para as descobertas de "variados modos de ocupação e uso do espaço com o corpo" (p. 37).

O campo "Traços, sons, cores e formas" não inclui as experiências com a natureza entre as que contribuem para que, "desde muito pequenas, as crianças desenvolvam senso estético e crítico, o conhecimento de si mesmas, dos outros e da realidade que as cerca" (p. 37).

Finalmente, a natureza é inserida no campo "Espaços, tempos, quantidades, relações e transformações" como "mundo físico" a ser explorado, manipulado pelas crianças. Mundo físico, em relação ao qual são valorizadas não a brincadeira livre, não as experiências de conexão e reverência; mas as possibilidades de apropriação de conhecimentos matemáticos: "contagem, ordenação, relações entre quantidades, dimensões, medidas, comparação de pesos e de comprimentos, avaliação de distâncias, reconhecimento de formas geométricas, conhecimento e reconhecimento de numerais cardinais e ordinais etc." (p. 38).

A presença do cuidar entre os direitos de aprendizagem e de conhecimento levaria certamente à criação de um campo de experiências acolhedor das situações e das experiências concretas da vida cotidiana relacionadas às vivências infantis com a natureza. Esse campo envolveria a aprendizagem de valores não antropocêntricos e não racionalistas, assim como a uma apreciação estética da natureza.

Independentemente de sua denominação, o campo de experiência "ecologia" ou "vivências da natureza" educaria para uma relação desinteressada, em que a natureza é reconhecida como autônoma, como sujeito de direitos éticos; e alimentaria nas crianças o engajamento na causa da preservação da Terra, em sua imensa diversidade de seres que compõem a teia da vida.

Como vimos anteriormente, a vida humana se fortalece na manutenção de elos com outros modos de vida. Considerando que cuidar da vida humana significa cuidar das interações com outras formas de vida; e considerando que as crianças desejam a proximidade porque esse desejo é uma expressão de sua condição biofílica, então, a única conclusão possível é que é necessário respeitar o desejo de proximidade em relação a ela, para que o direito ao meio ambiente se afirme como respeito à condição biofílica dos seres humanos; e o reconhecimento dessa condição assegure o direito humano de integração com o meio de que é parte. A BNCC está distante dessas preocupações.

O CONVÍVIO COM A NATUREZA É UM DIREITO HUMANO?

A situação nacional reflete um quadro internacional que paulatinamente avança para a compreensão do convívio com a natureza como direito humano.

Voltando no tempo, já grafando "homem" com H maiúsculo para expressar o modo que a civilização ocidental patriarcal denomina o gênero humano (TARNAS, 2001), veremos que a Declaração dos Direitos do Homem e do Cidadão, de 1789, assim como a Declaração dos Direitos do Homem, de 1948, nem sequer se referem ao ambiente natural. Esta foi elaborada num contexto de pós-Segunda Guerra Mundial, em que os conflitos humanos já haviam revelado para o mundo que, para a sobrevivência da própria humanidade, era necessária a adoção de limites éticos intransponíveis em relação às pessoas, aos povos e às nações. Tal declaração estabelece regras universais que protegem os direitos de qualquer ser humano, independentemente de sua idade, gênero, nacionalidade, religião, pertencimento étnico ou condição social, e que devem ser observadas também por todos os seres humanos, instituições e organizações públicas e privadas, em qualquer lugar ou época.

Nenhum dos dois documentos anteriormente citados se referem às relações entre os seres humanos e a natureza. Neles, as palavras ambiente ou natureza nem sequer são citadas.

> Na Declaração dos Direitos das Crianças, aprovada pela ONU, em 1959, a palavra ambiente aparece, mas referindo-se apenas ao seu aspecto social, devendo ser "de afeto e de segurança moral e material", de modo a garantir o pleno desenvolvimento da criança (princípio 6º); e "de compreensão, de tolerância, de amizade entre os povos, de paz e de fraternidade universal" (princípio 10º) (TIRIBA; PROFICE, 2014, p. 4).

Atenta à vulnerabilidade infantil, esse documento tem o objetivo de proteger os infantes humanos da violência, da prostituição, assegurando o seu direito à educação, que passou a ser um dos direitos das crianças, em contraposição à exploração do trabalho infantil. Assim,

> (...) lugar de criança não é mais na fábrica, nem na lavoura, nem na rua, é na escola. O direito e, posteriormente, a obrigatoriedade da educação formal, por meio da escolarização compulsória, definiu e garantiu uma nova forma de infância, protegida dos espaços dos adultos, dedicada ao desenvolvimento da pessoa em sua preparação para o exercício da cidadania (Idem, p. 5).

Considerando os documentos oficiais internacionais, em que os chefes de Estado tomavam decisões sobre o futuro da vida na Terra, as referências ao ambiente natural aparecem pela primeira vez na Declaração de Estocolmo, de 1972, evidenciando como foi tardia a sua consideração em relação a demais dimensões dos direitos humanos. Mas esse documento tem como referência a vida humana. Tanto neste, quanto nos que se seguem – o Relatório da Comissão Brundtland (Nosso Futuro Comum, de 1987), a Declaração sobre Ambiente e Desenvolvimento (Eco-92), e a Declaração Final da Conferência da ONU sobre Desenvolvimento Sustentável (Rio+20) –, a dimensão social permanece em primeiro plano. Isto é, na visão oficial, a natureza é entendida até os dias de hoje como recurso à disposição dos seres humanos, o que evidencia uma visão antropocêntrica.

Entretanto, desde a Eco-92, e posteriormente, em 2012, na Rio+20, a ideia de respeito a todas as formas de vida – não apenas a humana – é trazida pelos movimentos sociais, organizados em paralelo às conferências oficiais. O documento da Cúpula dos Povos alerta para a importância da tessitura de uma nova visão de mundo, que valore, não apenas os humanos, mas também as demais espécies.

> A defesa dos bens comuns passa pela garantia de uma série de direitos humanos e da natureza, pela solidariedade e respeito às cosmovisões e crenças dos diferentes povos, como a defesa do "bem viver" como forma de existir em harmonia com a natureza, o que pressupõe uma transição justa a ser construída com os trabalhadores(as) e povos: "A diversidade da natureza e sua diversidade cultural associada é fundamento para um novo paradigma de sociedade." (ONU, 2012, p. 3)

Na história dos Direitos Humanos, a natureza era paisagem. Posteriormente, na década de 1970 do século XX, os humanos passam a ser entendidos como responsáveis pelos problemas que causavam ao planeta. Nos últimos anos, deixaram de aparecer como uma ameaça ao equilíbrio ecológico, graças à compreensão de que o problema está no tipo de interação que estabelecem com a natureza.

É no contexto dessa nova visão que a questão política ganha destaque. Ela é trazida para o debate internacional pelos movimentos sociais do terceiro mundo, denunciando a desigualdade no acesso aos recursos naturais e sociais como o principal elemento para a edificação de sociedades sustentáveis. O problema não está na quantidade de recursos para a população mundial, mas no modelo de desenvolvimento, cujos padrões de produção e consumo provocam a exaustão do planeta.

Em realidade, há água, há terras, há alimentos para todos! A questão está na distribuição desigual e no desperdício. "É necessário entender que o problema está no consumo excessivo desses recursos por uma pequena parcela da humanidade e no desperdício e na produção de artigos inúteis e nefastos à qualidade de vida." (REIGOTA, 2004, p. 7).

A origem do problema é política, diz respeito à apropriação privada dos bens que são de todos. A mudança estaria na transformação das relações que se estabelecem entre a natureza e uma parcela dos humanos (a que vive nos países do Norte e as elites do Sul).

De fato, embora os países do hemisfério Norte possuam apenas um quinto da população da Terra, eles consomem 70% da energia, 75% dos metais e 85% da madeira produzida em todo o mundo, de acordo com estudo do World Wide Fund for Nature (WWF) publicado na revista *em discussão!*, do Senado. Enquanto isso, a maioria vive em condições de penúria, pressionando o ambiente para dele extrair o mínimo para a sua sobrevivência. É por essa razão que os movimentos sociais ambientalistas redefinem as prioridades de luta apontando a crítica ao próprio modelo e a luta contra a desigualdade como o principal problema a ser enfrentado.

Nessa linha, a proteção do ambiente se articula plenamente com a proteção dos direitos humanos, evidenciando a necessidade de uma equiparação de status do direito ao meio ambiente saudável com os demais direitos humanos (TIRIBA; PROFICE, 2014). É com base nessa visão mais ampla que importantes documentos orientadores da educação brasileira são aprovados.

Chegamos às Diretrizes Curriculares Nacionais da Educação em Direitos Humanos (DNEDH/CNE, resolução nº 1, de 30 de maio de 2012) e às Diretrizes Curriculares Nacionais para a Educação Ambiental (DCNEA/CNE, resolução nº 2, de 15 de junho de 2012).

As duas diretrizes, em especial as DCNEA, vão além, se considerarmos que ninguém será capaz de amar o que não conhece; ninguém será capaz de preservar uma natureza com a qual não se identifica nem convive.

Nas DNEDH, o direito ambiental é apresentado como parte dos direitos universais (artigo 2º, § 1). E a "sustentabilidade ambiental" pressupõe a articulação equilibrada de seus aspectos biofísicos, econômicos e sociais, o que implicaria um modelo de desenvolvimento igualitário e universal.

As DCNEA apresentam uma noção de ambiente plural, ao integrar seus aspectos naturais, sociais e econômicos, também pautada em uma ética socioambiental. Traz o conceito de unidade sistêmica como referência central,

> indicando que não podemos tratar as dimensões da sustentabilidade de modo multidisciplinar, cada ciência investigando a sua parte e depois juntando tudo (...) Assim, a ciência, por mais holística que se esforce em ser, não pode sozinha compreender o meio ambiente, ela é em si mesma parcial. Outros saberes não científicos, como a filosofia, os mitos e os conhecimentos tradicionais são fontes legítimas de princípios e práticas para a educação ambiental (TIRIBA; PROFICE, 2014, pp. 59-60).

Com base nessas definições, as DCNEA se referem à importância de as instituições educativas reformularem conteúdos, mas também métodos e mesmo prédios, subvertendo meios e ousando em direção a uma abertura para a comunidade local e a incorporação de questões ambientais globais.

Assim, o próprio espaço deve estar em sintonia com o objetivo de educar, favorecendo a interação entre as pessoas e o ambiente e abrindo horizontes para percepções sensíveis e críticas. Na perspectiva das DCNEA, a nova escola rompe com os padrões antigos da escola fechada entre seus muros, abre-se para o entorno, abraça a paisagem socioambiental e os saberes tradicionais, se interessa por interações humanas com os demais seres do planeta.

Em relação aos prédios escolares, o artigo 14º, V enfatiza a importância do "estímulo à constituição de instituições de ensino como espaços educadores sustentáveis, integrando proposta curricular, gestão democrática, edificações, tornando-as referências de sustentabilidade socioambiental".

Ainda que a educação ambiental também se efetive em contextos educativos não formais, as instituições de ensino têm um papel crucial para a formação de pessoas críticas, no que se refere a interações humanas com os demais seres do planeta. É nesse sentido que as DCNEA devem ser observadas pelos sistemas de ensino e suas instituições de Educação Básica e de Educação Superior. Hoje, como resultado de campanhas ambientais veiculadas pela grande mídia e no discurso atual do politicamente correto, estão mais presentes as discussões cotidianas sobre os problemas ambientais. Entretanto, as atividades escolares ainda distantes dos princípios e das orientações das DCNEA são cada vez mais realizadas em ambientes fechados, com iluminação e temperatura controladas artificialmente; e raras as experiências de relação próxima com o entorno, um convívio cuidadoso com elementos do mundo natural, com os seres vivos e seu hábitat.

No conjunto dos documentos oficiais que norteiam a educação brasileira, as DCNEA têm grande importância porque se posicionam frente aos problemas ambientais contemporâneos, seja em escala local ou global; e ainda valorizam os saberes tradicionais e populares como fundamentais à construção de uma nova relação com o meio ambiente, além de abrir-se a outras linguagens, rompendo com o império exclusivo da escrita (TIRIBA; PROFICE, 2014).

É o exercício de convívio com o mundo natural e a vivência de outras relações de produção e de consumo que possibilitará às crianças se constituírem como seres não antropocêntricos, que saibam cuidar de si, dos outros, da Terra. E resistam ao consumismo que destrói e desperdiça o que a natureza oferece a todos os seres vivos como dádiva. Se as crianças são o centro do planejamento escolar, esse convívio não deveria constituir-se como opção de cada professora, mas ser considerado como direito. Pouco a pouco, as referências conceituais e legais que orientam as práticas pedagógicas atuais avançam nesse sentido.

4

À DISPOSIÇÃO DE QUE ESTARÃO AS CRIANÇAS, SE NÃO ESTÃO À DISPOSIÇÃO DE SI MESMAS?

O levantamento de indícios de relações entre seres humanos e natureza nas instituições de Educação Infantil de Blumenau confirmou a hipótese de que os espaços escolares geram e simultaneamente reproduzem e alimentam a lógica do universo maior de que são parte: apesar da paixão romântica que nutrem pela natureza, o movimento dos adultos é no sentido de distanciá-la, provocando um descompromisso com a sua conservação.

Essa não é a realidade exclusiva de Blumenau, sabemos disso. Pois, nesta cidade, como provavelmente na maioria dos municípios do Brasil e do mundo ocidental, a natureza está à disposição dos humanos, e estes têm sentimentos de superioridade em relação às outras espécies. Como revelou o estudo dos documentos orientadores de Educação Infantil, o sentimento antropocêntrico é ensinado às crianças ocidentais desde a mais tenra infância; e, certamente, é alimentado pela distância de que são mantidas do mundo natural, o que ocorre não apenas nos ambientes urbanos (ROSA, 2014).

As rotinas das instituições onde as crianças vivem sua primeira infância não contemplam as necessidades e os desejos de se movimentar livremente nos pátios, sob o céu, em contato com o sol, a terra, a água. Mesmo que se deslocando de um espaço para outro, a maior parte do tempo elas permanecem emparedadas.

Os dados objetivos (como tempo de permanência das crianças nas salas) permitem afirmar que as rotinas instituídas contribuem para que meninos e meninas não se vejam e não se sintam parte do mundo natural: até as janelas estão fora de seu alcance, impedindo o olhar para o mundo que está lá fora e mesmo prejudicando a respiração de ar puro.

Raramente de pés descalços nas áreas externas, as crianças brincam sobre chão predominantemente coberto por cimento e brita. Confirmando a ideia de uma concepção de natureza a serviço dos humanos, a vegetação, quando existe, tem função decorativa, ou de uso prático: serve para comer, ou oferecer sombra, ou para explicar processos, construir noções. Da mesma forma, a relação com a água geralmente supre necessidades fisiológicas e de higiene, só ocasionalmente propicia prazer. Como aprender a respeitar a natureza se as crianças não convivem com seus elementos?

Reafirmando o distanciamento em relação ao universo natural, mas também em relação ao mundo social, o entorno é pouco explorado: as crianças, geralmente, estão confinadas, como se a realidade se reduzisse aos espaços intramuros, e elas houvessem nascido para IEIs, não para o mundo. E isso apesar de, no entorno, transcorrer a vida da comunidade em que a escola se situa: aí vivem as crianças e suas famílias, aí diariamente se mobilizam com o que veem, ouvem, sentem, vivenciam.

No esforço de desvendar a trama que as divorcia da natureza, mapeando os espaços e perguntando sobre o porquê desse estado de coisas, identifiquei explicações relacionadas a concepções de natureza, de infância e de Educação Infantil. São essas concepções que definem as políticas, no que diz respeito às edificações, às normas de organização das instituições, aos projetos educativo-pedagógicos e às propostas de formação profissional, inicial e continuada.

No horizonte do conjunto de razões e questões apresentadas sobre a situação de emparedamento das crianças, uma conclusão é a de que estar ao ar livre não é uma definição, um imperativo pedagógico, mas uma opção de cada professora ou dos adultos responsáveis.

É verdade que o espaço interno também é desejado, não é nem melhor nem pior que o espaço externo. O que constitui o valor, de um ou de outro, é, a cada momento, o significado do que ali é vivência, é possibilidade.

Mas, se é verdade que as crianças optam pelas vivências que, para elas, dentro ou fora, têm significado, é também verdade que o universo ao ar livre as fascina e está geralmente indisponível.

É esse fascínio que nos mobiliza! É essa atração inata, essa condição de ser biofílico, ser da cultura, mas antes de tudo, ser da natureza que nos impulsiona a perguntar: se as crianças estão no centro e dão o sentido das políticas públicas de atendimento; e, se no coração dos projetos político-pedagógicos e propostas curriculares devem estar as interações e as brincadeiras, como assegurar que os interesses das crianças, as suas necessidades, os seus desejos sejam os orientadores fundamentais da ação educativo-pedagógica?

É justamente a busca de respostas que nos leva a perguntar: que razões as educadoras apresentam para mantê-las aprisionadas, como elas justificam essa situação?

O movimento de abrir espaços de diálogo e criação de sentidos sobre a realidade revelada levou à constatação de que o distanciamento da natureza relaciona-se com a identificação dos elementos do mundo natural com a sujeira, a desorganização, a doença, o perigo. Ou seja, com aquilo que ameaça as organizações do cotidiano e da vida, planificadas e pautadas nos ideais de previsibilidade.

No âmago da rede de razões que definem um cotidiano distanciado da natureza está uma concepção de que as crianças precisam estar guardadas, protegidas: essa seria a função das instituições, exigida pelas famílias e a que as educadoras, em grande medida, se submetem. No caso de Blumenau, o distanciamento está relacionado a um cuidado dos pais com a saúde dos filhos: eles não querem que apanhem vento ou brinquem com água, para não ficarem doentes. Assim, uma espécie de pacto entre famílias e educadoras asseguraria a saúde das crianças, numa sociedade em que as mulheres estão nas fábricas, trabalhando, e não podem cuidar dos filhos em casa, pelo menos como cuidavam antes. No contexto de uma sociedade em que fundamentalmente cabe às mulheres o cuidado das crianças, agora cabe às educadoras essa tarefa!

Segundo elas, no contexto urbano, antes as crianças ficavam mais ao ar livre porque as mães, especialmente, estavam perto quando adoeciam. Como as crianças não podem frequentar a creche se estiverem doentes, e as mães e os pais não podem faltar ao trabalho, então, a solução é privá-las de atividades que afetariam a sua saúde, como estar ao vento, mexer em água, ter os pés em contato com a terra.

Compondo o conjunto de crenças e valores que mantêm as crianças distanciadas da natureza, impõe-se uma espécie de "cultura da limpeza" que, invariavelmente, relaciona os elementos do mundo natural à sujeira. Segundo as educadoras, há uma "mania de limpeza", que se manifesta nas rotinas institucionais, especialmente as que regem o trabalho das auxiliares de serviço. Responsáveis pela limpeza dos ambientes, elas limitariam as brincadeiras com água, com terra, com areia, elementos sempre identificados como "sujeira".

Mas outras razões, mais relacionadas às condições físicas e ao funcionamento das instituições de Educação Infantil também são apresentadas. Uma delas diz respeito à aridez dos espaços externos, devido ao calor excessivo no verão, acentuado pela capacidade de retenção da temperatura do cimento e da brita, ou pela falta de arborização.

Há um aspecto, relativo às políticas de ampliação do acesso à Educação Infantil, que também é bastante citado entre as razões de uma rotina cotidiana distanciada da natureza. Trata-se de um fenômeno que denominei como "ideologia do espaço construído", que consiste em ocupar todos os espaços do terreno com edificação de salas. Assim, em algumas instituições, as crianças ficariam confinadas porque os espaços ao ar livre vão sendo ocupados com novas instalações, as áreas verdes vão sumindo, as crianças vão ficando emparedadas.

Como o diálogo entre as educadoras evidenciou, há uma tendência à desvalorização das áreas ao ar livre, porque o poder público "por muito tempo não podia ver um pedacinho de terra nos CEIs que queria fazer mais uma salinha. É uma postura do nosso CEI, que enquanto nós estivermos lá e pudermos ir contra, não se constrói mais nem um ranchinho.

146 | EDUCAÇÃO INFANTIL COMO DIREITO E ALEGRIA

Se nós nos descuidarmos (o espaço ao ar livre), vai acabar..." (Entrevista Grupo de Formação 1).

Na opinião das educadoras, essa situação se deve à falta de recursos econômicos, mas também a uma visão assistencialista, que estende a cobertura do atendimento, sem assegurar qualidade de vida.

Assim, na formulação de propostas de políticas públicas para a Educação Infantil, é fundamental atentar para uma questão crucial: o poder público tem o dever de oferecer atendimento em creches e pré--escolas, entretanto, esse atendimento não pode ser entendido apenas como direito a um espaço que ofereça proteção física e desenvolvimento cognitivo. É preciso que as crianças se sintam bem, que sejam cuidadas; e cuidar implica oferecer aquilo que satisfaça o conjunto de necessidades que as crianças sabem explicitar, mesmo que não seja por meio de uma linguagem verbal. Elas precisam ser cuidadas por pessoas atentas aos seus desejos, pois, do ponto de vista das crianças, não importa que seja um direito. Importa que seja agradável, que lhes favoreça o acesso ao que produz paixões alegres (ESPINOSA, 1983).

Em síntese, o distanciamento das mulheres das atividades de cuidado; a produção de uma "cultura da limpeza"; a vinculação aos ideais da saúde (influências do higienismo na cultura brasileira e na educação) na relação com as crianças pequenas; certa insegurança dos profissionais em relação aos pais (a ideia de que as instituições servem às famílias); as normas de funcionamento das IEIs e a necessidade de ampliar o número de salas são fatores, de ordens diversas, que, na visão das educadoras, contribuem fortemente para as práticas de emparedamento das crianças.

A partir das análises das suas falas foi possível discutir o modelo de conhecimento que as faz considerar o contato com a natureza como algo instrumental. Tanto os passeios, como a relação com a água, a vegetação, os animais, acabam servindo para ensinar algo, numa perspectiva na qual se valoriza em primeira mão o conhecimento abstrato e a vivência concreta como meio de chegar a ele.

Outras perspectivas encaram essa vivência como unidade de conhecimento, incorporado, vivido. E se relacionam com o presente como *locus* do conhecimento, que não se circunscreve ao que pode ser planejado e antecipado, mas que é acontecimento. Essas perspectivas, que não são as predominantes, mas estão presentes nas práticas das educadoras, evidenciam as possibilidades de afirmação de uma concepção de conhecimento em rede, rizomático, em que as áreas de conhecimento se interconectam entre si (DELEUZE; GUATTARI, 1996).

Nesse contexto, o que se aprende com a natureza, em contato direto com o mundo, não se resume ao que se pode organizar racionalmente, de modo anteriormente planejado. Trata-se, então, de considerar as intervenções criativas das crianças, seus interesses presentes, pois é possível definir o que se ensina, mas jamais o que se aprende (GALLO, 2003). Assim, as vivências ao ar livre, as atividades no entorno podem ser entendidas como possibilitadores de aprendizagens de corpo inteiro, em que são incluídas a atenção curiosa, a contemplação, as sensações, as emoções, as alegrias! São aprendizagens que se realizam aqui e agora, não servem apenas para confirmar o que foi trabalhado de forma sistemática, antes ou depois.

Porém, ainda que se apresentem alguns indícios de um novo paradigma, nos documentos oficiais que orientam as IEIs, a natureza não é afirmada como constitutiva dos seres humanos, mas como algo que está separado, ou em oposição, e, em decorrência, é entendida como objeto a ser conhecido e dominado. Como tal, do ponto de vista dos objetivos da escola, não exige proximidade afetiva, mas, simplesmente, análise objetiva, racional. Nessa linha, ganha importância pedagógica, não a atenção às vontades do corpo, mas o desenvolvimento da capacidade crítica, possibilitada por um processo permanente de questionamento reflexivo sobre elementos da realidade da matéria ou da realidade social. Embora haja a clareza de que o corpo é importante, a valorização dos processos mentais implica secundarização e, do ponto de vista das crianças, ocultamento das suas vontades. Como o corpo não tem tanta importância, a não ser como portador do texto mental, as rotinas de vida diária (alimentação, higiene e descanso) também acontecem de forma distanciada dos desejos e das necessidades anunciadas por esse corpo, que é o que identifica o ser humano com a natureza.

Num contexto em que o objetivo principal seria, pelo menos em tese, o desenvolvimento das capacidades intelectuais, o ambiente de referência é o da sala, mais propício às metodologias voltadas para captar a atenção das crianças.

É com base nessa visão que vários desses documentos oficiais, ao tratarem de qualidade do ambiente ou de padrões de infraestrutura, concentram análises e fazem definições sobretudo para os espaços fechados. Ao orientarem, ou simplesmente inspirarem a construção de espaços de Educação Infantil, focalizam as áreas internas, secundarizando o espaço externo, contribuindo também para a experiência de distanciamento da natureza. A análise de alguns deles levanta a hipótese de que, quando a responsabilidade sobre as instituições se desloca para instâncias pedagógicas e educacionais, as disposições relativas ao contato com a natureza ficam mais enfraquecidas[1] – ou são marcadas por uma visão antropocêntrica. Ou então, como vem acontecendo mais recentemente, os documentos contribuem para a valorização da natureza como objeto a ser conservado e preservado fundamentalmente para os humanos; portanto, como cenário do *homo sapiens*, não como substância única da vida, a ser contemplada, reverenciada e respeitada desde a infância.

De qualquer forma, se na maioria dos documentos que hoje orientam a organização dos espaços não está evidente a concepção de criança como ser da natureza e se não há uma ênfase à importância de contato de meninos e meninas com o mundo natural, é porque ainda não alcançamos a compreensão do quanto é fundamental um cotidiano em liberdade, em relação com elementos da natureza que se compõem positivamente com as crianças, e que, portanto, geram potência.

Por fim, um ponto a destacar, é o de que, nas falas das educadoras, os espaços de contato com a natureza aparecem como lugar do que não se pode aprisionar. Assim, eles atuam como conspiradores contra uma das funções que as escolas e instituições educativas assumiram, sobretudo ao longo da história da modernidade: o de controle sobre os corpos.

Entre as razões de um cotidiano distanciado da natureza, as educadoras se referem, com ênfase, a uma necessidade dos adultos controlarem as crianças, que, ao ar livre, em espaços abertos, "ficam mais livres". Essa necessidade levaria a uma pedagogia que privilegia os espaços fechados. E, tanto como causa, quanto como efeito, a uma concepção e a uma prática de formação de educadores (inicial e em serviço) que é pensada tendo os espaços das salas como referência.

As professoras sabem que o contato com a natureza proporciona alegria, além de possibilitar aprendizagens; mas o problema é que perdura a visão de que, na escola, a liberdade de movimentos atrapalharia os exercícios de aprendizagem. Portanto, do ponto de vista da transmissão de conhecimentos e apropriação de conteúdos, essa liberdade não interessa. Justifica-se, pelo menos em parte, a rigidez das rotinas institucionais.

Está criado o impasse: as crianças têm verdadeiro fascínio pelos espaços externos porque eles são o lugar da integridade, da liberdade. Apontado de forma unânime pelas professoras, tudo indica que o prazer de estarem aí se deve ao fato do tempo ao ar livre não estar previamente esquadrinhado. Para meninos e meninas, as vivências ao ar livre suscitam encontros, favorecem o exercício amplo da liberdade e possibilitam embates, oposições a movimentos individualistas, sempre alimentados pelo sentido do "é meu", que se constitui fortemente na privacidade das salas.

150 | Educação Infantil como direito e alegria

O que as educadoras afirmam é que, nos espaços externos das IEIs, as crianças estão menos expostas aos regimes disciplinares. Aqui, o movimento do corpo não está capturado. Aqui, a liberdade favorece a criação. Nas salas há um campo de controle claramente predefinido, é mais fácil cortar a conexão com os desejos e impor uma realidade em que as crianças se submetem aos objetivos da escola. A esse respeito, é interessante notar como, nos espaços internos, onde as crianças passam a maior parte do tempo, é comum que o material não esteja ao alcance delas, mas, por exemplo, trancados em armários, ou guardados no alto das prateleiras. O artifício da pedagogia é o de criar maneiras de adequar a ação-reflexão infantil à intenção da educadora, situando aí o plano de trabalho pedagógico, não nas atividades espontâneas das crianças. Para isso é preciso fazê-las se interessar pelo que não estão interessadas (FREINET, 1979). Ao ar livre isso se complica, a professora perde poder.

O que seria possível em termos de inovação pedagógica se os adultos se permitissem acompanhar as crianças, seguir a trilha dos desejos delas? Na contramão do que é hegemônico, essa postura exigiria uma crença na vida como vontade de potência, e, por outro lado, uma concepção de conhecimento e de aprendizagem que não obedece a hierarquias, que se processa de maneira complexa, rizomática, sem fronteiras

Na contramão dessa perspectiva, o trabalho de educação das crianças não convive com a liberdade de movimentos de corpo-espírito, porque, no mundo ocidental, a infância é um tempo de preparação para a vida adulta, cujo sentido é a inserção num modo de produção capitalista urbano-industrial. Isso exige mecanismos de controle.

Nas escolas, as crianças são mantidas predominantemente emparedadas porque a proximidade da natureza ameaça uma visão de mundo que se sustenta na ideia de divórcio entre seres humanos e natureza. É essa ideia que está na origem, é pressuposto e dá suporte à lógica capitalística, produtivista. Assim, o que se pode concluir é que a proximidade do mundo natural ameaça, não apenas porque está associada ao perigo, à sujeira, à doença e à morte, mas também porque não interessa a essa lógica o relaxamento, a criatividade, a liberdade de corpo-mente.

Por essa afecção produtiva, os espaços ao ar livre não são considerados como lugares de aprendizagens escolares sistemáticas, implicando que, do ponto de vista do planejamento pedagógico, o lado de fora seja, comumente, o lugar do nada. Quando os espaços naturais são incluídos, via de regra, almeja-se a observação crítica, o domínio e o controle da natureza, não a contemplação, a conservação ou mesmo a preservação.

Com vistas à reprodução da lógica capitalística, o objetivo de pleno desenvolvimento das crianças e jovens exige que a escola assegure, permanentemente e simultaneamente, dois movimentos que paralisam o corpo e asseguram afecções mobilizadoras apenas da mente: a separação física do mundo natural e o controle dos desejos.

No paradigma desenhado no contexto de desenvolvimento da utopia capitalista, a natureza tem uma lógica que pode ser decifrada por um ser definido por sua atividade mental. Nessa perspectiva, o distanciamento sujeito/objeto é um componente fundamental para a produção de uma ciência que possibilita domínio e o controle da natureza, o que, na prática, implica distanciamento.

Por outro lado, a estratégia de emparedamento das crianças está relacionada ao objetivo de produção de corpos dóceis de que o capitalismo necessita (FOUCAULT, 1987). De fato, o processo de estatização da sociedade, que possibilitou as condições de plena instalação do projeto capitalístico, está indissoluvelmente ligado ao caráter disciplinar dessa sociedade. Assim, o que podemos concluir é que os desequilíbrios ambientais – gerados pelo sistema capitalista-urbano-industrial-patriarcal e evidenciados num plano macropolítico, molar – correspondem, no plano micropolítico, molecular, ao sofrimento produzido pela lógica do aprisionamento.

Agindo na contramão do desejo – que é o que assegura aos seres humanos o movimento de autoconservação e autoexpansão – a escola fere o impulso que orienta a potência de agir no sentido da realização de bons encontros. No empenho de controlar e dizer "não" às vontades do corpo, as instituições educacionais produzem uma rotina – e um processo de conhecimento que é duplamente alienado, porque descolado do mundo natural e descolado do desejo e do interesse das crianças. Assim, domínio da natureza e controle do corpo estão associados. Ou, em outras palavras, distanciamento da natureza e desatenção aos desejos do corpo são movimentos análogos.

Entretanto, o desejo persevera e conspira, porque é ele que assegura a integridade, que nos lança ao entrelaçamento, à conexão com outros seres, condição de nossa humana existência. É por essa razão que as crianças declaram sua preferência pelos espaços abertos, ao ar livre, em contato com a natureza. Impossibilitadas de se integrar ao universo do qual são parte, para elas, o distanciamento do mundo natural significa uma dupla alienação: do mundo maior ao qual pertencem e de si. E, quando são impostas rotinas de dormir, comer e defecar, alienam-se também em relação aos próprios ritmos internos, alterando o equilíbrio de sua ecologia pessoal.

À disposição de que estarão as crianças, se não estão à disposição de si mesmas?

Os seres humanos buscam o encontro porque têm sua origem neste mundo natural, apesar de uma ideologia antropocêntrica que as afirma como seres que estão distanciados e acima dela. Essa ideologia está na contramão do que, segundo Espinosa (1983), possibilitaria conhecimento e, simultaneamente, o contentamento de viver: justamente um movimento de integração, uma verdadeira conexão de cada ser humano consigo mesmo, com outros seres e com a natureza. As crianças desejam tanto esse encontro porque são seres biofílicos, isto é, apegados ao mundo natural e a seus seres, que têm um senso de pertencimento, de filiação e de união à natureza.

Humanos tendem à natureza, mas, para que persista e se desenvolva, essa tendência precisa ser alimentada. Pois a perseverança ou não desse movimento de busca do natural é cultural, isto é, depende de que as interações com este universo lhes seja favorecida! Essa é uma questão fundamental: a proximidade ou o afastamento da natureza poderá gerar, respectivamente, sentimentos de amor ou de indiferença – ou mesmo desprezo – pelo universo natural, o que nos leva a pensar que há a relação estreita entre sentir-se parte do mundo natural e protegê-lo; portanto, há relações entre degradação ambiental e desatenção aos interesses dos seres humanos de conexão com o mundo natural.

É a potência de agir que mantém as crianças integradas com o universo circundante. Essa potência está relacionada ao poder de afecção que o mundo natural e social exerce sobre elas. Mas depende também de outros seres, que criam obstáculos ou favorecem seu pleno exercício (ESPINOSA, 1983).

Alguns desses seres somos nós, seus professores. Então é fundamental que nos perguntemos: se as escolas interditam, criam obstáculos ao movimento insistente no sentido de as crianças perseverarem em sua condição de seres biofílicos, que encontros estão sendo privilegiados? Qual seria a responsabilidade da instituição escolar para atender a essa tendência inata a deixar-se afetar pelo universo natural?

Em uma perspectiva de potencializar a existência, é muito importante que as instituições identifiquem e respeitem os movimentos que revelam o *conatus*; isto é, o esforço das crianças no sentido de perseverar no seu ser, naquilo que verdadeiramente as interessa, e, portanto, se constitui como um encontro que é bom, que as potencializa (ESPINOSA, 1983). Pois, na contramão dessa tendência, se negamos o que são as crianças – e o que somos também nós, seus educadores – nos mutilamos, adoecemos.

Se o movimento infantil é, claramente, o de conexão; se esse desejo expresso revela o impulso em busca da integridade do ser, as relações de proximidade com elementos naturais precisam ser compreendidas, pelas escolas e seus educadores, como um direito humano.

O próximo capítulo traz reflexões sobre a constituição de uma visão de mundo em que o divórcio entre cultura e natureza ignora e desrespeita esse direito, e sobre como essa dualidade tem origem e se esparrama sobre o imaginário social, desdobrando-se em tantos outros divórcios: entre corpo e mente, razão e emoção, feminino e masculino, trabalho e lazer, conhecimento e vida... A intenção é dar visibilidade ao papel da instituição escolar como reprodutora da lógica dual antropocêntrica: como ela se materializa nas concepções e práticas cotidianas, e até mesmo na organização do trabalho das profissionais que atuam nas creches e pré-escolas.

5

O DESAFIO DE EDUCAR E CUIDAR: SABER FEMININO, AMOR ENTRE OS HUMANOS E RESPEITO À BIODIVERSIDADE

Desde a Revolução Industrial (que inaugurou a reprodução em série de bens materiais) e, depois, a Revolução Francesa (que superou o feudalismo e propôs o mercado como eixo da vida social), a instituição escolar assume a função de ensinar às novas gerações a lógica paradigmática sob a qual o sistema capitalista-urbano-industrial-patriarcal se estrutura. De fato, nos dias atuais, a escola ainda está organizada de acordo com o pressuposto de que a razão pode decifrar a lógica interna da natureza. No contexto da sociedade do capital, este é um aprendizado essencial ao propósito de submetê-la aos processos fabris. Essa seria uma das razões pelas quais há tanto investimento no desenvolvimento pleno da capacidade racional e na secundarização de outros caminhos de abordagem da realidade material e imaterial.

No contexto de uma ordem capitalística em que o sentido principal do trabalho humano é a acumulação de bens materiais, a escola ensina a seus alunos uma visão do planeta como fonte inesgotável da qual os humanos podem extrair indefinidamente; uma visão de natureza como simples matéria-prima morta para a produção de mercadorias; e dos humanos como seres de razão, capazes de controlar e dominar os processos naturais.

Alguns conceitos, ideias, sentimentos e visões de mundo – constitutivas dos ideais da modernidade – ainda orientam concepções e práticas

| 157

escolares em nosso tempo. Primeiramente, uma crença na razão como salvo-conduto para enfrentar os ritmos da natureza, que são tomados como obstáculos para um espírito conhecedor, pesquisador, desvendador de todos os mistérios da vida, que seria capaz, inclusive, de determinar os rumos da história. Há, em consequência, supervalorização do intelecto e desprezo pelo corpo. Esta é uma decorrência da lógica dual que, separando seres humanos de natureza, afirma a racionalidade como processo superior, em oposição à natureza, identificada com o corpo humano.

Desde a creche e a pré-escola ensinamos às crianças um sentimento de si como membros de uma espécie superior, atribuindo-lhes poderes de vida e morte sobre as demais: é a proprietária do mundo natural, a "administradora" do planeta.

Fruto da ilusão antropocêntrica de que a natureza estaria à disposição dos humanos, a escola alimenta uma inconsciência da finitude do mundo, ensina a alienação em relação à finitude da Terra, como organismo vivo, limitado, de onde não se pode extrair indefinidamente. E, engendrada à lógica do capital, dá força a uma visão do trabalho produtivo como principal atividade dos seres humanos, através da qual eles se apropriam da natureza para transformá-la de acordo com seus desejos e necessidades.

Nessa linha, aproximando-nos da realidade cotidiana das creches e pré-escolas, podemos dizer que a visão antropocêntrica reforça um sentimento de estranhamento entre seres humanos e natureza: cria muros de fumaça – que se materializam como muros de alvenaria –, separando as crianças do contexto em que estão situadas, impedindo-as de se perceberem como parte de um todo planetário, cósmico.

Esse conjunto de pressupostos e crenças antropocêntricas e racionalistas está profundamente articulado com os interesses do capitalismo; e ainda com uma concepção de infância como etapa de transição para a fase adulta, sobre a qual a educação atua.

Atribuindo essa visão a Platão, Kohan diz:

Ela é uma etapa da vida, a primeira, o começo, que adquire sentido em função de sua projeção no tempo: o ser humano está pensado como um ser em desenvolvimento, numa relação de continuidade entre o passado, o presente e o futuro. A intervenção educacional tem um papel preponderante nesta linha contínua. Ela se torna desejável e necessária na medida em que as crianças não têm um ser definido: elas são sobretudo, possibilidade, potencialidade: elas serão o que devem ser (...). A infância é o material dos sonhos a realizar. A educação é o instrumento para realizar tais sonhos (KOHAN, 2004, p. 53).

Se a educação tem a função de ensinar às novas gerações aquilo que a cultura quer preservar, ensinamos para as crianças o que para nós, adultos, é valor. Portanto, ensinamos o divórcio entre seres humanos e natureza e outros que destes são decorrentes, como os que se dão entre corpo e mente e entre razão e emoção. Esses divórcios estão no coração do sistema capitalista, e, como veremos, no coração dos sistemas escolares. Por que ensinamos para as crianças esse modo de sentir e pensar?

Buscando compreender como essa visão dual se constitui como valor, isto é, como elemento que assegura a materialização da visão de mundo ocidental, recorro à Antropologia Cultural. Quero saber que visão tem – sobre a relação entre humanos e natureza – a ciência cujo objeto é o "Homem", o ser humano.

Então verifico que o conceito de cultura abrange todas as atividades dos seres humanos para além da sua constituição física e biológica, que seriam objeto de estudo da Antropologia Física. A Antropologia Cultural

(...) indaga o significado e as estruturas da vida do homem como expressão de sua atividade mental (...) As manifestações da atividade mental do homem são expressões de escolhas determinadas que o homem faz para organizar a própria vida. São elas que constituem a cultura (BERNARDI, 2007, p. 19).

Nessa perspectiva, estariam incluídos no conceito de cultura todos os processos que envolvem "o esforço de interpretação das coisas e dos seres; a sistematização dos conhecimentos adquiridos para tirar consequências precisas na definição das relações humanas com toda a realidade cósmica, dentro da qual se desenvolve a sua vida" (Idem, p. 34).

Assim, se a antropologia estuda o ser humano como expressão de sua atividade mental, e, se são essas manifestações que definem as escolhas que constituem a cultura, fica excluído do conceito de cultura o que, no humano, é constituição física e biológica, é natureza. Entretanto, apesar da dicotomia, verificamos também um reconhecimento de que os seres humanos estão imersos na natureza, de que a vida humana se desenvolve em simbiose com ela, e, portanto, de que a natureza é o fundamento da cultura. Porém, quando mantemos as crianças apartadas da natureza, o que é fundamento assume o lugar de contexto, isto é, de paisagem onde os seres humanos são o destaque. Esse descolamento dos elementos do mundo natural teria origem no poder que os seres humanos têm de "conhecer a íntima constituição" da natureza, combinado com o fato de ser "impelido a conquistar e dominar o ambiente para obter os meios da sua subsistência" (Idem, p. 20).

Em suma, é a atividade mental que possibilita o descolamento, sugerindo a ideia de que o humano não é parte do ambiente natural. O movimento de descolar seria provocado pelos desafios que a natureza impõe aos humanos em sua luta pela sobrevivência, apresentando-se como objeto de pesquisa e de interpretação, por vezes até de oposição. É nessa medida que a natureza é entendida como força estranha ao humano e encarada em contraste com a cultura, ou seja, com as atividades humanas, conduzindo à ideia de que "a natureza do homem é a cultura" (Idem, p. 23).

De acordo com Mora (2001, p. 496), no pensamento ocidental o conceito de natureza tem dois sentidos fundamentais, que nem sempre se apresentam independentes um do outro: "o sentido de 'natureza de um ser' e o sentido de 'a Natureza'." Referindo-se à oposição entre cultura e natureza, Mora acrescenta que às vezes "o que é por natureza" é contraposto ao que "é por convenção". Vem daí um modo de pensar em que a natureza é entendida sempre como elemento coadjuvante e não principal na constituição do humano e da cultura.

É interessante que, pensando no desenvolvimento do indivíduo (de cada criança), reconhecemos facilmente que a sua personalidade é modelada de acordo com sua inserção numa determinada cultura, ao mesmo tempo que participa da sua produção e manutenção. Mas pouco nos perguntamos sobre os efeitos sobre os seres humanos, de relações de proximidade ou de afastamento da natureza. De fato, há o reconhecimento de que a natureza é o fundamento da cultura. Mas, a partir daí, o que se evidencia – na prática da vida, no cotidiano das escolas, por exemplo, nas rotinas, na organização dos espaços – é o esquecimento da natureza como constitutivo do humano. De fato, como vimos anteriormente, no dia a dia das IEIs, as crianças permanecem por muito tempo distanciadas do mundo natural. A proximidade geralmente está relacionada ao interesse de conhecimento de seus processos, quando ela se torna campo de investigação e de intervenção! E, para intervir, o que conta é a atividade mental.

Chegamos, por outro caminho, ao mesmo lugar: a uma visão-sentimento de natureza como objeto de explicação e dominação, que no contexto do capitalismo mundial integrado caracteriza a relação que os humanos estabelecem com a biodiversidade. Aqui vale dizer que, neste trabalho, não cabe perguntar nem responder sobre o amplo processo de formação dessa cultura, sobre os seus efeitos sobre a personalidade das pessoas e padrões de comportamento dos grupos humanos, pois isso exigiria um estudo aprofundado das relações entre cultura e natureza. Mas, pelo menos, ele quer apontar aspectos dessa relação que permitam identificar e compreender as origens, os pressupostos e os mecanismos pelos quais uma relação predadora, não afetiva, é intensamente alimentada.

No coração da lógica paradigmática está uma ideia de superioridade em relação à natureza: a faculdade da razão não apenas coloca o "Homem" acima dos animais, como, por sua qualidade, é superior a qualquer outra atividade humana. Decorre daí que o pensamento seja a atividade humana mais importante.

> A cultura apresenta-se como a característica peculiar do homem, pela qual o homem se distingue como um ser especial, diferente dos animais e das coisas e, portanto, acima deles (...) O orgânico é a natureza, o superorgânico é a cultura. Enquanto o orgânico obedece a leis físicas e biológicas da natureza e engloba todos os seres, mesmo o homem, na sua ordem natural, a cultura sobreleva atividades culturais e coloca o homem acima dos animais, porque é produto da sua mente (BERNARDI, 2007, p. 26).

Nessa linha de pensamento, a ordem natural seria inferior à ordem cultural. Tudo o que é relativo a esse plano se sobrepõe.

A cultura antropocêntrica fragmenta o que é uno: separa os humanos da natureza e a mente do corpo. Nas palavras de Todorov:

> O ser humano não se contenta em vir ao mundo físico como os animais; seu nascimento é necessariamente duplo: para a vida biológica e para a existência social. Ao mesmo tempo que chega ao mundo, ele entra em uma sociedade da qual adquire as regras do jogo, o código de acesso a que chamamos de "cultura" (...). A cultura tem uma dupla função: cognitiva, por ela nos propor uma pré-organização do mundo a nossa volta, um meio de nos orientarmos dentro do caos de informações que recebemos a todo instante e avançarmos à procura do verdadeiro (a cultura é como o mapa ou a maquete do país que vamos explorar); e afetiva, por permitir percebermo-nos como membros de um grupo específico e retirarmos dele uma confirmação de nossa existência (TODOROV, 1999, pp. 134-135).

Refletindo com Todorov, podemos dizer que, no modo ocidental de pensar e viver a vida, há um duplo desequilíbrio: entre o biológico e o cultural; e, no campo específico da cultura, entre o humano cognitivo e o humano afetivo. O cultural se identifica com o cognitivo e o biológico, com o afetivo. É a dimensão afetiva da cultura que poderá atuar articulando harmoniosamente o biológico com a dimensão cognitiva. Isso se apresenta como um desafio concreto para a educação e para a escola: reconciliar afeto e cognição, natureza e cultura, corpo e mente.

Onde nasceu essa dupla fragmentação, marcante na trajetória do pensamento ocidental?

Natureza e seres humanos: o nascimento de uma dicotomia

A maneira como os filhos da espécie humana e das demais espécies são tratados decorre do modo como nos relacionamos com a vida, com a natureza, com o cosmo. Ao longo dos últimos 2.500 anos, os humanos do lado ocidental do planeta se relacionaram de distintas maneiras com essa dimensão maior da existência, definindo equilíbrios ecosóficos diferentes daqueles que são próprios das sociedades capitalísticas.

Para nós, ocidentais, a referência primeira está nos filósofos pré-socráticos, nomeados por sua anterioridade a Sócrates (470-399 a.C.), o que parece lhes conceder um lugar de inferioridade no panteon da filosofia. De fato, para a civilização que se desenvolveu posteriormente, Sócrates é um marco: é ele quem introduz, na discussão filosófica, as questões ético-políticas, isto é, aquelas que dizem respeito à problemática das relações sociais. Os pré-socráticos ainda não se dedicavam aos assuntos da pólis, mas a outros, que dizem respeito à vida, à própria existência do mundo e dos seres, portanto, às relações entre seres humanos e natureza.

Embora não sejam os primeiros a pensar filosoficamente, já que em todas as culturas humanas as indagações sobre o sentido e a origem da vida sempre estiveram presentes, os gregos pré-socráticos foram os que primeiro buscaram uma explicação não mítica da realidade, elaborando algumas noções que se constituíram como referência para o pensamento moderno, inaugurando um modo específico de relação com a realidade em que há uma necessidade de tudo explicar, uma característica central da subjetividade moderna.[1]

O surgimento dessa forma específica de relação dos humanos com a realidade está relacionado à produção de uma nova ordem econômica, organizada em torno de atividades comerciais e mercantis, provocadoras de um processo de secularização, em que a religião tem seu papel reduzido e é ampliada a participação política dos cidadãos. É nesse contexto que o pensamento filosófico-científico encontrará as condições favoráveis para o seu nascimento (MARCONDES, 1997).

Distante dessa realidade, o mundo medieval se ocupou da contemplação da natureza, não da sua explicação. Revolucionando o estilo medieval de relação com a natureza, na passagem do século XVI para o XVII, as descobertas de Galileu promovem uma revolução espiritual, uma verdadeira crise da consciência europeia, provocada pelo desenvolvimento de uma nova cosmologia que substituiu o mundo geocêntrico dos gregos e o mundo antropomórfico da Idade Média pelo universo descentrado da astronomia moderna. Uma ciência contemplativa é substituída por uma ciência ativa: os seres humanos se transformam de espectadores em possuidores da natureza. Agora, a atenção e preocupação humanas volta-se para esse mundo (determinado, regido por leis da física) em vez do outro mundo (de Deus, religioso, regido por uma finalidade divina). Agora, o fundamental é levar em conta as qualidades objetivas mensuráveis, interessa fazer julgamentos exatos sobre a natureza: tamanho, forma, número, peso, movimento.

É afirmada a importância do método como caminho seguro de obtenção da verdade sobre o real; em que método é sinônimo de regra e ordem; é instrumento da razão, é a luz natural, diferente da luz sobrenatural que é a fé. A natureza e a sociedade serão explicadas pelas leis naturais: Deus perde sentido, pois não pode falar aos homens através do mundo (TARNAS, 2001).

Na visão de Nietzsche (2000), já no momento de surgimento do pensamento filosófico científico, na Grécia, algo de essencial se perdeu na relação dos humanos com a natureza e no equilíbrio entre afetivo e cognitivo. Para o filósofo, a tradição filosófica ocidental inaugura um afastamento em relação à natureza que é nefasto para os humanos, na medida em que provoca um desequilíbrio patológico entre razão e emoção. Na sua visão, algo de essencial se perdeu quando, a partir de Sócrates, os gregos começam a se afastar dos rituais a Dionísio, o deus da música e da embriaguez, e passam a privilegiar Apolo, o deus da racionalidade argumentativa, do conhecimento científico, da lógica. Dionísio é o deus que não habita o Olimpo, mas a natureza. Representa a força vital, a alegria, o excesso, enquanto Apolo, o deus severo, representa a ordem, a norma, o equilíbrio.

Para Nietzsche, "a história da tradição filosófica é a história do predomínio do espírito apolíneo sobre o espírito dionisíaco" (MARCONDES, 1997, p. 243), ou seja, é a história do predomínio da razão sobre o desejo. A decadência, a fraqueza da cultura ocidental teriam sua origem nesse predomínio da racionalidade sobre a imaginação, as emoções, as sensações, que o filósofo define como "forças afirmativas da vida". Em sua visão, essa distorção teria sido reforçada por elementos trazidos posteriormente pelo cristianismo, como a culpa, o pecado, a submissão, o sacrifício.

Como diferentes visões de mundo convivem com o que tende a tornar-se hegemônico, mil anos depois dos pré-socráticos, Pascal e Espinosa refletem em suas filosofias os platonismos medievais (ROSSATO, 1990). Pascal se afasta do mundo social como expressão do profano, mas Espinosa, ao contrário, vê em todos os seres, em tudo que existe, a expressão da substância divina. Assim, portanto, para este filósofo, tudo é Deus, a natureza é Deus. Essa ideia, que tem origem na filosofia pré-socrática e que sobrevive ainda na Idade Média, afirma Deus não como um ser exterior, mas como imanente ao mundo, à natureza. Como no pensamento estoico, para Espinosa, Deus seria a alma do mundo.

Afirmando que Deus é a única substância eterna e infinita da qual todas as coisas existentes são apenas modos, Espinosa se opõe a uma ideia estruturante do pensamento medieval cristão: a de que os seres humanos são o centro e a finalidade do universo. Assim, recoloca-os em um mesmo nível que todos os outros seres, viventes ou não, chegando mesmo a estender a outros animais algumas possibilidades que estamos acostumados a atribuir apenas aos humanos, o que aparece também no pensamento de outros pensadores, como Fourier. Entretanto, torna-se hegemônica uma cultura que divorcia seres humanos da natureza.

No século XVIII e XIX, o espírito iluminista se extasia com as possibilidades do intelecto racional e seu poder de desvendar, compreender e explorar as leis da natureza. Em contraposição, o espírito romântico não estava interessado na explicação da realidade e desprezava o discurso lógico-argumentativo, "a tranquila previsibilidade das abstrações estáticas" (TARNAS, 2001, p. 394).

Ao contrário, insatisfeito com uma visão de mundo que privilegiava a pesquisa empírica, o desenvolvimento cognitivo e os estudos quantitativos, o pensamento romântico mergulha no drama da existência humana, concentra-se na complexidade de um eu que estaria relativamente livre dos domínios da ciência: para dar conta do drama humano, os melhores instrumentos não eram a razão e a percepção. Essas ferramentas serviam à busca da verdade testável, das leis que definiam uma verdade objetiva. Mas não serviam para desvendar os mistérios da interioridade, os humores, as motivações, o amor, o desejo, o medo, a angústia, o sonho, a experiência estética.

Ao longo do século XX, na linha da tradição racionalista ou de ruptura com ela, sempre marcadas pelo divórcio entre razão e emoção, outras filosofias abordaram a questão dos caminhos de leitura da realidade. Nos dias de hoje, a dicotomia segue entranhada como senso comum.

Considerando que as creches e pré-escolas são os espaços de educação dos seres humanos em seus primeiros anos de vida, o modelo de racionalidade impõe às crianças um cotidiano em que os desejos do corpo não são sequer escutados. Pois, no contexto da cultura dual, o desenvolvimento da ciência, em especial, da física, em moldes mecanicistas, trouxe para o campo da educação a noção de "corpo material", radicalmente separado da alma. Para o pensamento cartesiano, a mente domina e move o corpo e as paixões, e tem o poder de explicar todas as funções corporais de modo puramente mecânico; o corpo humano é matéria, é, essencialmente, substância extensa, objeto, portanto, de demonstrações geométricas.

Realçando a força dessa ideia de separação entre corpo e mente, razão e emoção, lembramos que, entre os séculos XVIII e XIX, período de plena expansão do ideário burguês, a ideia de que o corpo é "lugar" de energias humanas incomparáveis às *forças superiores da mente* encaixa como luva no projeto de desenvolvimento econômico e progresso material que a modernidade inaugura. Ao invés de um corpo feudal, amarrado à terra e submisso a Deus, um corpo livre para trabalhar nas indústrias e produzir riquezas: um corpo produtor de mercadorias.

Numa crítica embrionária à lógica do capitalismo nascente, é contra essa ideia que se insurge Charles Fourier. A partir de um ideal de felicidade para o conjunto da humanidade, Fourier propõe uma forma de organização social cuja ética é orientada e definida pelo nível de felicidade física e espiritual dos indivíduos. Para ele, o grau de desenvolvimento de uma sociedade deve ter como medida o grau de satisfação dos desejos do corpo (FOURIER, 1978; KONDER, 1998; PETIFILS, 1997).

Na contramão de uma concepção cartesiana, afirmando uma perspectiva integradora, em que as crianças são assumidas em sua integridade, Espinosa (1983) denuncia nossa ignorância com a pergunta "o que pode um corpo?".

Para ele, a afirmação "eis meu corpo" nos lança num paradoxo a partir do qual é possível uma alternativa ao dualismo cartesiano, assumindo ser e não ser, a um só tempo, esse corpo. Isso porque estamos fechados nos limites corpóreos, mas podemos fugir sempre, graças à força que nos impulsiona para além. A partir dessa ideia, toma o corpo como modelo de seu pensamento e refuta a hierarquia entre corpo e alma. Para ele, "há uma força inconsciente no espírito, assim como há uma potência insuspeita no corpo" (BARROS; PASSOS, 2000, p. 3).

Entretanto, ao longo da história ocidental, na luta de ideias, e auxiliada pela força do capital e das armas, tornou-se hegemônica a visão de um ser humano definido por sua racionalidade. Herdeiros do pensamento cartesiano, valorizamos em nós mesmos, seres humanos, a capacidade intelectual; e subestimamos, ou até mesmo ignoramos o que nos identifica enquanto animais. Nosso corpo é a expressão dessa identidade, é a prova da nossa condição animal, algo que nos faz iguais a outras espécies que habitam conosco um mesmo ecoespaço. Mas não nos reconhecemos como tal, não nos vislumbramos enquanto uma – apenas uma – das espécies que habitam o planeta.

As ideias do humano como um ser descolado da natureza e superior às demais espécies estão presentes nas escolas e creches que acolhem as crianças de 0 a 6 anos. E em consequência de um modelo de pensamento que hipertrofia a razão, as práticas pedagógicas relegam a um segundo plano, não somente o corpo, mas algumas dimensões e canais de expressão da experiência humana, entre elas as emoções, os afetos, os desejos, a intuição, a criação artística. Porque, para formar as novas gerações, a instituição escolar fundamentou-se na mesma lógica cartesiana que possibilitou o modelo de desenvolvimento nascente. Assim, os espaços de educação das crianças de 0 a 6 anos não escapam a essa lógica: Em seu cotidiano, divorciam o ser humano da natureza, separam o corpo da mente, fragmentam o pensar e o sentir, o corpo e a mente...

Essas cisões estão no ponto de partida das práticas pedagógicas, isto é, no que se constitui como objetivo e especificidade da Educação Infantil, expressos através do binômio educar e cuidar, que, em última análise, revela a cisão básica da sociedade ocidental, entre cultura e natureza.

O binômio é, geralmente, compreendido como um processo único, em que as duas ações estão profundamente imbricadas. Mas, muitas vezes, a conjunção sugere a ideia de duas dimensões independentes: uma que se refere ao corpo; outra, aos processos cognitivos. Desde textos acadêmicos até práticas e falas de profissionais, muitas vezes, o binômio expressa dicotomia, provocando debates e polêmicas sempre que questões que lhe são relativas estão em pauta. Em razão de fatores socioculturais específicos de nossa sociedade, essa dicotomia alimenta práticas distintas entre profissionais que atuam lado a lado nas escolas de Educação Infantil, especialmente nas creches: as auxiliares cuidam e as professoras realizam atividades pedagógicas.

Diante da evidente dicotomia, o pressuposto é que as dificuldades de abordar o tema no dia a dia das instituições decorrem de fatores sócio-históricos relacionados a questões de gênero, no interior de uma sociedade capitalista-urbana-industrial-patriarcal marcada pela dicotomia corpo e mente. A hipótese é a de que o binômio educar e cuidar, em realidade, expressa e revela tal dicotomia.

O BINÔMIO EDUCAR E CUIDAR COMO EXPRESSÃO DO DIVÓRCIO ENTRE CULTURA E NATUREZA[2]

No campo da Educação Infantil, o cuidar está historicamente vinculado à assistência e relacionado ao corpo. Até meados da década de 1980, sempre que os textos acadêmicos e documentos oficiais se referiam a atividades assistenciais desenvolvidas pelas creches, o usual era o termo "guarda". A partir de então é que essa expressão passou a ser substituída por "cuidado" e "cuidar" (MONTENEGRO, 2001).

Nos anos 1990, com a perspectiva das creches e pré-escolas serem incorporadas aos sistemas de ensino como primeira etapa da educação básica, era preciso integrar as atividades de cuidado, realizadas nas creches, com as atividades de cunho claramente pedagógico, desenvolvidas nas pré-escolas. A solução conceitual encontrada foi o binômio educar e cuidar. Mas se a solução teve o mérito de assumir o corpo como objeto da educação (o que é uma novidade importante, porque, até então, a pré-escola se ocupava fundamentalmente dos processos de aprendizagem pedagógica/cuidados da mente), não resolveu as questões colocadas pela prática. Entre outras coisas, porque, no Brasil, os trabalhos de cuidar do corpo estão relacionados, no passado, às escravas e, atualmente, às mulheres das classes populares. Preparar e servir o alimento para saciar a fome, acalentar, colocar para dormir: essas atividades ainda hoje são desenvolvidas pelas mulheres que cuidam das crianças das classes mais abastadas.

De fato, em espaços de formação de profissionais que atuam com crianças pequenas são frequentes as polêmicas em torno das suas atribuições, em especial quando se trata de professoras das redes públicas que, em inúmeros casos, não assumem para si a função de cuidar, por entendê-la como relacionada ao corporal e ao doméstico (trocar as fraldas, dar banho, vestir, cuidar do espaço em que se trabalha ou estuda).

Assim, a cisão entre o educar e o cuidar inclui também uma conotação hierárquica: as professoras se encarregariam de educar (a mente) e as auxiliares, de cuidar (do corpo).

Visões contraditórias ou mesmo antagônicas sobre o significado de cuidar e educar não aparecem apenas em falas de professoras. De forma não explícita, muitas vezes, estão presentes em textos acadêmicos ou documentos oficiais. De fato, quando digo que estou cuidando de uma criança, posso estar me referindo a ações que envolvem proteção física e saúde. Posso estar, também, fazendo referência a atividades que complementam as que a família cotidianamente lhe oferece, como colocá-la para dormir. Mas, posso, ainda, estar falando de cuidados individuais que lhe dedico, como atenção à fala, aos desejos, consolo, colo... Essa diversidade de sentidos interfere e traz desafios aos que pretendem atribuir funções distintas aos profissionais que atuam com crianças de 0 a 6 anos.

Podemos então nos indagar: a que se referem as profissionais quando falam do duplo objetivo da Educação Infantil? Como interpretar os significados contraditórios que atribuem a educar e cuidar? Educar teria o sentido de ensinar, ou estaria mais relacionado a pensar, raciocinar? E cuidar, que significados pode conter?

Atenta ao fato de que os processos de formação estão voltados para o educar, mas não incluem o cuidar, Thereza Montenegro, em seu livro *O cuidado e a formação moral na Educação Infantil*, de 2001, faz uma retrospectiva histórica do atendimento à infância no Brasil, enfatizando sua trajetória marcada pela tensão entre assistência e educação e alertando para o fato de que o binômio está presente também em outros países e, como aqui, o cuidar é o polo de desprestígio.

Buscando compreender a falta de consenso em torno do significado de um dos objetivos básicos da Educação Infantil, Montenegro pesquisou em dicionários de várias línguas a origem etimológica das palavras cuidar e cuidado. Descobriu, então, que cuidar e pensar vêm de *cogitare*, que ambas têm a mesma raiz! Antes do século XIII, *cogitare* e *cuidare* teriam o mesmo significado, referindo-se tanto à inteligência quanto à vontade, tanto ao pensar quanto ao sentir. Com o passar do tempo, o uso de *cogitare* foi sendo restringido e substituído por *pensare*, que tem um sentido mais preciso. Por seu lado, no latim, os significados de *cogitare* se expandem, assumindo os sinônimos "esperar, temer, estar preocupado ou ser solícito", vinculando-se a significações de caráter emocional.

De fato, continua Montenegro, em línguas neolatinas, como o espanhol, o italiano e o francês, o verbo cuidar tem vínculo com dois grupos de significados, um relativo à solicitude para com o outro e um referente ao pensamento, à reflexão.

> (...) a conotação emocional que esta palavra passou a adquirir, e que se evidencia também em sua sinonímia – como carinho, angústia, ansiedade, paixão, preocupação – advém de seu sentido primitivo de "agitar

pensamentos". A inserção paulatina do componente emocional ao termo, ao meu ver, parece conferir significação ao movimento atribuído ao pensamento em sua acepção original (*agitare*), pois é muito provável que o que estaria proporcionando tal movimento fossem, precisamente, emoções (MONTENEGRO, 2001, p. 76).

Buscando mais elementos para a reflexão, a autora encontra na filosofia e na enfermagem, disciplinas que se ocupam do cuidar, os sentidos que envolvem essa ação. Conclui que, para a filosofia, a palavra cuidado é empregada com o significado de "cuidar de si", indicando uma reflexão sobre si mesmo. Já na enfermagem o cuidar é concebido como altruísmo, tem o sentido de cuidar do outro. Os dados que recolhe nessa disciplina mostram que o divórcio entre cuidar e curar (atividade da medicina, em contraponto à da enfermagem) corresponde, na Educação Infantil, ao divórcio entre cuidar e educar.

Podemos inferir, então, que, nos dois casos, o cuidar é desprestigiado por estar relacionado à emoção, e não à razão; e, ademais, às mulheres, que seriam inferiores aos homens por historicamente se ocuparem de atividades que não têm valor na sociedade de mercado. Assim, a cisão entre educar e cuidar seria a expressão, no restrito campo da Educação Infantil, da cisão maior entre razão e emoção, uma das marcas fundamentais da sociedade ocidental. A dificuldade em reintegrar esses polos decorreria do fato de que somos marcados, ainda, por essa cisão.

A descoberta da origem comum das palavras cuidar e pensar (*cogitare*) nos remete a um tempo em que os conceitos de pensar e sentir estavam mais claramente articulados. E nos leva a inferir que essa dualidade está relacionada às tantas outras dualidades, que, ao longo da modernidade, através de um processo histórico que divorciou ser humano e natureza, separou o corpo da mente, partiu razão e emoção, elegendo aquela como salvo-conduto para a busca da verdade. Nessa lógica, o corpo assume o lugar secundário destinado aos prazeres, aos desejos, à inconsciência...

Nele, a cabeça abriga a razão, a consciência, o pensamento, tomado por Descartes como a prova da nossa existência humana. Nessa lógica, o corpo é simplesmente um portador do texto mental.

AS MULHERES, AS EMOÇÕES E O CUIDAR

De fato, desde Platão, a tradição filosófica ocidental assume a emoção como pouco produtiva ou mesmo prejudicial aos processos de construção do conhecimento. Oposta à razão – assumida como faculdade indispensável ao desvelamento e à compreensão da realidade – a emoção é associada ao irracional, ao natural, ao particular, ao privado e ao feminino. Em contrapartida, a razão é associada ao mental, ao cultural, ao universal, ao público e ao masculino.

Mas é num contexto sócio-histórico em que o capitalismo emergente se alia à ciência com o propósito de transformar a natureza em matéria morta para a produção de mercadorias que os valores e as emoções são neutralizados pelo método científico, com o objetivo de obtenção de conhecimentos fidedignos (MIES; SHIVA, 1997).

Reificada a ideia de uma razão decifradora de uma realidade que seria predeterminada, outros caminhos de apreensão do real (os sentimentos, a intuição, as artes, a espiritualidade) foram desqualificados e desconsiderados.

De acordo com Jaggar (1997),[3] foi a partir do século XVIII que se deu um processo de aguçamento da oposição entre emoção e razão, e esta foi reconceitualizada como "faculdade puramente instrumental". Antes, entre os gregos, e mesmo durante o período medieval, a razão estava associada aos valores. Com o objetivo de obter um conhecimento fidedigno da realidade, razão e valores são dicotomizados. Supostamente livre da possível contaminação das emoções e dos valores, a razão tornava-se instrumento capaz de uma leitura objetiva e universal da realidade.

Em contrapartida, as emoções passam a ser entendidas como ímpetos irracionais que precisam ser controlados pela razão.

Também no século XVIII, enquanto a Revolução Francesa pregava igualdade de direitos para todos e as mulheres passavam a ocupar postos de trabalho nas fábricas, há um forte movimento de reafirmação de sua condição biológica, determinando os papéis de mãe e esposa (ROHDEN, 2001).

Nesse mesmo período, tomavam impulso, a partir da teoria evolucionista, os estudos que, enfatizando a classificação, a hierarquização dos indivíduos, justificaram a dominação colonial. É nesse contexto de busca de entendimento e de ordenação do mundo que se situam as teorias da diferença sexual.

De fato, na sociedade ocidental, é no cuidado que se evidenciam as dimensões mais profundas da diferenciação tradicional entre homens e mulheres. Essa não é uma diferenciação particular da sociedade brasileira, ou do Terceiro Mundo, mas uma regra da sociedade ocidental moderna. De acordo com Tronto,

> cuidar é uma atividade regida pelas mulheres tanto no âmbito do mercado quanto da vida privada. As ocupações das mulheres são geralmente aquelas que envolvem cuidados, e elas realizam um montante desproporcional de atividades de cuidado no ambiente doméstico privado (TRONTO, 1997, p. 189).

Mas o que configura o patriarcalismo é a importância que a sociedade confere aos papéis atribuídos a cada um dos sexos: os homens se dedicam e se preocupam com dinheiro, com o seu trabalho, com o que diz respeito ao mundo do público; já as mulheres se preocupam com o que teria menos importância, ou seja, o que está relacionado à esfera do privado: a organização da casa, o cuidado com a alimentação e a higiene dos filhos, a saúde e o conforto da família. Podemos, em síntese, dizer que os homens cuidam das coisas, as mulheres cuidam das pessoas.

Entretanto, se é necessário evitar modelos explicativos naturalizantes e aproximar-se das explicações sobre cuidado entendido como prática histórica construída socialmente, não é possível escamotear o fato de que essas práticas sociais estão vinculadas às mulheres.

Questionando os estudos que utilizam paradigmas clássicos, que reduzem a investigação sobre o magistério feminino apenas à ótica do trabalho, Almeida diz que:

> (...) se, por um lado, educar e ensinar é uma profissão, não há melhor meio de ensino e aprendizagem do que aquele que é exercido de um ser humano para outro, isto é um ato de amor. E indo mais além, gostar deste trabalho, acreditar na educação e nela investir como indivíduo também se configura como uma ato de paixão, a paixão pelo possível, sentimento derivado do sentido do ser e da existência, que incorpora o desejo às possibilidade concretas de sua realização. Talvez resida aí a extrema ambiguidade do ato de ensinar e da presença das mulheres no magistério (ALMEIDA, 1996, p. 76).

Portanto, é necessário evidenciar relações de poder dentro do magistério, e buscar a superação dessa situação através da "apropriação de uma consciência profissional valorativa por parte das professoras, aliada à ontologia de ser mulher" (Idem, p. 77). Para Almeida, os meios intelectuais, ao rejeitarem depoimentos de professoras a respeito do prazer, do amor que dedicam ao trabalho e às crianças, não consideram que esses sentimentos são fruto da realidade histórico-social de que cada uma é parte e traz consigo.

Historicamente, as mulheres estão relacionadas à emoção e à natureza. E, mesmo considerando que essa situação lhes foi imposta socialmente, não é possível negá-la, tampouco desconsiderar suas implicações, negativas ou positivas. Como diz King,

> é preciso interpretar o significado histórico das mulheres terem sido situadas na linha divisória biológica em que o orgânico dá origem ao social. Esse fato deve ser interpretado historicamente para que possamos fazer o melhor uso desta subjetividade mediada, a fim de curar um mundo dividido (KING, 1997, p. 144).

Afirmar sua condição de geradora da espécie e assumir sua história social, sem com isso deixar de rejeitar a situação de opressão, nem reduzir-se à natureza essencial e recair no determinismo biológico. Valorizar a experiência feminina, desconstruindo elementos de subordinação patriarcal, sem jogar fora o saber que é fruto de seu modo histórico de pensar-sentir-fazer. Esses seriam desafios para um projeto de formação de educadoras que visasse a enfatizar a importância do cuidar, entendido como ato de oferecer o que as crianças, de fato, nos pedem.

NA EDUCAÇÃO DAS CRIANÇAS, AS EXIGÊNCIAS E A SATISFAÇÃO DO CUIDAR

Que lugar, que papel, que importância tem para os humanos o cuidar?

> Cuidado é mais que um ato singular ou uma virtude ao lado de outras. É um modo de ser, isto é, a forma como a pessoa humana se estrutura e se realiza no mundo com os outros. Melhor, ainda: é um modo de ser-no-mundo que funda as relações que se estabelecem com todas as coisas (...) Significa uma forma de ex-istir e de co-existir, de estar presente, de navegar pela realidade e de relacionar-se com todas as coisas do mundo. Nessa co-existência e con-vivência, nessa navegação e nesse jogo de relações, o ser humano vai construindo seu próprio ser, sua própria consciência e sua identidade (BOFF, 1999, p. 92).

O ser humano é o único que se pergunta sobre o que é ser, sobre suas possibilidades de ser, como presente e como devir. Assim, o cuidado está na essência do humano porque possibilita a existência humana. Se existir é estar atento, é preocupar-se com a existência, o cuidar assegura e caracteriza essa existência.

Identificando no cuidado os princípios, os valores e as atitudes fundamentais à vida, Boff propõe caminhos de resgate da essência humana, caminhos que passam, todos, pelo cuidado. Se, como essencial, não pode ser suprimido nem descartado, a partir dele seria possível fazer uma crítica à civilização agonizante, assumindo-o como princípio inspirador de um novo paradigma de convívio sustentável entre os seres humanos.

De acordo com Boff, os grupos humanos ao longo da história – em relação com outros seres humanos, outras espécies, a natureza – podem organizar a vida social/natural de dois modos distintos, que ele chama de modos de ser-no-mundo: o *modo-de-ser-trabalho*, em que o ser humano atua como interventor, transformador, antropocêntrico, dominador da natureza; o *modo-de-ser-cuidado*, em que a natureza não é objeto, mas é também sujeito. Nesse modo de ser a atitude é de cuidado, o ser humano se coloca ao pé das coisas, junto delas, a elas sente-se unido. A relação não é de domínio sobre, mas de com-vivência. Não é pura intervenção, mas inter-ação e comunhão. Na sociedade contemporânea, chamada sociedade do conhecimento e da comunicação – embora a realidade seja de incomunicação e solidão –, o cuidar não tem valor. "Esta antirrealidade afeta a vida humana naquilo que ela possui de mais fundamental: o cuidado e a compaixão" (Ibidem).

Como ter cuidado e aprender a cuidar numa sociedade que não cuida da natureza, das outras espécies, nem da própria espécie, que destrói em função dos objetivos do capital? Se já somos capazes de vislumbrar a necessidade de um respeito à diversidade cultural, estamos longe de uma verdadeira consideração pela biodiversidade.

Na sociedade de mercado, estruturada em torno da produção de mercadorias, não da reprodução da vida (MERCHANT, 1992), o cuidar se restringe à família, no máximo aos membros mais próximos de uma comunidade. Desobrigado de responsabilidades sociais, políticas e ambientais, o cuidado foi privatizado, vinculado a circunstâncias particulares, ofuscando a necessidade de um compromisso com a necessidade de cuidar de todos, do conjunto dos seres, humanos e não humanos.

Na visão de Tronto (1997), na sociedade moderna, em que a troca mercantil permeia todas as relações sociais, os próprios interesses são colocados em primeiro plano e dificultam a percepção e a preocupação com as necessidades do outro. A teoria moral contemporânea não ignora a necessidade de cuidados, mas aborda a questão tendo como referência um sujeito abstrato que se coloca na situação de um outro ser genérico necessitado de cuidados. Entretanto, ressalva a autora, no caso do cuidado não vale a máxima de "agir como eu gostaria que agissem comigo", não existe uma maneira correta, mas a que satisfaz as necessidades particulares daquele que necessita de cuidados, assim, o cuidar coloca um desafio para a lógica moral contemporânea porque não pode ser assumido como conduta universal, pois não há uma maneira ou uma quantidade de cuidados que sirva a todos indistintamente. O cuidado exige particularismo porque as pessoas são singulares.

Por essa razão, a ética do cuidar não se fundamenta num conceito de moralidade centrado em direitos, mas em compromisso com a manutenção e a promoção das relações em que se está inserido (TRONTO, 1997). Ela se baseia numa concepção diferente do ser, definido por sua capacidade de ligação com os outros seres, por seu movimento de buscar soluções para problemas morais vitais, os que dizem respeito à qualidade das relações dos seres humanos entre si e destes com a natureza.

O cuidado exige um tempo que não é o do mercado, dos negócios, em que o objetivo é a acumulação e impera a lógica da competência, da competitividade. O cuidado está pautado na necessidade do outro. Isso significa que quem cuida não pode estar voltado para si mesmo, mas receptivo, atento e sensível para poder perceber o que o outro pode precisar. Para cuidar é necessário um conhecimento daquele que necessita de cuidados, o que exige proximidade, tempo, entrega.

Cuidar implica responsabilidade e compromisso contínuos. Por isso, é necessariamente uma atividade relacional. Se o objeto de minhas ações são pessoas e não coisas, cuidar envolve "responder às necessidades particulares, concretas, físicas, espirituais, intelectuais, psíquicas e emocionais de outros" (Idem, p.188).

Por esse conjunto de razões, cuidar é uma ação que afeta tanto quem cuida como quem está sendo cuidado. Vem daí, provavelmente, o profundo envolvimento e a satisfação das profissionais de Educação Infantil com o seu trabalho: a relação estreita com as crianças provoca respostas infantis que funcionam como elementos realimentadores, transformadores de si próprias, de sua subjetividade.

Como vimos até aqui, as mulheres aprenderam a cuidar, desenvolveram esse saber ao longo da história! Isso significa que a experiência feminina pode oferecer elementos para a reestruturação de instituições, movimentos políticos e sociais que assumam o cuidar enquanto fundamental para a totalidade das espécies e para a sobrevivência do planeta. Para isso seria necessário superar uma ideologia em que "o cuidado foi difamado como feminilização das práticas humanas, como empecilho à objetividade na compreensão e como obstáculo à eficácia" (BOFF, 1999, p. 98); e assumir o cuidado como atividade que "permite ao ser humano viver a experiência fundamental do valor, daquilo que tem importância e que definitivamente conta. Não do valor utilitarista, mas do valor intrínseco às coisas" (Idem, p. 96).

Identificado com o que tem menor importância, o saber das mulheres foi também menosprezado. Assim,

> (...) o pensamento tem sido até hoje uma atividade dos homens. A versão do mundo que a ciência nos propôs como origem, percurso e destino de todos nós, foi, na verdade, a de um sexo, de apenas um dos sexos, que, até agora, pensou o mundo em nome dos homens e das mulheres. Essa mutilação é o ponto cego da civilização. Excluídas as mulheres, o pensamento se transformou no produto de uma humanidade lobotomizada (OLIVEIRA, 1992, p. 74).

Entretanto, a história da submissão das mulheres aos homens a partir do século I d.C., assim como a sua condição, não de protagonistas, mas de coadjuvantes no processo de produção da sociedade moderna (capitalista--industrial-urbana-patriarcal), pode indicar algumas questões para o campo da Educação Infantil, em especial num momento em que precisamos apontar perspectivas educativo-pedagógicas que, na contramão do racionalismo, incluam outras formas e caminhos de conhecimento relacionados à existência carnal dos seres humanos: os sentimentos, a imaginação, o conhecimento sensual, a experiência.

Menos expostas aos imperativos do mundo racionalista-capitalista, no Brasil, são fundamentalmente as mulheres que assumem a educação das crianças pequenas, em casa e em espaços formais e informais de atendimento. Nessa perspectiva, ao invés de negar ou subvalorizar o amor que sentem pelas crianças e por sua profissão, os pesquisadores e formadores poderiam contribuir para resgatá-lo e ressignificá-lo.

Esses desafios nos levam, certamente, à necessidade de estabelecer laços mais estreitos entre estudos sobre Educação Infantil, relações de gênero e formação. Mas levam também a investigar e questionar as bases de uma cosmovisão que impõe divórcios e modela as relações e os espaços educacionais. Religar o que foi historicamente divorciado, articular razão e emoção, corpo e mente, cuidado e educação. Esses são desafios fundamentais na luta por uma nova sociedade planetária, fundada no cuidado e no amor entre os humanos; no respeito a cada pessoa; na diversidade cultural e soberania dos povos. E, igualmente, no cuidado e no amor à natureza, no respeito à biodiversidade, buscando superar o divórcio fundamental da modernidade (entre ser humano e natureza) e a cultura antropocêntrica que o constitui.

Parte 2

Educação Infantil como direito e alegria

6

SE QUISERMOS UM COTIDIANO MELHOR, SERÁ PRECISO INVENTÁ-LO!

Os capítulos que estão a seguir foram escritos num movimento de desenhar pistas para uma educação comprometida com a qualificação das três ecologias. Movimentos de escavar nas entranhas do capitalismo mundial integrado o que de saúde ele possa abrigar, o que de valores, crenças e costumes estejam submersos ou latentes em nossos corpos e mentes; o que de tradição possa alimentar e dignificar nossa humanidade, potencializar o que de nós há de melhor, na contramão de uma engrenagem devastadora.

Nesse movimento de escavação, somos orientadas por perguntas sobre como produzir um cotidiano escolar em que crianças e adultos vivenciem qualidade de vida, nos planos pessoal, social e ambiental, sempre na perspectiva da democracia. A pesquisa busca respostas a essa questão, venham da fonte que vierem, não importa. Como na produção da tese, a escavação se fez a partir de roubo de ideias, propostas, questionamentos de teóricos que contribuem para a compreensão e para a superação dos divórcios que marcam a sociedade em que vivemos.

Já não basta o discurso, 250 anos se passaram! O modelo escolar já mostrou o seu esgotamento, é preciso dar o exemplo!

É urgente superar a concepção de escola que nasceu com a Revolução Industrial e pensar os objetivos da Educação em função de escolhas que envolvam novas formas de pensar a existência humana sobre a Terra; que envolvam, portanto, valores distintos daqueles que definem o atual contexto socioambiental, determinado por uma história de dominação e controle sobre a natureza, sobre os povos originários, sobre as classes trabalhadoras, sobre as mulheres, sobre as crianças. Precisamos de concepções e práticas escolares que assumam os valores da cooperação, amizade, solidariedade e do respeito à diversidade como princípios e como bandeiras.

A escola é o único espaço social que é frequentado diariamente, e durante um número significativo de horas, por adultos e crianças. É, portanto, um espaço privilegiado para a instituição de práticas educativas que favoreçam a integridade de cada ser, que respeitem diferenças de classe, gênero, raça e credo e que alimentem relações fraternas entre os membros da espécie e que preservem a biodiversidade, assegurando a qualidade da vida na Terra.

Assim, considerando a importância da escola na vida das crianças, e diante da necessidade de construção de uma nova sociedade planetária, nos perguntamos sobre os sentidos e compromissos fundamentais do trabalho pedagógico neste momento da história, neste país, neste planeta. E concluímos que, simultaneamente à luta por recursos, salários, respeito à democracia, investimento em formação, é hora de levantar a bandeira da qualidade de vida nas escolas, pois não é mais possível compactuar com a insalubridade de seu modo de funcionamento.

Alienado da realidade natural e da realidade corporal-espiritual, o modo de funcionamento escolar contribui para o aprofundamento de uma lógica que produz desequilíbrios no plano das ecologias pessoal, social e ambiental. Para assegurar a integridade da pessoa humana é preciso que criemos novos estilos de convivência, novas relações entre adultos e crianças que superem a superficialidade da relação pedagógica, de modo que seja possível concretizarmos as definições legais, explicitadas no artigo 17º do Estatuto da Criança e do Adolescente (ECA, 1990), que se referem à "inviolabilidade física, psíquica e moral da criança e do adolescente, abrangendo a preservação da imagem, da identidade, da autonomia, dos valores, ideias e crenças, dos espaços e objetos pessoais".

As instituições educacionais são espaços de desconstrução e de reinvenção de estilos de vida. Elas são produção social realizada por seres humanos fazedores de história e de cultura. Como tal, seu modo de pensar e de operar pode ser desconstruído e reconstruído, sempre. Portanto, se somos nós, pais e educadores, que, junto com as crianças, produzimos, no limiar do século XXI, o cotidiano das instituições escolares, podemos fazê-lo de acordo com os nossos desejos e compromissos.

As experiências micro podem funcionar como exemplo, como lugares de experimentação, indicar possibilidades e caminhos, campos de intervenção que vão possibilitando o desmonte de ideias, filosofias e ideologias que norteiam as práticas sociais atuais e a produção de uma outra cultura. As escolas são espaços de diversidade, em que contextos culturais, sociais e ecológicos se explicitam numa escala micro. Aí podemos experienciar propostas de intervenção que sejam coletivas e democraticamente concebidas e implementadas. Por outro lado, são também espaços privilegiados para experiências em que crianças, educadores e comunidade são gestores sem serem proprietários; em que processos autogestionários podem ganhar vida, revitalizando os laços entre as sociedades e seus meios de vida; em que podemos construir respostas vivas e concretas ao cientificismo, ao teoricismo, ao antropocentrismo que impera, ainda, em nossos dias.

Mas não há portos seguros, não há métodos predefinidos para a produção de uma educação que seja prática democrática ecológica! A reinvenção envolve potência, num sonho de liberdade que não é rousseauniano, que não é kantiano, porque nada tem de abstrato. Não é uma liberdade sonhada, idealizada. Numa perspectiva mais próxima de Guattari e Foucault, é processo de libertação, que se materializa como exercício de, escrupulosamente, realizar utopias, porque ela inclui, de forma categórica, enfaticamente o desejo de ser outra coisa. Na visão de Paulo Freire: "Não é também a liberdade um ponto ideal, fora dos homens, a qual, inclusive eles se alienam. Não é ideia que se faça mito. É condição indispensável ao movimento de busca em que estão inscritos os homens como seres inconclusos." (FREIRE, 1978, p. 35)

O desafio, agora, é educar na perspectiva de uma nova sociedade sustentável. Assim, já não basta ensinar as crianças a pensar o mundo, a compreender os processos naturais e culturais. É preciso que elas aprendam a conservá-lo e a preservá-lo.

Se as crianças são os novos membros de uma espécie que se renova há milhões de anos sobre a Terra, é responsabilidade, também das escolas, ajudá-las a se constituírem como geração a quem caberá encontrar saídas para as crises que hoje a humanidade enfrenta, como, por exemplo, controlar a emissão de gases tóxicos e eliminar a poluição, administrar os recursos não renováveis, utilizar melhor a energia, conservar o solo e proteger a diversidade biológica, estabilizar a população do planeta sem ferir a necessidade humana de procriar, encontrar soluções para as desigualdades sociais e animosidades raciais, enfrentar o belicismo, a violência que, por sua natureza intrínseca, o sistema capitalista gera, produz (ORR, 1995).

Ainda mais num momento em que explodem manifestações de violência praticadas por crianças e jovens é importante sabermos que "(...) a privação do prazer sensorial é a principal causa básica da violência. Existe uma relação recíproca entre os dois fatores: a presença de um inibe o outro. A ira não é possível na presença do prazer" (MONTAGU, 1988, p. 218). Entretanto, a prevenção da violência não deve estar na origem da oferta de aconchego: a razão do afago é o prazer que ele gera, é a consciência do amor do outro, é a sensação de acolhimento e plenitude que ele propicia. Este é o sentido das mudanças que desejamos realizar!

O momento é oportuno para a provocação de revoluções moleculares (GUATTARI, 1987) porque, simultaneamente, de inúmeros pontos de vista, em diferenciados campos da experiência e do conhecimento humano, manifesta-se uma insatisfação com as respostas aos fenômenos: a economia conceitual não é capaz de abrigar o novo conhecimento trazido pela experiência.

Um paradigma começa a ser questionado justamente quando as explicações dos fenômenos são contrariadas pela realidade observável. No momento de crise paradigmática há uma multiplicidade de sistemas explicativos em jogo, sem que, entretanto, componham um novo paradigma. Não há homogeneidade teórica, o modelo explicativo está fissurado, está crivado de incertezas, mas segue sendo hegemônico, no sentido de que define as formas de organização da vida social.

De fato, a força da ordem paradigmática é tanta que as ideias básicas que ela articula se constituem como senso comum nos dias de hoje (PLASTINO, 1994). Por essa razão, acreditando que o paradigma da modernidade está moribundo, já não pode mais renovar-se, buscamos tanto o instituído como o instituinte, isto é, o que excedeu, o que transbordou.

Isso nos instiga a conceber novos modos de educar, cuidar e ensinar que priorizem valores distintos dos valores racionalistas-capitalistas: a conservação (e não a expansão); a cooperação (e não competição); a qualidade (e não a quantidade); a associação (e não a dominação); a solidariedade (e não o individualismo). (CAPRA, 2006)

Estamos interessadas em aprender e ensinar novos modos de cuidar, educar e ensinar que tenham como referência não os bens materiais, mas os seres humanos e não humanos, a natureza e seus processos. Em busca de caminhos, estamos interessadas nas formulações de teóricos de distintos matizes conceituais e experiências escolares as mais diversas, sempre atentas aos ensinamentos que podem nos favorecer um olhar crítico para o que nos é familiar, para o que nos constitui culturalmente.

Acreditando que o paradigma ocidental está moribundo, já não pode mais renovar-se, o movimento de escavação cultural não visa um padrão de qualidade abstrato, não tem como referência um modelo de como deveria ser. Entretanto, a ausência de um padrão não implica ausência de um ideal. A utopia é provocar uma aproximação do mundo natural e da democracia, sem compromissos com estas ou aquelas maneiras de fazê-lo, livres de um referencial teórico previamente definido, de um formato idealizado. Se há um ideal, se queremos um cotidiano melhor precisamos inventá-lo e seguir recriando sempre, fomentando revoluções moleculares, movimentos de ruptura com o que está instituído, produzindo "(...) as condições não só de uma vida coletiva, mas também da encarnação da vida para si próprio, tanto no campo material, como no campo subjetivo" (GUATTARI; ROLNIK, 1986, p. 46).

SE QUISERMOS UM COTIDIANO MELHOR, SERÁ PRECISO INVENTÁ-LO!

Não há pontos de chegada onde ancorar definitivamente, essa é uma condição da própria existência. Entretanto, há sentidos, há desejos que definem escolhas, trajetos. No caso deste trabalho, há um norte que ilumina: a invenção de equilíbrios ecosóficos que sejam fruto de novas relações ecológicas pessoais, sociais e ambientais. Ele quer contribuir para fazer face aos destroços da ordem capitalística, entendendo que

> (...) essa reconstrução passa menos por reformas de cúpula, leis, decretos, programas burocráticos do que pela promoção de práticas inovadoras, pela disseminação de experiências alternativas, centradas no respeito à singularidade e no trabalho permanente de produção de subjetividade, que vai adquirindo autonomia e ao mesmo tempo se articulando ao resto da sociedade (GUATTARI, 1990, p. 44).

É com essa intenção que, nos últimos anos, delineamos eixos de reflexão e estudo, relativos a aspectos que consideramos como típicos do modo de viver ocidental: a desconexão com a natureza; a inconsciência em relação à finitude do planeta que habitamos; o foco exacerbado nos processos racionais; o lugar desprivilegiado do corpo; a ênfase no individualismo e no autoritarismo. E, a partir desses eixos, interessados em fazer frente à insalubridade que geram, definimos cinco desafios que nos orientam: reconectar-se com a natureza, desemparedar; dizer não ao consumismo e ao desperdício; redesenhar os caminhos de conhecer, dizer sim às vontades do corpo e aprender-e-ensinar a democracia.

Os textos a seguir são ensaios que tratam de cada uma dessas temáticas, escritos no calor de atividades de formação, em cursos de graduação, extensão e especialização em Educação Infantil e Educação Ambiental. Nasceram dos desafios de compreender e driblar o solo material e conceitual em que nos encontramos, em busca de pensar e praticar metodologias populares, ecológicas e libertárias de educação das crianças pequenas e de suas professoras.

7

RECONECTAR-SE COM A NATUREZA, DESEMPAREDAR

Retomamos a questão que deu origem a este trabalho: haveria conexões entre desrespeito à natureza planetária e desrespeito aos desejos, aos movimentos das crianças em busca de proximidade com o mundo natural? Em outras palavras, haveria relações entre esse modelo de funcionamento escolar que submete o corpo humano infantil e o modelo de desenvolvimento que submete a natureza? Uma "rotina" socioambiental maior em que a natureza é desrespeitada corresponderia a rotinas escolares distanciadas?

Por que as escolas não prezam esse desejo de proximidade, essa afinidade? A pergunta remete a uma questão que a antecede: quem são os humanos? Uma questão que diz respeito à própria concepção de ser humano, e, portanto, se relaciona às suas necessidades, aos seus direitos.

Recorrendo a Espinosa – o filósofo monista do século XVII –, os humanos são modos de expressão da natureza; são um modo de expressão entre outros modos, através dos quais se expressa a substância única que é a vida. Assim, sendo os humanos seres da natureza, o desejo de estar ao ar livre, o interesse das crianças pelos animais, pela água, pela terra, revelariam a necessidade e a satisfação de estar no lugar que lhes é de origem: a natureza.

Indo além, o impulso que os leva a buscarem a conexão com o universo de que são parte se deve ao fato de afetarem e serem afetados pelos demais modos: pelas demais crianças e adultos, pelos elementos da cultura, mas também pelo barro, pelo vento, pelo céu azul ou cinza, por elementos do mundo natural.

Na trilha do pensamento espinosiano, entendemos que as crianças se lançam à natureza porque, como a todos os seres vivos, estar nela assegura-lhes permanecer sendo o que são, sendo o que as constitui.

Espinosa chama de *conatus* o esforço do ser manter-se íntegro, manter-se inteiro, perseverar em sua capacidade de seguir sendo o que é. Essa capacidade é possibilitada por sua potência de agir, de atuar no mundo, de deslocar-se em gestos ou em pensamentos. É essa potência de agir que possibilita que os seres se mantenham integrados com o mundo circundante, condição de sua existência, tanto em termos de autoconservação quanto de autoexpansão (GLEIZER, 2005).

O *conatus* se fortalece quando acontece um bom encontro, isto é, quando estamos em contato com aquilo que aumenta a nossa potência. Nessa linha, podemos pensar que o fortalecimento do *conatus* está relacionado à potência de agir, sempre em direção ao que possibilita bons encontros. Pois um bom encontro – com a água, com o vento, com o ar puro, com um alimento, com outras crianças, com um livro, com um brinquedo – assegura não apenas a afirmação do *conatus* (a capacidade de perseverar), mas também o aumento de sua potência. Em nossa leitura, a insistência das crianças em permanecerem ao ar livre, a satisfação ou a insatisfação que manifestam, por exemplo, ao brincarem na areia, ou ao pisarem nas poças d´água – especialmente em companhia de outras crianças – está relacionada à busca por bons encontros. Se, com Nietzsche, podemos dizer que os seres humanos se superam também através do sofrimento, a realidade é que a potência libertadora do mesmo se afirmará pela capacidade de resistir, sempre no sentido de escapar à dor e buscar o que alegra.

Afirmamos a importância de desemparedar porque entendemos que a vida ao ar livre possibilita uma aproximação absolutamente necessária à integridade, ao fortalecimento do *conatus*, na medida em que seu processo de desenvolvimento pleno está entrelaçado com outros modos de expressão da natureza: com outras crianças, com outros humanos e suas produções culturais, mas também com outras espécies, elementos bióticos e abióticos, que se entrelaçam compondo a vida, em estado de acoplamento estrutural com eles (MATURANA, 1998).

Para Espinosa, a felicidade estaria na conexão de cada ser humano consigo mesmo, com outros seres e com a natureza. É esse entrelaçamento, essa integração que possibilita o conhecimento e, simultaneamente, o contentamento de viver (GLEIZER, 2005; SANTOS, 2009).

Assim, como ser que tende a perseverar no que mantém a sua integridade, a busca das crianças por elementos do ambiente natural se relaciona com o prazer que esse contato lhes proporciona. Pois "(...) não apetecemos nem desejamos uma coisa porque a consideramos boa, mas, ao contrário, julgamos que uma coisa é boa porque tendemos para ela (...) e a desejamos" (ESPINOSA, 1983, p. 182).

Sendo o exercício de sua potência "em grande parte condicionado pelos encontros oriundos desse entrelaçamento" (GLEIZER, 2005, p. 13), o poder de afecção que o mundo natural exerce sobre elas é que define o desejo de proximidade daquilo que as fortalece.

Entretanto, o movimento de tender para o que é bom nem sempre se realiza, porque os seres não existem de forma isolada. No caso das crianças que frequentam creches e pré-escolas, elas estão sob a responsabilidade de outros seres, que somos nós, adultos! Então podemos nos perguntar: em que medida favorecemos ou criamos obstáculos ao pleno exercício de sua potência de agir, de entregar-se ao desejo de integrar-se, de explorar o mundo, de pensar sobre ele, enfim, de viver?

Retomamos, então, a questão que nos mobiliza: se a escola ocupa cada vez mais espaço em suas vidas; se os seres humanos em sua infância têm verdadeira paixão por atividades ao ar livre; se, de acordo com Espinosa (1983), as próprias ideias são constituídas com base nessas afecções, qual seria a responsabilidade dessa instituição e de seus educadores, no sentido de satisfação dessa busca, dessa procura dos pequenos por brincadeiras em contato com elementos do mundo natural?

A pergunta é pertinente. Ela interroga nossas atitudes de contenção dos desejos infantis, expressos por gestos, olhares, expressões que denunciam o impulso de integrar-se.

Que importância tem o desejo em nossas teorias pedagógicas? O desejo é o impulso que assegura a realização dos atos que possibilitam a manutenção da integridade. O desejo é "o princípio fundamental que rege a vida afetiva", no sentido da autoconservação e da autoexpansão" (GLEIZER, 2005, pp. 32-33).

Sendo o desejo – como afirma Espinosa – o móbil fundamental da afetividade humana; e sendo esta o substrato da vida ética, o tronco comum da servidão e da liberdade, podemos perguntar: que seres estarão sendo formados em escolas que não "escutam" os desejos infantis, que impedem as crianças de se manterem conectadas com o universo de que são parte; que, portanto, não respeitam as crianças em seus direitos ao desenvolvimento pleno?

Numa perspectiva da escuta, atentamos para o desejo de proximidade com elementos do mundo natural, que se manifestam insistentemente. A negação do desejo de conexão – justo o que possibilita às crianças perseverarem em sua capacidade de manterem-se como seres que são parte do universo natural – conduz ao aprendizado da alienação, em relação a si mesmas e ao mundo. Ao contrário, a atenção aos desejos fortaleceria o *conatus*; e implicaria compromisso político-pedagógico com a criação de condições concretas para que as crianças pudessem desfrutar de ambientes ao ar livre.

Nessa linha de pensamento, a atenção às manifestações do *conatus* seria uma referência ética central. E implicaria respeito à condição biofílica do humano como princípio curricular, portanto orientador dos planejamentos pedagógicos e rotinas, como da estruturação dos próprios espaços onde se dão as atividades escolares.

Essa unidade é afirmada por Vygotsky. O teórico do desenvolvimento não é interacionista, mas monista. Pois, em sua visão, não há um ser que interage com o ambiente, não há dois elementos autônomos, mas um apenas. A conexão se dá na vivência, é impossível entender as pessoas em separado dos ambientes em que vivem. Segundo Zoia Prestes, não há

> (...) uma influência do ambiente sobre a criança, ou uma especificidade da criança; vivência é exatamente a unidade da personalidade e do ambiente, assim como está representada no desenvolvimento. Por isso, no desenvolvimento, a unidade dos aspectos da personalidade numa série de vivências da criança. Vivência deve ser entendida como uma relação interna da criança com pessoa, com um ou outro aspecto da realidade (PRESTES, 2012, p. 129).

Assim, entendendo os humanos como seres da natureza, porque indissociáveis do ambiente, chegamos ao conceito de biofilia, que permite relacionar desequilíbrio ambiental com as condições de distanciamento impostas por um estilo de vida em que os seres humanos não convivem com elementos do mundo natural.

A biofilia é uma espécie de "laço humano com tudo que é vivo" (ROSA, 2014, p. 114), uma tendência a aproximar-se, uma atração inata dos seres humanos pela natureza, a união com o mundo natural e seus seres. Trata-se de um senso de pertencimento expresso por movimentos de aproximação, especialmente dos seres humanos quando se encontram em ambientes naturais (PROFICE, 2016; WILSON, 1995).

Somos seres biofílicos porque nos identificamos, temos uma tendência a afiliar-nos ao que é vivo, entretanto, as dinâmicas da vida urbana promovem um estilo de vida no qual são raros os momentos de reverência e contemplação. Esse fato, articulado à concepção da natureza como simples matéria-prima morta, contribui para a constituição de um contexto social de distanciamento, em que o senso de pertencimento ao mundo natural se enfraquece. Pois esse senso, oriundo de uma atração inata, é cultural: ele se afirma ou enfraquece de acordo com as possibilidades de convívio com o meio. No momento histórico em que vivemos, a tendência à proximidade, promovida pela condição biofílica, é refreada, torna-se débil, provocando doenças relacionadas ao confinamento, como obesidade, depressão e outras doenças mentais (LOUV, 2006; GRINDE; PATIL, 2009). O distanciamento é gerador de desconexão e desequilíbrio, além de sentimentos de indiferença e desafeto, comportamentos sociais pouco atentos, ou mesmo agressivos em relação à natureza, seus seres e processos. O distanciamento não afetaria apenas as pessoas, mas também o planeta, provocaria enfermidades tanto no plano pessoal, quanto nos planos social e ambiental. Haveria, portanto, relações entre sentimento de pertencimento ao mundo natural e atitudes ambientais fundamentais à sustentabilidade do planeta (PROFICE, 2016).

Assim, o respeito ao direito ao meio ambiente estaria fundado no respeito à condição biofílica dos seres humanos e o reconhecimento dessa condição seria fundamental à garantia de direitos humanos. Com base nessas ideias é que defendemos o direito de aproximação dos seres vivos em direção a outros seres vivos como expressão de uma espécie de interesse da vida em se manter em conexão.

Se a interação com a natureza não é explicitada na Declaração dos Direitos do Homem, de 1948, é porque esse documento foi elaborado num momento histórico em que se desconhecia o princípio de que a vida de todos os seres se organiza em rede. O documento é produto de uma cultura antropocêntrica, isto é, que concebe a vida como fenômeno que se organiza com referência nos seres humanos (SILVA; TIRIBA, 2014). Aliás, conforme o próprio nome do documento, uma cultura que é tão antropocêntrica quanto patriarcal.

Em suma, as crianças realizam um movimento insistente no sentido de se integrarem, de perseverarem, de se manterem como seres de natureza. Mas essa atração inata pelos universos biótico e abiótico depende de fatores culturais para manter-se, depende de estilos de vida que a alimentem. É a afirmação cultural dessa tendência à proximidade que assegura uma relação estreita entre sentir-se parte do mundo natural e protegê-lo. Assim, haveria uma relação entre degradação ambiental e desatenção à paixão das crianças pelos espaços ao ar livre, pela natureza.

A retomada de relações estreitas nos leva à proposição de reintegração ao universo do qual somos parte através de um movimento de desemparedamento. Este movimento precisa ser realizado, não apenas por consideração às demais espécies, pela necessidade de preservá-las, mas também pela necessidade de preservação da própria espécie humana. A interação com a natureza é um direito humano.

Sendo o desejo de proximidade a expressão da condição biofílica do humano, a escuta das crianças revelará os caminhos que apontam para a realização do que desejam.

CRECHES E PRÉ-ESCOLAS COMO ESPAÇOS DE BONS ENCONTROS

Sonhamos com uma escola que seja espaço de acolhida e pertencimento, de liberdade, experimentação e criatividade. As crianças – muitas delas desde os 3 ou 6 meses de idade – permanecem nas IEIs por longos períodos de sua vida, justo os primeiros de sua existência. Nesses lugares, convivem com mães e educadoras, pais, famílias, irmãos, vizinhos... Num contexto de tantas interações humanas, tais instituições são lugar da diversidade, de encontro e confronto de infinitas formas de sentir e de viver a vida. É aí que a tristeza e a alegria são, todos os dias, experimentadas, vividas, de formas mais leves ou penosas. Com inspiração em Espinosa, podemos dizer que, nas instituições, são produzidos dois modos de existência: um que potencializa a existência; outro que faz sofrer, que enfraquece.

Nessa linha de pensamento, acreditamos que, na dinâmica cotidiana, as profissionais que delas se ocupam têm a oportunidade de lhes oferecer tempo e ambientes, sensações e interações que contribuam para a constituição de distintos modos de sentir e viver a vida: como potência ou como impotência! Recorrendo às palavras de Deleuze sobre a filosofia de Espinosa, podemos dizer que as vivências nas creches e pré-escolas poderão contribuir para a formação de

> (...) dois tipos, dois modos de existência do homem: (...) *bom*, ou livre, ou razoável, ou forte, aquele que se esforça, tanto quanto pode, por organizar os encontros por se unir ao que convém à sua natureza, por compor a sua relação com relações combináveis e, por esse meio, aumentar a sua potência (...) *mau*, ou escravo, ou insensato aquele que vive ao acaso dos encontros, que se contenta em sofrer as consequências, pronto a gemer e a acusar toda vez que o efeito sofrido se torna contrário e lhe revela a própria impotência (DELEUZE, 2002, p. 29, grifos meus).

Considerando a necessidade de cumprir o que a lei define como direitos das crianças, estabelecidos na Constituição Brasileira/1988, na LDB/1996 e nas DCNEI/2009, a intenção vem sendo a de produzir uma organização temporal, espacial e relacional – tanto das IEIs quanto nos espaços de formação de educadores – que seja orientada pela vontade de potência.

Assim, focando a reflexão no cotidiano de creches e pré-escolas: que rotinas, que práticas pedagógicas potencializam, que práticas oprimem? Obrigar ou insistir para que crianças de 2 anos permaneçam sentadas em rodinhas por mais de 15 minutos – como temos observado em várias instituições, sob os mais variados pretextos, inclusive para contar-lhes belas histórias –, isso as fortalece ou as oprime, isso é bom? Qual o sentido de explicar às meninas e aos meninos que esta ou aquela atividade, esta ou aquela norma é importante porque é para o seu "bem"? Por exemplo, permanecer em sala para realizar atividades de cobrir letras e números, colar ou desenhar sobre figuras padronizadas, feitas por adultos, e não por elas mesmas, em momentos definidos pelos professores, sob a justificativa de que necessitarão dessas habilidades para seguir na escola; perderem, meninos e meninas, a oportunidade de brincar, correr, saltar, conversar com os colegas – justamente o que as alegra, e por isso, consideram "bom" – para realizar atividades que, supostamente, "um dia", lhes fariam "bem". Isso, de fato, contribui para o seu crescimento sadio, alegre – é bom? Ou, ainda que sofisticada, é apenas uma estratégia para o seu sucesso na hierarquia escolar e, posteriormente, no mundo do trabalho?

Com essas perguntas questionamos os argumentos comuns, quando se trata de justificar as práticas de uma escola que tem como função preparar para o futuro, preparar para vida adulta. As respostas padronizadas estão em coerência com um conceito de bem que é essencialista, que, ao transportar-se para a realidade, vaga difusamente, alheio aos sentimentos das crianças (e também dos adultos), por desconsiderar seus efeitos sobre a vida, sobre seus corpos desejantes, no agora.

Sintetizando, a busca de uma pedagogia pautada na alegria tem algumas perguntas centrais como norteadoras: que objetivos, que atividades, quais atitudes dos adultos, quais espaços, quais propostas geram mal--estar ou bem-estar? Se já superamos o conceito de criança como aquela que será um dia, e a assumimos como pessoa que já é alguém hoje, qual sentido de não considerarmos o que *agora* é bom para elas e seguirmos nos fixando na promessa de um bem que se daria num futuro impalpável?

Um caminho potente é o de apostar nas escolhas das crianças, confiando que elas sabem identificar as experiências que se caracterizariam como bons encontros. Elas estão interessadas em interagir, tanto com o universo que está ao seu redor, especialmente em espaços abertos, com a terra, com a areia, com a água, com os animais, como também com as pessoas que lhes oferecem sorrisos, narrativas, experiências musicais, plásticas, contato corporal... Como nos ensinam as pesquisas do campo da geografia da infância, todos esses elementos, naturais e humanos, alteram as paisagens, imprimindo marcas sócio-espaçotemporais, que interferem, portanto, no desenvolvimento das crianças (LOPES, 2009).

Assim – inspiradas em concepções teóricas que aproximam seres humanos e natureza, atentas às dinâmicas dominadoras e controladoras que caracterizam as sociedades ocidentais, amparadas por definições legais e conectadas com os desejos das crianças – investimos no movimento brincante de proximidade com elementos do mundo natural, que as crianças manifestam insistentemente.

Nessa linha, recusamos a proeminência da cultura sobre a natureza, da mente sobre o corpo, da razão sobre as emoções. Acreditamos que as práticas pedagógicas ganhariam novos contornos espaciais, temporais e relacionais com base em visões de mundo em que os humanos são entendidos como seres orgânicos, modos de expressão da natureza que vivem em estado de acoplamento estrutural (MATURANA; VARELA, 2002) com outros modos, distintos em seus graus de potência, mas todos interligados, assim, compondo a rede que é a vida, em suas múltiplas e infinitas expressões.

Considerando as crianças como seres da natureza e assumindo o respeito a sua paixão pela vida ao ar livre (TIRIBA, 2010), abraçamos visões de mundo que coloquem num mesmo patamar de importância duas dimensões tradicionalmente antagonizadas: a natural e a cultural.

Estamos interessadas em projetos político-pedagógicos que, em função do reconhecimento do valor intrínseco do universo natural – tal como na filosofia dos povos e das comunidades tradicionais, não apenas do Brasil, mas de toda a América Latina e Caribe –, pautem-se por paradigmas cujos pressupostos estejam sintonizados com a estabilidade dos sistemas vivos, ensinem o respeito aos seus limites, não ameacem sua estabilidade (GUIMARÃES; PRADO, 2014; FLORES; TIRIBA, 2016).

A natureza é o local onde historicamente os seres humanos interagem e brincam. Tomando a escola como lugar fundamental na organização das sociedades urbanas, é urgente desemparedar. O convívio não pode ser uma opção de cada professora, mas um direito.

O movimento de desemparedar pressupõe novas concepções de natureza, de ser humano, de conhecimento, de educação e de escola; aponta, portanto, para um novo paradigma civilizatório e implica desafio para a elaboração e implementação de políticas públicas – relativas à ampliação de vagas, à construção de creches e pré-escolas, às metodologias de formação de professoras –, em que a educação não se concentre em processos racionais, seja movimento de corpo inteiro; em que as aprendizagens não se restrinjam aos espaços entre paredes; em que a escola seja lugar de viver o que potencializa a existência (SANTOS; TIRIBA, 2015).

Como veremos adiante, do ponto de vista da elaboração e implementação de políticas públicas no campo da educação, a presença do

198 | Educação Infantil como direito e alegria

referencial paradigmático dos povos e comunidades tradicionais remeterá a outros arranjos espaciais, em que a relação com a natureza será privilegiada. Lembrando que as crianças da cidade, como suas professoras, são descendentes desses povos, e que também, em relação à formação de educadoras, estaremos frente ao desafio de elaborar novas metodologias fundadas em concepções epistemológicas que valorizem o corpo como *locus* privilegiado dos processos de conhecimento. Metodologias que – ao articular processos de apropriação de conhecimentos com proximidade da natureza, vivências corporais, musicais, dramáticas, plásticas – convidem à alegria, ao encontro afetivo e emocionado, como é próprio das manifestações culturais das comunidades e povos tradicionais brasileiros, fundados na conexão com a terra e com tudo o que está vivo, na valorização do lúdico, dos rituais que alimentam os laços comunitários.

Numa perspectiva de subversão da lógica paradigmática hegemônica, é preciso considerar que os filhotes humanos são seres da natureza, mas também da cultura, portanto suscetíveis, mas também reprodutores de um modo de produção – capitalista, urbano, industrial, patriarcal – que tem levado à degradação generalizada da vida, nos planos das ecologias mental, social e ambiental (GUATTARI, 1990). Nesse contexto, apostamos na ideia de que a vivência de um cotidiano que as respeite em sua integridade biofílica favorecerá a formação de seres amantes da natureza, portanto, atentos à preservação da Terra. Acreditamos que a retomada de nossas origens ancestrais levará ao desafio de aprender, com as comunidades e povos tradicionais brasileiros, outros modos de conceber a existência, nos quais estão democraticamente incluídos não apenas os humanos de todas as culturas, mas também as demais espécies, seres e entes que compõem imensa rede que constitui a vida (CAPRA, 2004; MORIN, 2000).

Articulando-se filosofias de nossos povos originários com a concepção espinosiana de que as ideias são constituídas com base nas afecções geradas também nos encontros com todo o universo biótico e abiótico em que estamos inseridos, abrir-se-iam os caminhos para uma pedagogia da vida, respeitadora e alimentadora da atração que as crianças têm pela vida ao ar livre. Pois ninguém será capaz de amar o que não conhece; ninguém será capaz de preservar uma natureza com a qual não convive. Por isso, precisamos realizar uma aproximação física, estabelecendo relações cotidianas com o sol, com a água, com a terra, fazendo com que sejam elementos sempre presentes, constituindo-se como chão e como pano de fundo ou como matéria-prima para a maior parte das atividades escolares.

Expressão da condição biofílica do humano, essa atração inata pela natureza precisa ser alimentada pelas professoras, gerando bons encontros (ESPINOSA, 1983); isto é, encontros que alegram, que potencializam, contribuindo assim para uma percepção de si enquanto ser que é parte da natureza e, nessa medida, tornando-se capaz de respeitá-la, de comprometer-se com sua preservação. Ao contrário, em função de uma relação de proximidade ou de afastamento, que é definida pelo contexto social, portanto também pela escola, a indiferença e/ou repressão dessa atração inata geraria distanciamento, posturas de desrespeito ou mesmo de agressividade em relação ao ambiente natural (TIRIBA; PROFICE, 2014).

Numa sociedade cujo estilo de vida privilegia o emparedamento e a videofilia, podemos identificar relações entre degradação ambiental e controle dos corpos infantis em espaços entre paredes. E, a partir dessa evidência, inventar uma pedagogia que se estruture na contramão do controle do corpo e da submissão.

Religar, desemparedar

Em 1988, quando foi aprovada a atual Constituição Brasileira, a Educação Infantil passou a ser um direito das crianças. Mas como realizar suas aptidões espirituais se elas chegam às IEIs aos 4 meses e até os 2 anos frequentam raramente o pátio? Como assegurar sua condição de seres biofílicos se, a partir dessa idade, adquirem o direito de permanecer por apenas uma ou duas horas ao ar livre, brincando sobre cimento, brita ou grama sintética? Como garantir o direito de manter-se como ser que se constitui na conexão com outros modos de expressão da natureza, se as janelas da sala onde permanecem o restante do tempo não permitem sequer a visão do mundo exterior? Nessas condições, as crianças não conhecem a liberdade... o que foi conquistado como direito, em realidade se constitui como prisão.

Nesse contexto, precisamos afirmar a importância de desfrutarem de um ambiente bonito, arejado, iluminado pelo sol, que ofereça conforto térmico, acústico e visual. Mais que isso, repensar e transformar uma rotina de trabalho que supervaloriza os espaços fechados e propiciar contato cotidiano com o mundo que está para além das salas de atividades. Nos primeiros dias na IEI, podemos, por exemplo, recebê-las no pátio, onde estarão grandes bacias com água: elas vão adorar dar banho em bonecas, brincar dentro das bacias, encher e esvaziar mil vezes os potinhos que colocarmos a sua disposição. Em dias de muito calor, os banhos de chuva e de mangueira serão muito bem-vindos... quem é que não se lembra da alegria que proporcionam?

Encantar-se com a beleza do dia, brincar na chuva, comer goiaba tirada do pé, ouvir o canto de um pássaro, observar as nuvens brincando no céu... que ensinamentos, que aprendizagens, que estados de espírito essas experiências propiciam? Sabemos o quanto fazem bem, e nos tranquilizam, energizam.

Cuidar das crianças significa mantê-las em contato com o universo natural. Se o nosso compromisso é com a sua integridade e com a preservação da vida no planeta, sol, ar puro, água, terra, barro, areia são elementos e condições que devem estar presentes no dia a dia de creches e pré-escolas. Porque, seguramente, os bebês gostam muito de estar ao ar livre, sobre colchonetes, desfrutando do espaço aberto, atentos ao que está ao redor. As crianças de 2 e 3 anos se sentem felizes ao passear no entorno, acompanhadas pelas turmas maiores, que adoram cuidar, brincar com elas, conversar.

Religar as crianças com a natureza significa, na prática, reconhecer, como afirma Rousseau, que ela "palpita dentro de cada ser humano como íntimo sentimento de vida" (CHAUI, 1978, p. XVI). As atividades ao ar livre proporcionam aprendizagens que se relacionam ao estado de espírito porque colocam as pessoas em sintonia com um sentimento de bem-estar, em que há, portanto, equilíbrio entre o que se faz e o que se deseja fazer. Um dos efeitos do manuseio de barro, da areia, da argila é o de proporcionar esse equilíbrio.

Com a mesma intenção de respeitá-las como seres da natureza, cujos corpos são singulares em sua fisiologia, é necessário criar rotinas de vida diária – de alimentação, sono e higiene – que possibilitem às crianças decidirem sobre seus tempos e modos de comer, dormir, defecar. Em outras palavras, rotinas que não ensinem as crianças a alienarem-se em relação aos próprios ritmos fisiológicos, pelo contrário, as tornem conscientes de seus desejos, de seus processos sensitivos, corporais, tanto quanto das questões sociais. E por outro lado, favoreçam o aprendizado da democracia, porque as brincadeiras nos espaços externos podem constituir-se fonte de sentimentos de solidariedade e companheirismo. Um pátio que é de todos, e onde cada um pode escolher com quem e com o que deseja brincar, não favorece posturas individualistas e competitivas, ao contrário, constitui-se como espaço de convivência amistosa, prazerosa.

Se a vida humana se fortalece na manutenção de elos com outros modos de vida, e tais elos são evidenciados pelos desejos das crianças, cuidar da vida humana é cuidar das interações com outros seres não humanos; então o sentido de pertencimento ao mundo natural e a tessitura de uma nova cultura ambiental exigem o respeito do impulso de proximidade. É nesse sentido que respeitar o desejo de brincar com a natureza é respeitar um direito humano!

8

DIZER NÃO AO CONSUMISMO
E AO DESPERDÍCIO

Na origem da crise moral e espiritual de nossos dias está uma falsa premissa de separação radical entre seres humanos e natureza, e a ilusão antropocêntrica de que todos os seres e entes não humanos nos pertencem porque somos uma espécie superior. Nas escolas seguimos transmitindo às crianças uma visão do planeta como fonte inesgotável de onde os humanos podem extrair infinitamente. Opondo o plano cultural ao plano natural, e privilegiando o primeiro, as escolas silenciam a dimensão ambiental da existência humana.

O divórcio entre seres humanos e natureza está na origem das dicotomias que caracterizam a visão de mundo moderna. E as instituições de Educação Infantil materializam, em seu cotidiano, o distanciamento do mundo natural. Como, nessas circunstâncias, ensiná-las a amar e preservar a casa em que vivemos, a Terra?

Levadas, muito pequenas, para as creches e pré-escolas, é lá que as crianças colhem suas primeiras impressões do que é viver. Sendo assim, a dimensão ambiental não poderia estar ausente, ou a serviço da dimensão cultural, ambas deveriam estar absolutamente acopladas. Diante dessa realidade, perguntamos:

> Como podemos ter uma educação não ambiental se desde o dia do nosso nascimento até o dia de nossa morte vivemos em um ambiente? (...) A única maneira de se entender o conceito de natureza na teoria educacional é por meio de sua ausência (...) Tudo se passa como se fôssemos educados e educássemos fora de um ambiente (GRÜN, 2003, pp. 2-3).

Diante de uma cultura que silencia a unidade e valoriza a dicotomia, afirmamos, desde a primeira infância, a importância da educação ambiental enquanto processo que reintegra o que essa cultura artificialmente separou, isto é, que religa seres humanos e natureza, razão e emoção, corpo e mente, conhecimento e vida. Afirmamos a necessidade de uma Educação Infantil ambiental fundada na ética do cuidado, respeitadora da diversidade de culturas e da biodiversidade. Educação ambiental que é política, "no sentido de que reivindica e prepara os cidadãos para exigir justiça social, cidadania nacional e planetária, autogestão e ética nas relações sociais e com a natureza" (REIGOTA, 2004, p. 10).

Com o objetivo de contribuir para que as crianças vivenciem e internalizem essa ética no cotidiano das instituições, buscamos caminhos no sentido de que as práticas pedagógicas "promovam a interação, o cuidado, a preservação e o conhecimento da biodiversidade e da sustentabilidade da vida na Terra, assim como o não desperdício dos recursos naturais", como está previsto no artigo 9º, inciso X, das DCNEI.

Em realidade, buscarmos caminhos para o cumprimento desse artigo é um primeiro passo no sentido de que as relações das crianças com outros seres e entes não humanos sejam assumidas e ganhem, para a pedagogia, status de interação. Isso é fundamental porque as brincadeiras e interações se dão num universo muito concreto: o ambiente natural e social em que vivemos. Nesse momento, precisamos afirmar a importância da natureza porque só a dimensão cultural vem sendo afirmada, o que é importante, mas não basta.

Pois, se já somos capazes de vislumbrar a necessidade de um respeito às diferenças individuais e à diversidade cultural, estamos longe de uma verdadeira consideração pela diversidade biológica. Nem sequer nos consideramos como parte da biodiversidade, uma espécie entre outras, mas como seres superiores, com poderes de vida e morte sobre as demais.

Por nossa capacidade de intervenção, provocamos danos profundos no ambiente de que somos parte. As consequências dos avanços tecnológicos de que tanto nos orgulhamos, na verdade, não têm colaborado para a preservação desse ambiente. Pelo contrário, movidos pela ganância, fascinados pelos objetos, muitas vezes incentivamos as práticas consumistas, esquecendo que a sua fabricação exige, invariavelmente, domínio e controle da natureza, pressão sobre o meio em que vivemos. Articulado aos interesses do capitalismo, esse processo vem implicando dominação, colonização e mesmo extinção de outros povos e de outras espécies, na medida em que – ao derrubar florestas e campos para a plantação de grãos ou pasto para o gado, ao inundar áreas imensas para a instalação de hidrelétricas – faz desaparecer hábitats e modos de vida de seres humanos e não humanos.

Essa é uma das razões pelas quais não basta nos limitarmos a transmitir informações sobre o desastre em curso, nem apenas ensinar as crianças a reciclar, a reaproveitar e a reutilizar. É preciso defender o direito dessas populações a permanecerem vivendo como vivem, nos espaços que ocupam há muito tempo. No caso desses povos e comunidades, não há um território que seja exterior. A existência dos humanos e das demais espécies que habitam o lugar é regida pelos movimentos da Terra, pelas estações, pelos ventos, pelas marés, as árvores, as chuvas. É o território, o ambiente de convívio de todas as espécies, entre elas a humana. Por essa razão, não podemos seguir alimentando um sistema econômico que se desenvolve graças ao consumo ilimitado de bens materiais, portanto, um sistema que se interessa pelos ciclos da natureza e seus seres na medida em que servem como matéria-prima, como combustível ou como mão de obra para indefinidamente produzir, pelo menos até que já não restem mais condições para a continuidade da vida nos moldes em que a conhecemos hoje.

O tema do consumismo e do desperdício se impõe em função de que religar com a natureza exige relações de equidade entre seres humanos e o restante da biodiversidade. Como tratar de questões que não estão presentes nas teorias educacionais do passado, mas que hoje se impõem como fundamentais?

Durante séculos acreditamos no mito da natureza infinita. Anos a fio, ensinamos às crianças a ideia de que todos os seres vivos, toda a natureza existe para benefício dos seres humanos. Além de nos oferecer ar puro, água, terras férteis e bom clima, a Terra seria uma eterna fonte de recursos para a produção dos bens materiais e imateriais que a mente humana vem sendo capaz de inventar. Entretanto, há mais de duzentos anos, uma velha índia cree, conhecida como Olhos de Fogo, já alertava em sua profecia:

> Um dia a Terra vai adoecer. Os pássaros cairão do céu, os mares vão escurecer e os peixes aparecerão mortos nas correntezas dos rios. Quando este dia chegar, os índios perderão o seu espírito. Mas vão recuperá-lo para ensinar ao homem branco a reverência pela sagrada terra. Aí, então, todas as raças vão se unir sob o símbolo do arco-íris para terminar com a destruição. Será o tempo dos Guerreiros do Arco-Íris.[1]

A profecia anunciava o acinzentado dos efeitos – sobre a natureza, sobre os nossos corpos e os de outras espécies – desse estilo de viver que valoriza a produção de mercadorias e a sua apropriação privada. Alguns desses efeitos já são conhecidos de todos nós: destruição da camada de ozônio; acúmulo de lixo tóxico; efeito estufa; chuva ácida; fauna ameaçada; poluição do subsolo; excesso de lixo; poluição do ar; gasto excessivo de energia e de água; perigos de esgotamento dos recursos minerais não renováveis... Esses fenômenos não ameaçam apenas o Terceiro Mundo, já tão vitimizado pela mortalidade infantil, pela fome, pelas guerras e outras formas de violência que o modelo gera; eles ameaçam a própria sobrevivência da vida na Terra.

Na década de 1980, Roger Garaudy já perguntava:

> Como vamos morrer enquanto espécie e causar a morte? Pela exaustão de todas as fontes de energia e pela paralisia de um planeta que se tornou inabitável. Energias e recursos estão guardados há milhões

de anos nas entranhas do planeta. Nós nos arrogamos o direito de esgotá-los em uma única geração. Por exemplo, a extração de carvão das minas data de oitocentos anos, mas a metade deste carvão foi extraída nos últimos trinta anos. Desde as origens da humanidade se extrai petróleo bruto, mas a metade foi extraída no curso dos últimos dez anos. Se forem construídas todas as centrais nucleares planejadas, dentro de vinte anos não haverá mais urânio. Se o consumo continuar a crescer no ritmo de hoje, mesmo que se descubram outras reservas exploráveis de petróleo e de urânio, equivalentes às atualmente conhecidas, a data de esgotamento será adiada apenas por alguns anos (GARAUDY, 1981, p. 17).

Três décadas depois das palavras de Garaudy, o relatório "Planeta Vivo, de 2014", da WWF, confirma que a quantidade de mamíferos, aves, répteis, anfíbios e peixes em todo o planeta é de, em média, metade do que foi há 40 anos. Isso porque

> (...) a demanda da humanidade sobre a natureza ultrapassa a capacidade de reposição do planeta. Seria necessária a capacidade regenerativa de 1,5 Terras para fornecer os serviços ecológicos que usamos atualmente. Esta sobrecarga ocorre porque nós cortamos as árvores mais rápido do que elas são capazes de crescer e florescer; nós pescamos mais peixes do que os oceanos podem repor e nós emitimos mais carbono do que as florestas e os oceanos podem absorver. Mas as consequências são uma diminuição dos recursos naturais e uma acumulação de resíduos que excede a nossa capacidade de absorção ou reciclagem.

Hoje sabemos que o dia anunciado por Olhos de Fogo já chegou! Um olhar mais abrangente revela uma situação de emergência planetária, em que está clara a possibilidade de que a espécie humana concretize um processo de autodestruição, criando condições socioambientais insuportáveis a sua sobrevivência e de outras espécies na Terra. Como anunciou a velha índia Cree, vivemos hoje o tempo em que os pássaros caem do céu, os mares escurecem, os peixes aparecem mortos nos rios, os índios perdem seu espírito. Será necessário, agora, unir todos os povos para barrar a destruição.

Mas podemos dizer também que vivemos o tempo dos Guerreiros do Arco-Íris! Alguns desses guerreiros são as crianças, estão todos os dias nas escolas. Numa situação de emergência planetária, não basta que aprendam os princípios da democracia, da cidadania, do respeito aos direitos e às diferenças entre nós, seres humanos. Também é nosso papel ensiná-las a cuidar da Terra.

Mas como ensinar a cuidar numa sociedade que submete os indivíduos, os povos e a natureza aos interesses do mercado, mobilizando as energias sociais para a produção e a acumulação? Como subverter a ideia de que a felicidade se compra nos shoppings?

Ludibriada pelo mito da natureza infinita, auxiliada por sua inteligência e onipotência e ensandecida pela necessidade de possuir e consumir, a civilização ocidental criou, nos últimos duzentos e tantos anos, um modelo de desenvolvimento que não está voltado para o bem-estar e a felicidade dos povos e espécies que habitam o planeta, mas para os interesses de mercado; modelo capitalista-urbano-industrial-patriarcal, centrado na produção e no consumo de bens materiais, e orientado para gerar lucro para aqueles que se apropriam dos meios de produção.

A humanidade vive a fase planetária do capitalismo: o processo de concentração da riqueza se acentuou e a economia mundial é ditada por alguns poucos grupos econômicos. A busca de mercados orientou o desenvolvimento de tecnologias de guerra e de tecnologias eletrônicas que permitiram ultrapassar as fronteiras geopolíticas e aumentar os lucros. O capital internacional tem forças para provocar uma quebra generalizada das economias nacionais. As regras para a recuperação dessas economias são ditadas justamente por instituições como o Fundo Monetário Internacional (FMI) e o Banco Mundial, que representam os interesses do capital e que, portanto, não visam quebrar a lógica do sistema.

As classes dominantes e suas instituições funcionam com o cérebro no umbigo e o coração no bolso. Assim, não são as necessidades dos povos e das nações que definem as estratégias de desenvolvimento: elas são ditadas pelos interesses das empresas transnacionais, que consistem em torná-las ainda mais competitivas, visando a maximização dos ganhos e o controle do mercado.

> O mercado tornou-se a matriz estruturadora da vida social e política da humanidade, sobrepondo-se às fronteiras nacionais. As "virtudes" do mercado são recuperadas como valor universal, e não mais como identidade nacional. Quem comanda a economia global é cada vez mais o mercado financeiro: em última análise são as grandes corporações – e não os governos – que decidem sobre câmbio, taxa de juros, rendimento da poupança, dos investimentos, preços de commodities etc. (VIEIRA, 1997, p. 81).

Na fase planetária do capitalismo, os dados sobre a desigualdade Norte--Sul são assustadores. Um quinto da população do planeta consome 80% de toda a riqueza produzida na Terra. Outra quinta parte consome moderadamente. Esses dois quintos correspondem aos povos dos países desenvolvidos e parcelas da população dos países subdesenvolvidos, ou em desenvolvimento. Os outros três quintos não têm satisfeitas as suas necessidades básicas[2] – e essa é justamente a parte que vive nos países do Sul, áreas que, a partir do século XVI, passaram a ser cobiçadas pelo espírito comercial burguês. As populações do Terceiro Mundo são aquelas que foram dominadas e colonizadas pelo europeu,

DIZER NÃO AO CONSUMISMO E AO DESPERDÍCIO | 209

guiado por seu projeto de expansão territorial (necessário à extração e apropriação de matérias-primas) e de colonização dos povos, forçando--os a ser dóceis e submissos ao trabalho de produção de mercadorias e, posteriormente, erigindo-os à condição de consumidores dessas mesmas mercadorias.

Mas a destruição sem limites não é provocada por todo o conjunto dos seres humanos. Como duas faces de uma mesma moeda, de um lado está a desigualdade social, de outro, o desequilíbrio ambiental; e é preciso lembrar que a produção de mercadorias e riquezas se dá, invariavelmente, a partir do domínio de territórios, controle político das populações e extração de matérias-primas da natureza.

Dados da ONG britânica Oxfam, de janeiro de 2015, divulgados pelo site *Público* (em reportagem assinada por Ana Rute Silva), revelaram que a parcela da riqueza mundial nas mãos do 1% mais rico da humanidade cresceu de 44% do total, em 2009, para 48% em 2014. Na ocasião, a instituição advertiu: se as coisas continuarem caminhando desse jeito, o 1% mais rico pode ter nos próximos anos uma riqueza maior do que o resto dos 99% combinados. Dois anos depois, em janeiro de 2017, no relatório "Uma Economia a serviço dos 99%", a mesma Oxfam denunciou, em texto divulgado pelo *El País* (em reportagem assinada por Tiziana Trotta), "Oito pessoas concentram em suas mãos riqueza equivalente à de outros 3,6 bilhões, a metade mais pobre da população mundial."

O que aconteceria se o estilo de vida euro-norte-americano se generalizasse a todos os povos do planeta? Seria fisicamente impossível: haveria pouco planeta para tanto consumo[3]. A Terra não suportaria os efeitos de uma produção industrial que permitisse a todos os seres humanos consumirem o que os povos do Norte e uma minoria dos povos do Sul atualmente consomem. Entretanto, ainda anima os povos do Terceiro Mundo a ilusão de que um dia chegarão a desfrutar dos mesmos bens e das oportunidades de que desfrutam os europeus e os norte-americanos.

210 | EDUCAÇÃO INFANTIL COMO DIREITO E ALEGRIA

Para que os povos do Sul tivessem o mesmo padrão de vida dos povos do Norte talvez fossem necessários três planetas Terra: um para a extração de matérias-primas e produção de mercadorias, outro para os terráqueos viverem e consumirem e um terceiro para descartarem o lixo.

Acontece que o consumo é peça-chave no modelo atual de desenvolvimento científico-tecnológico e de generalização da lógica capitalística. Os ideais liberais e neoliberais exigem que a natureza e os bens que dela derivam sejam considerados, assumidos e sentidos como mercadorias, como bens, objetos, coisas destinadas à venda. Assim, em vez da economia ser definida pelas relações sociais, são as relações entre os seres humanos e não humanos que se veem enclausuradas pelo sistema econômico.

Se na doutrina liberal que inspirou o projeto burguês havia um compromisso com a distribuição social da riqueza, feita pelo Estado, na doutrina neoliberal a ganância é total: as taxas de juros sobem, os salários são arrochados, os investimentos em políticas sociais decrescem, os compromissos com a seguridade dos trabalhadores se esvaziam, o próprio trabalho é flexibilizado: tudo em nome da acumulação da riqueza, tudo em nome do dinheiro, ou melhor, do lucro.

Mas acontece que o desejo de consumir indiscriminadamente é elemento central da cultura produtivista.

Antes, havia a ideia de que a produção era autônoma. Era ela que gerava o consumo. Mas, na era do marketing, a produção das coisas é alimentada pela produção da informação: a publicidade produz o consumidor antes de produzir os produtos.

> Um dado essencial do entendimento do consumo é que a produção do consumidor, hoje, precede a produção dos bens e dos serviços. Então, na cadeia causal, a chamada autonomia da produção cede lugar ao despotismo do consumo. Daí o império da informação e da publicidade (SANTOS, 2001, p. 48).

Daí a verdadeira avalanche de estímulos publicitários a que somos – nós e as crianças – submetidos.

Entretanto, como barreira para a lógica do consumo, coloca-se a incapacidade da biosfera para suportar a agressão do sistema produtivo industrial e agrícola que proporciona uma abundância de bens para a minoria privilegiada do mundo. Ainda mais se considerarmos que essa não é uma realidade estática, mas que avança, na medida em que grupos crescentes de pessoas ascendem a níveis de consumo superiores e expressam demandas crescentes de bens agrícolas e industriais, como na China e na Coreia do Sul, ou nas elites do Terceiro Mundo.

Num contexto de perda da experiência direta com outros seres humanos e com a natureza, o consumo vira panaceia para as insatisfações e frustrações decorrentes de um estilo de vida que valoriza o "ter". De acordo com Sempere, na sociedade de consumo, fica obsoleto, em sua segunda parte, o velho lema comunista que propõe "cada qual segundo suas capacidades e a cada qual segundo suas necessidades" (SEMPERE, 1998, p. 296). Como definir quais são as necessidades de uma pessoa em uma sociedade industrializada, em que a posse de bens materiais e posicionais são igualmente acalentados?

Os bens materiais servem à satisfação das necessidades materiais diretas, enquanto que os posicionais servem, em primeiro lugar, para a satisfação do desejo de prestígio, status social, reconhecimento, admiração (MIES; SHIVA, 1998; RIECHMANN, 1998). É assim que, numa sociedade regida por valores individualistas e competitivos, em que se oferecem bens materiais e imateriais em quantidades cada vez maiores, a insatisfação produzida pela mídia move o sistema, porque

> (...) a ânsia do consumo encerra uma obediência a uma ordem não anunciada, mas a que, consciente ou inconscientemente, todos obedecem, sob pena de se sentirem infelizes pela ousadia da diferença.

> O desejo de singularizar é considerado hoje um delito (...) em vez da satisfação prometida e da plenitude almejada, o sujeito de consumo se vê enredado num estado crônico de insatisfação e privação necessário ao próprio funcionamento da lógica do consumo (CASTRO *et al.* 1997, p. 101).

Religar exige outro modelo de desenvolvimento!

Se quisermos barrar o processo de destruição que está em curso, precisaremos transformar profundamente nossa maneira de pensar e de sentir, de viver e de educar. Buscando sentidos para esse desafio, diante meninos e meninas que recebemos diariamente em creches e pré-escolas, perguntamos: que exemplos oferecemos às crianças de hoje? Que herança – ética, cultural, ambiental, estética – deixaremos para os que virão depois de nós?

O movimento de dizer não à destruição da vida na Terra implica práticas pedagógicas que assumam a educação como prática da liberdade (FREIRE, 1976), apostem nas interações afetivas e criativas e, ao mesmo tempo, tenham intencionalidade política, transformadora: são esses os caminhos que nos levarão a dizer não ao consumismo e ao desperdício de recursos naturais, renováveis e não renováveis.

Como disse Rita Ribes Pereira, vivemos um tempo em que "a cidade se oferece em forma de vitrine e ser cidadão é habitar esse mundo com o desprendimento de quem vai às compras" (PEREIRA, 2003 p. 79). As crianças, desde bebês, são seduzidas pelos milhares de objetos, brinquedos, produtos culturais que a mídia leva para dentro de suas casas. Entretanto, não é de objetos que elas mais necessitam, mas de proximidade afetiva. Numa sociedade em que o trabalho passa a ocupar um tempo muito maior na vida das pessoas, as interações entre adultos e crianças perdem em tempo e qualidade. O consumo, então, funciona como compensação para as insatisfações e frustrações geradas pela insuficiência de proximidade afetiva, por um estilo de vida que valoriza o ter, em detrimento do ser (BOFF, 1999).

O consumismo se difunde pelo planeta, como se fosse o caminho para a felicidade. No entanto, ele é o mais novo e "mais expressivo totalitarismo que já se viu" (PASOLINI, 1990, p. 96). E não apenas porque elimina as diferenças culturais ao impor padrões de vestir, de brincar e de se expressar, mas também porque há uma relação direta entre nossas compras cotidianas e a situação de emergência planetária que hoje vivemos. Só a natureza pode oferecer solos férteis, água, matérias-primas, eletricidade e combustíveis para a fabricação dos milhões de brinquedos, eletrodomésticos, instrumentos, equipamentos eletroeletrônicos que as indústrias põem no mercado. Mas, para fabricá-los e obter lucros, elas lançam na atmosfera mais gazes (CO_2 e CH_4) do que a natureza pode assimilar, ignorando o fato de que a Terra é um sistema vivo, tem ritmos próprios, tem limites, não poderá, indefinidamente, ceder matérias-primas e energia à ganância das empresas e aos caprichos dos consumidores.

Indiferente, interessada no lucro, a mídia segue no intuito de convencer que a felicidade se compra nos shoppings e supermercados. Entretanto, a posse de um objeto, invariavelmente nos remete a desejar outro objeto, alimentando o "estado crônico de insatisfação e de privação necessário ao próprio funcionamento da lógica do consumo" (CASTRO *et al.*, 1997, p. 101).

Caminhando na contramão das desigualdades sociais e dos desequilíbrios ambiental e mental que a lógica do consumo engendra, há um movimento de questionamento da máxima de que as necessidades humanas estão sempre se transformando. É Max-Neef quem ensina: as necessidades não variam de um meio para outro, não se alteram em cada período histórico, as necessidades humanas fundamentais são universais. Elas seriam: a subsistência (a saúde, os alimentos, a habitação, a vestimenta); a proteção (a atenção, a solidariedade, o trabalho etc.); o afeto (o amor-próprio, o amor, a atenção etc.); a compreensão (o estudo, o conhecimento etc.); o tempo livre (a curiosidade, a imaginação, a diversão); a identidade (a sensação de pertencimento, o acolhimento etc.) e a liberdade (a autonomia, a autodeterminação, a igualdade) (MAX-NEEF, 1998).

Essas necessidades podem se constituir como referências para pensarmos o cotidiano das crianças nas creches, pois elas dizem respeito a todos os povos, de países hiperdesenvolvidos ou subdesenvolvidos. Os modos e meios de satisfazer a essas necessidades – os satisfatores – é que variam de acordo com a cultura, a região e as condições históricas. A desconstrução da lógica do capital – que converte o supérfluo em necessário e difunde, entre os povos do Norte e as elites do Sul, a ideia de que as necessidades se satisfazem com pseudosatisfatores comprados no mercado – exige a compreensão de que os modos de satisfazer as necessidades são construídos socialmente (SEMPERE, 1998). E implica uma redefinição do conceito de desenvolvimento numa perspectiva em que a referência esteja nas pessoas e não nos objetos.

Entretanto, é preciso ter claro que nossas ações individuais de consumo e desperdício são ínfimas, se comparadas às que são realizadas pelas grandes indústrias e pelo agronegócio. Como lembra Frederico Loureiro:

> Entre 1970 e 2000, 35% da biodiversidade foi extinta e um terço da população continua a viver na miséria. Desde 1980, os confortos materiais advindos do mundo de produção capitalista e o padrão de consumo concentrado em menos de 20% da população total gerou uma demanda de recursos naturais em 25% acima da capacidade de suporte do planeta (LOUREIRO, 2012, p. 20).

Portanto, não somos nós, as populações do Sul, os principais agentes que levam o planeta à exaustão. É por essa razão que muitos pensam que as ações de educação ambiental devem limitar-se à denúncia da ganância desmedida de lucro que é própria dos investimentos capitalistas promovidos e desfrutados por uma minoria.

Referindo-se à tentativa de ofuscar a responsabilidade dessa minoria, o mesmo autor exemplifica:

> Certa vez ouvi um empresário afirmar em um evento de educação ambiental que a destruição começou quando o primeiro Homo Sapiens derrubou a primeira árvore. Ora, essa é a típica afirmação ideológica para se fugir à responsabilidade e atribuir à espécie o que é próprio de formações socioeconômicas historicamente criadas: pessoas degradam sob certas relações sociais (...) O problema está na utilização de uma árvore para sobreviver ou está na apropriação dos recursos naturais para fins de acumulação de riquezas (...)? (LOUREIRO, 2012, p. 26).

Entretanto, sem desconsiderar a importância de trazer luz a uma realidade que é sistematicamente mascarada – e que nesse momento de usurpação da democracia se acentua – é preciso educar as crianças na direção de uma nova cultura que atente para relações cotidianas com o que a natureza nos oferece como dádiva. Podemos ensiná-las a consumir de forma equilibrada, o que exige uma reflexão permanente sobre o que é supérfluo e o que é realmente necessário, considerando que a distribuição dos bens que são produzidos é desigual.

Fazendo frente à sedução do mercado, podemos convidar as famílias e a comunidade a participarem de oficinas de produção e/ou conserto de brinquedos, feiras de troca de objetos, livros, revistas. Num cotidiano em que mantemos relações fugazes e descartáveis com os objetos, as feiras de troca, além de significarem uma contribuição para a redução de consumo, contribuirão para que crianças e adultos aprendam a cooperação, o sentido do coletivo, modos de negociação que não estão relacionados ao valor monetário dos objetos, mas aos seus significados afetivos. Assim, em vez de servir para normatizar e reproduzir a distância entre as pessoas, essas experiências ajudam a inventar novos espaços de pertencimento, de reconhecimento de necessidades e desejos, de explicitação da diversidade de suas culturas.

Eliminando ou reduzindo o uso de copos plásticos, pratos e talheres descartáveis, redefinindo o uso de sacos plásticos no cotidiano, utilizando o verso das folhas de papel que já foram usadas de um lado, cuidando da destinação do lixo, estaremos evitando o acúmulo de materiais que levam dezenas ou centenas de anos para serem reincorporados à natureza.

Podemos também reaproveitar restos de tecido e lã, envelopes e papéis coloridos, embalagens, caixas de papelão. Com um pouco de cor e criatividade esses materiais servirão para enfeitar murais, decorar festas, inventar fantasias. Garrafas de refrigerante, pedaços de madeira, vidro, papelão transformam-se em material didático, jogos, brinquedos artesanais e objetos artísticos. E mesmo sabonete pode ser fabricado a partir de pequenos pedaços de outros sabonetes que restaram, reunidos pelas crianças em suas casas, na vizinhança e na própria instituição.

As IEIs podem exercer um papel importante na difusão de informações e na mobilização de crianças, famílias e comunidades em relação à preservação da Terra. Ao abrirmos espaços e tempos para encontros entre todos os sujeitos que, cotidianamente, circulam nas creches e pré-escolas, descobriremos infinitas formas de contribuir para a redução de consumo e o reaproveitamento de materiais: projeção de filmes e documentários, debates, mutirões de limpeza, oficinas, parceria com outras instituições e grupos na elaboração e difusão de documentos e manifestos, na organização de atos públicos.

Mas isso não é suficiente! Para que se constitua como espaço educador sustentável, é necessário que o prédio também seja referência para a comunidade em termos de ecoeficiência energética e de água. Isso é, assuma compromissos com a redução do consumo e o desperdício, revendo instalações elétricas e hidráulicas; refazendo listas de material pedagógico e de consumo; realizando o controle da fumaça dos carros que fazem o transporte escolar. Pois não basta o discurso, é preciso modificar hábitos cotidianos, é preciso dar o exemplo. Mais do que isso, é preciso rever concepções de natureza, de ser humano e de conhecimento que norteiam o paradigma ocidental e, portanto, orientam os currículos escolares.

9

REDESENHAR OS CAMINHOS DE CONHECER

Raras escolas, de manhã cedo ou à tarde, recebem as crianças em espaços ao ar livre. Em geral, elas chegam e são conduzidas diretamente para as salas de atividades, para o refeitório, para a sala de vídeos ou TV, ou para onde for... não importa! Vão de um espaço fechado a outro, ainda que o dia esteja azul, que a hora seja propícia para um banho de sol ou de mangueira. A chegada aos espaços externos é demorada, e pode mesmo não acontecer!

Este texto traz para o debate algumas das razões que estão na origem da obsessão pedagógica pelos espaços fechados: as crianças passam muito tempo distantes da natureza porque, ainda nos dias de hoje, acreditamos que a razão é o principal – senão o exclusivo – instrumento de acesso à realidade; uma realidade que, ela própria, estaria submetida às leis universais, regidas por uma lógica matemática.

Para desconstruir o modo de funcionamento escolar emparedado, será necessário compreender que esse modo corresponde a uma maneira de conceber a vida que não é universal, mas típica de uma determinada cultura.

Na sociedade ocidental, a natureza é pensada como fragmento, e a razão é o instrumento de um ser que tem como principal atributo a capacidade de raciocinar. Mais que isso, diferentemente de outros povos do globo, no Ocidente, os humanos são definidos por essa capacidade. "Penso, logo existo": essa é a conhecida máxima de Descartes ao referir-se ao que nos caracteriza como espécie, visão que predomina na civilização ocidental, mas que não é única.

Se é a razão que nos caracteriza, o esforço da escola se concentra na meta de nos tornar racionais e sociais (ROUSSEAU, 2004). Assim, as instituições escolares têm fortes razões para não se sensibilizar pelo desejo das crianças de se movimentarem livremente e se entregar à paixão pela natureza.

Mas há muitas maneiras de conceber o que é a natureza, como há maneiras distintas de pensar o que é o conhecer. Portanto, há diferentes maneiras de pensar o ser que conhece, isto é, de entender quem somos nós, os seres humanos!

Entre os povos tradicionais do Brasil e da América Latina é marcante o sentimento de pertencimento à natureza. Na Europa medieval, os seres humanos eram parte, e se ocupavam da contemplação da natureza, não da sua explicação. Na Idade Moderna, uma ciência contemplativa é substituída por uma ciência ativa: os seres humanos se transformam de espectadores em possuidores da natureza. Enfaticamente afirma-se, nesses novos tempos, a ideia de separação entre seres humanos e natureza, missão que contou com o esforço da ciência, empenhada em fragmentar para conhecer, em classificar, seriar, quantificar: operações consideradas possíveis por um método científico que exigia um distanciamento entre sujeito da pesquisa e objeto. Nesses novos tempos, desenvolvem-se também os mecanismos de controle do Estado sobre a sociedade, mantido pelas forças das armas e do dinheiro.

Na visão do ecofeminismo,[1] a ciência se articula com os interesses do capitalismo, em sua missão de transformá-la em matéria-prima para a produção industrial, criando as condições para que uma determinada visão de mundo, um determinado paradigma, se impusesse a grande parte dos povos da Terra. Ao ultrapassar as fronteiras nacionais – em busca de matérias-primas, trabalhadores e consumidores de mercadorias – os conquistadores impuseram também um determinado padrão de pensar-sentir-agir.

Para a crítica ecofeminista, o dilema socioambiental que hoje enfrentamos está relacionado a uma concepção de mundo e a uma ciência que concebe o planeta, a natureza, a realidade como uma máquina e não como um organismo vivo. A Terra é o ser vivo que assegura a sobrevivência dos seres humanos e de todas as espécies que nela habitam, mas a modernidade foi construída justamente por uma atitude oposta àquela que assume e celebra nossa dependência a esse organismo vivo. Os pais da ciência e da tecnologia modernas viam essa dependência como um ultraje, como um desafio ao direito do "homem" à liberdade, que deveria ser superado pela força, pela violação da integridade da natureza. Interpretaram os ritmos do corpo humano e da natureza como barreiras tecnológicas.

Para ultrapassar os limites da natureza, a ciência reducionista fragmentou o organismo, no pensamento e na prática, permitindo que o conhecimento das partes de um sistema se apresente como conhecimento da totalidade; o princípio da divisibilidade possibilitou a abstração de conhecimentos, independentemente de seu contexto, criando critérios de validade baseados na alienação e na não participação, mas que se apresentam como objetividade.

Na visão do ecofeminismo, esse aparente "simplismo" não decorre de um acidente epistemológico, mas responde a necessidades de uma forma particular de organização econômica e política (MIES; SHIVA, 1997). A concepção reducionista de mundo, a Revolução Industrial e a economia capitalista são os componentes filosófico, tecnológico e econômico de um mesmo processo. Pois ao capital só interessa sua própria eficiência e o retorno financeiro que disso deriva, sem que se considerem os impactos socioambientais de seus investimentos como custos. O reducionismo dá sustentação científica a essa lógica.

Qual o papel da ciência na conformação desse quadro? Em vez de uma ciência conectada à vida, através de uma relação estreita entre a espécie humana e a natureza, e diferentemente do entusiasmo que reinou no século XVIII – quando a ciência era pensada como o instrumento que traria o fim do sofrimento da humanidade, por seus poderes de cura das enfermidades e sua inventividade, que dispunha as máquinas a serviço da redução das agruras do trabalho humano –, o que assistimos é a um cientificismo em que

> (...) as técnicas hegemônicas atuais são, todas elas, filhas da ciência, e como sua utilização se dá a serviço do mercado, esse amálgama produz um ideário da técnica e do mercado que é santificado pela ciência, considerada, ela própria, infalível. Essa é uma das fontes do poder do pensamento único. Tudo o que é feito pela mão dos vetores fundamentais da globalização parte de ideias científicas, indispensáveis à produção, aliás, acelerada, de novas realidades, de tal modo que as ações assim criadas se impõem como solução única (SANTOS, 2001, p. 53).

A ciência, enquanto conhecimento que é fruto de trabalho racional, é, justamente, a confiança que a cultura ocidental deposita na razão como capacidade de conhecer a realidade. Entretanto:

> No paradigma reducionista, um bosque é reduzido à madeira comercializável, e esta à fibra de celulose destinada à indústria papeleira. O passo seguinte é o da manipulação dos solos, dos bosques e dos recursos genéticos para incrementar a produção de pasta de madeira. Esta distorção se legitima cientificamente apresentando-a como um incremento global da produtividade, desconsiderando a possível redução da quantidade de água gerada pelo bosque ou a destruição da diversidade de formas de vidas que constituem uma comunidade florestal (MIES; SHIVA, 1997, p. 43).

Para o capital a natureza é, simplesmente, matéria-prima morta para a produção de mercadorias. Essa lógica permite colonizar e controlar o que a vida ofereceu a todos os seres como dádiva, é gratuito e capaz de autorreprodução.

Sob o pretexto de que os ritmos naturais são demasiadamente lentos e primitivos e de que é necessário superá-los para gerar abundância e liberdade, a revolução científico-industrial, a tecnologia e a economia vêm ultrapassando os limites naturais da reprodução da vida, criando outros, elaborados pela engenharia genética, como o caso dos transgênicos, cuja repercussão sobre os seres vivos e sobre a agricultura ainda é impossível saber ou conjeturar. Sob o controle do agricultor, uma semente que se reproduz é um recurso comum e gratuito. Mas, do ponto de vista do capital, ela deixa de ser um produto completo em sua capacidade de autorreprodução para converter-se, meramente, em matéria-prima para a produção de uma mercadoria.

O mesmo processo de colonização e controle se dá em relação ao corpo das mulheres. A medicalização do nascimento, por exemplo, está associada à mecanização do corpo feminino para convertê-lo em um conjunto de partes fragmentadas que devem ser geridas por especialistas. A intervenção cesariana, assim como a fecundação *in vitro*, requer o mínimo de trabalho do útero e da mulher, e é considerada como sistemas que permitem obter os "melhores resultados".

Do ponto de vista do ecofeminismo, as mulheres, a natureza e os povos do Terceiro Mundo são as colônias da civilização industrial-patriarcal. Sem a sua colonização nos moldes da apropriação predatória, da exploração, não existiria a famosa civilização ocidental nem seu paradigma de progresso e, sobretudo, tampouco sua ciência natural e sua tecnologia (MIES; SHIVA, 1997, p. 69).

Assim a ameaça à continuidade da vida sobre o planeta é resultado "de um casamento fatal entre cérebro e violência, que o modelo patriarcal, de maneira muito eufemística, chama poder" (Ibidem).

Para ser capaz de violentar a natureza, o *homo cientificus* teve que se separar, ou melhor, que se situar como superior à natureza, esquecendo sua condição animal, valorizando aquilo que o distingue enquanto espécie e desprezando o que o caracteriza enquanto ser que é parte integrante e, portanto, dependente dessa mesma natureza planetária. As revoluções burguesas, que geraram o quadro social-ambiental dos nossos dias não teriam sido possíveis sem a transformação de uma relação de simbiose entre o ser humano e a natureza em uma relação de amo e escravo. Para isso foi necessário o desenvolvimento de um conceito de ciência e de racionalidade em que foram suprimidos ou subvalorizados outros caminhos de conhecimento, como a intuição, os sentidos, os sentimentos, a experiência. Tudo isso é desnecessário para uma ciência que, para dominar e controlar a natureza, tem como referência a razão instrumental, que necessita apenas de racionalidade abstrata e fria, calculadora e quantificadora, desinteressada.

A separação clara entre sujeito e objeto é a base dessa concepção de conhecimento: a ideia de que pertence aos humanos tudo que não é humano – as terras, as águas, os vegetais, os animais, os minerais – decorre da separação artificial e brutal entre sujeito e objeto. Essa separação clara é uma expressão metodológica de uma concepção em que seres humanos e natureza estão divorciados. O afastamento conduz também à derrubada das barreiras morais que permitem à ciência realizar pesquisas no campo da tecnologia genética, reprodutiva e nuclear, cuja finalidade primeira é a expansão do capital.

Na visão do ecofeminismo, a edificação de uma nova sociedade planetária necessitaria desfazer o mito de que o afã científico é imparcial e não admite limites. Exigiria o rompimento das relações estreitas entre ciência e força,[2] ciência e militarismo, ciência e patriarcado. Exigiria o respeito ao princípio de reciprocidade entre sujeito e objeto, que pressupõe o objeto de estudo – a natureza – como ser vivo, portanto, dotado de sua própria dignidade, não apenas um objeto de exploração e domínio dos humanos. Por outro lado, não renunciaria aos sentidos como fontes de conhecimento, reconhecendo-os como guias para que os humanos se relacionem com a realidade e tomando-os como fonte de prazer e felicidade. Exigiria uma nova conexão entre ciência e responsabilidade, fundamentada no fato de que a Terra e seus recursos são limitados, como nossa vida e o tempo são limitados. Pois um progresso infinito, uma busca incessante da verdade, um crescimento infinito não é possível num universo limitado, a não ser através da colonização, da dominação, do controle de outros seres humanos e outras espécies.

Essas ideias interessam ao movimento de reconectar as crianças com a natureza! Mas isso exigiria um esforço de desconstrução dos pressupostos ontológico, epistemológico e antropológico que orientam a visão de mundo ocidental, e, portanto, os currículos escolares e as práticas pedagógicas, desde a pré-escola.

Mistério e complexidade

Está no coração do paradigma ocidental uma falsa premissa de divórcio entre seres humanos e natureza. Nessa perspectiva, a crise, que é fruto de um processo de hegemonização de um modelo de pensamento e desenvolvimento insalubre para as espécies e para o planeta, está relacionada aos pressupostos desse paradigma.

Na visão de Carlos Plastino, um paradigma "é um conjunto de perspectivas dominantes em torno da concepção do ser, do conhecer e do homem que (...) adquirem uma estabilidade tal que se naturalizam" (PLASTINO, 2001, p. 22). Podemos dizer que, na civilização ocidental, o paradigma, a visão, a construção imaginária que se naturalizou foi a de que os seres humanos estão separados da natureza.

Um paradigma é uma estrutura que gera teorias, é um esquema para a descrição, explicação e compreensão da realidade, atravessando e fundamentando o modo como a sociedade se organiza, sua maneira de trabalhar, de estudar, suas rotinas de vida diária. Assim, um paradigma é um padrão de pensar e de sentir que define a relação dos seres humanos de uma determinada cultura com a realidade, com o seu tempo. Qual seria, portanto, o padrão paradigmático da cultura ocidental?

O paradigma moderno tem como primeiro pressuposto, ontológico, a ideia de natureza como racionalmente organizada, determinada.

Natureza como fato que dispensa a mediação da cultura, que pode ser captado em si. Natureza como máquina, submetida a leis universais.

O segundo pressuposto, epistemológico, aponta a razão humana como instrumento de leitura, interpretação, decifração desse universo organizado. É essa ideia que dá sustentação à racionalidade moderna, através do mito de que tudo pode ser conhecido graças à razão.

Em consequência, o terceiro pressuposto, antropológico, define o ser humano por sua racionalidade. Sustenta-se na tese cartesiana do *cogito* ("penso, logo existo!"), que valoriza a racionalidade e menospreza outras dimensões do humano: sensoriais, intuitivas, artísticas, espirituais. Dimensões cuja desvalorização é evidente nas grades curriculares das escolas e das universidades, definidoras do tempo exíguo que as crianças podem viver e usufruir de contatos sensoriais com o universo que as afeta.

Mantemos as crianças emparedadas porque, na perspectiva hegemônica, a sociedade, como a escola, não as considera como parte da natureza. A escola, como instituição que se afirma como educadora das massas, assume, no contexto das revoluções burguesas dos séculos XVIII e XIX, justamente a função de transmitir conceitos, ideias, valores que correspondem a esse modo de pensar. Nessa perspectiva, ela tem também a função de ensinar um modo de pensar e de sentir a vida que valoriza excepcionalmente a racionalidade e é caracterizado pela dualidade; uma dualidade em que um dos polos – no caso, o primeiro – sempre submete e desqualifica o outro: assim se dão as relações entre cultura e natureza, mente e corpo, razão e emoção, masculino e feminino, objetivo e subjetivo, pensar e agir, teoria e prática, conhecimento e vida. A dualidade entre natureza e cultura está na origem e é componente essencial da visão de mundo que vem orientando a organização das sociedades ocidentais.

Os três pressupostos da visão de mundo moderna são paradigmáticos porque em sua articulação funcionam como um padrão: definem a imagem que as pessoas têm do mundo e de si, definem o modo como vivemos, sentimos, pensamos e agimos, as formas de organização dos tempos e dos espaços que habitamos. Em sua articulação, constituem-se como modelos que utilizamos para descrever, explicar e compreender a realidade. Assim, organizamos conceitos, ideias, sentimentos, visões de mundo que balizam nossas vidas e, portanto, as práticas escolares, caracterizadas por estranhamento entre seres humanos e natureza, que não se percebem como parte de um todo planetário, cósmico.

Em sintonia com o estranhamento, um sentimento de mundo que é antropocêntrico porque atribui aos humanos poderes sobre as demais espécies: seriam os donos da natureza, os gestores do planeta. Poderes que se efetivam graças à crença na razão como instrumento desvelador das leis da natureza, instituída como objeto passivo de conhecimento por um sujeito humano soberano. Como resultante da supervalorização do intelecto, algumas decorrências são: pouca importância aos caminhos de conhecer e expressar artísticos, criativos, que não são entendidos como produtivos para os processos racionais, e desprezo pelas vontades do corpo, com desrespeito aos seus ritmos, tomados como obstáculos para um espírito pesquisador, desvendador de todos os mistérios da vida e da morte.

Esses pressupostos paradigmáticos estão no coração dos currículos escolares, modelando a organização dos espaços e das rotinas e definindo as interações entre seres humanos, e destes com a natureza. Tais concepções sobrevivem ainda nos dias de hoje, apesar dos questionamentos abertos nas primeiras décadas do século XX aos pressupostos da ciência moderna. Pesquisas advindas especialmente da física, da matemática e da biologia revelaram que os fundamentos científicos do paradigma da modernidade não representam "a verdade", mas nasceram, simplesmente, de uma opção por um caminho de conhecer; revelaram que a natureza não é determinada, como afirma o pressuposto ontológico ocidental, mas é partícula ou é onda, dependendo do ponto de vista do observador, o que significa que nem sempre a natureza está submetida a leis universais, que existe o acaso; que, portanto, não há separação, mas interação entre sujeito e objeto. Revelaram ainda que a matéria é capaz de reações espontâneas e, portanto, não está determinada por reações de causa e efeito da mecânica, mas inclui o devir. E, finalmente, as pesquisas da física quântica revelaram que não há tempo e espaço absolutos, não há verdades absolutas, as leis de Newton correspondem a medições locais e são, dessa forma, conceitos relativos (SANTOS, 2001).

Um novo olhar para a realidade questiona as bases em que está assentada a visão de mundo moderna. Do ponto de vista ontológico, questiona uma visão da natureza como racionalmente organizada. Do ponto de vista epistemológico, questiona a exclusividade da razão no processo de abordagem e compreensão da realidade. E do ponto de vista antropológico, questiona a visão de um ser humano definido por sua racionalidade (PLASTINO, 1994).

Não basta levar em conta as qualidades objetivas mensuráveis para fazer julgamentos exatos sobre a natureza (tamanho, forma, número, peso, movimento), porque as relações entre sujeito e objeto são atravessadas pela subjetividade. As pesquisas revelaram que existe o acaso, que a natureza não é tão determinada quanto se pensava; que o real tem uma ordem que a ciência moderna permitiu desvendar, mas esse é apenas um aspecto dele e, portanto, não o esgota.

Por exemplo, em função de uma concepção de matéria, afirmada pela filosofia da natureza que a modernidade abraçou, até bem pouco tempo, a ideia de trocas de energias entre corpos humanos e não humanos era identificada com teses esotéricas. Atualmente, a descoberta da física quântica de que a matéria tem uma dupla natureza, ora de partícula, ora de onda, abre caminho para estudos em torno da importância dos efeitos, sobre os corpos humanos, do convívio prolongado com elementos do mundo natural (FREINET, 1979; ROUSSEAU, 2004; SANTOS, 2001).

Essas revelações inauguram uma nova forma de pensar que não é simplista, é complexa. Se a natureza não é máquina, se a Terra é um organismo vivo, isso significa que nem tudo que existe deve ser submetido ao conhecimento racional. Há conexões entre sujeito e objeto que estão para além do que se pode medir, quantificar, regular ou comprovar. O encontro do humano com o mundo não é desencantado, não é isento de paixões, afetos, sensibilidade. O pensamento complexo[3] inclui a razão, mas não aceita a sua exclusividade nem está interessado na promessa de obtenção de um conhecimento total e verdadeiro.

São infinitos os caminhos de conhecer

Na perspectiva da complexidade, viver e conhecer são mecanismos vitais. Conhecemos porque somos seres vivos, e isso é parte dessa condição. Conhecer é condição de vida na manutenção da conexão com o universo de que somos parte; ou, o que vem a ser o mesmo, na manutenção de acoplamentos integrativos com os outros indivíduos ou com o meio.

Se conhecer é viver e viver é conhecer, são infinitos os caminhos de conhecer. Portanto, é urgente que a escola se disponha a redesenhar seus modelos epistêmicos.

Diferentemente do que aprendemos com Piaget, não há um caminho definido para a construção de conhecimento, não há linearidade, não há hierarquia, não há uma obrigatoriedade de começar por aqui ou por ali. Há muitos caminhos, há possibilidades infinitas... Porque não há um lugar definido que seria a origem de onde brota e para onde se dirige; o conhecimento, da maneira que imaginaram Deleuze e Guattari, seria um conhecimento rizomático, isto é, semelhante a um rizoma.[4] E hoje já podemos afirmar que também as concepções de Vygotsky, ao defender a ideia de que a criança internaliza o mundo a sua volta, estariam próximas da metáfora do rizoma.

Entretanto, essa é uma ideia muito diferente daquela a que estamos habituados. Tradicionalmente, o conhecimento seria representado pela metáfora da árvore, em que tudo se conecta através do tronco. Aí, no tronco, estaria a Filosofia, a partir da qual se desenvolvem todas as ciências. Isto é, todas as "especializações", os muitos e muitos galhos que são fruto do impulso humano de conhecer. A árvore vai crescendo e as especializações (galhos e folhas) vão se multiplicando. Graças à luz que possibilita a fotossíntese, elas devolvem ao tronco, renovada, a seiva que dele recebem. Não há conexão direta entre os galhos e o tronco. O alimento, a vida passa pelo tronco, origem e centro de todo o processo.

Durante muito tempo, essa metáfora sobre a forma como o conhecimento se constitui e se organiza pareceu convincente. Entretanto, nas últimas três ou quatro décadas, alguns dos problemas colocados para a humanidade não puderam ser respondidos de forma tradicional. É o caso dos problemas ecológicos, para os quais as respostas não podem ser buscadas nas especializações. Por exemplo, no caso de um rio poluído: as soluções não podem ser oferecidas de maneira isolada pela geografia, ou pela biologia; nem pela economia, ou pela sociologia. Os problemas relativos à degradação das condições ambientais na Terra atravessam as especializações. Novos conhecimentos, brotados nas fronteiras entre elas, foram tecidos para constituir os saberes ecológicos. Além deles, outros territórios de conhecimento – como a informática, a telemática, a bioengenharia – se constituíram nas fronteiras das disciplinas clássicas, rompendo-as e estabelecendo novas redes de relações. Estes seriam saberes híbridos, constituídos de multiplicidade de saberes. A evidência de uma dada realidade provoca inesperados movimentos de conhecer que não se encaixam no paradigma da árvore porque estabelecem múltiplas relações que não obedecem, que não respeitam os sólidos limites entre as especializações: são novos conhecimentos constituídos a partir do que transborda (DELEUZE, 1992).

Em uma sala de aula, o que transborda? Que interesses infantis, que pensamentos e sentimentos mobilizam as crianças para além do que foi planejado? O que aconteceria se nós, adultos, nos deixássemos contagiar pelos interesses das crianças, abrindo as portas das salas, rompendo as fronteiras entre os espaços físicos? Certamente seriamos surpreendidos pela potência das criações! A análise das produções singulares exigiria uma concepção de conhecimento que fosse rizomática, isto é, que se abrisse às possibilidades de aprendizagens que extrapolam o planejado, que não se limitam aos espaços fechados. Seria diferente se a concepção de conhecimento tivesse a metáfora do rizoma como referência, porque ela

> subverte a ordem da metáfora da arbórea, tomando como paradigma aquele tipo de caule radiciforme de alguns vegetais, formado por uma miríade de pequenas raízes, emaranhadas em meio a pequenos bulbos armazenatícios, colocando em questão a relação intrínseca entre as várias áreas do saber, representadas cada uma delas pelas inúmeras linhas fibrosas de um rizoma, que se entrelaçam e se engalfinham formando um conjunto complexo no qual os elementos remetem necessariamente uns aos outros e mesmo para fora do próprio conjunto (GALLO, 2001, p. 30).

Uma educação rizomática buscaria compreender e respeitar a multiplicidade do conhecimento. Seria aberta ao que se anuncia como desejo de aprender, desejo de adentrar realidades... Seguir, penetrar, conectar infinitamente, como um rizoma. Não há pontos definitivos de chegada, uma educação rizomática é uma educação que se estrutura em rede, que não se limita às fronteiras disciplinares!

No jeito de explicar de Gallo, na escola, para assistir as aulas de cada disciplina, as crianças abrem as gavetinhas de seu arquivo mental.

> E como cada uma das gavetinhas é estanque, sem nenhuma relação com as demais, os alunos não conseguem perceber que todos os conhecimentos vivenciados na escola são perspectivas diferentes de uma mesma e única realidade, parecendo cada um deles autônomo e autossuficiente, quando na verdade só pode ser compreendido como parte de um conjunto, peça ímpar de um imenso puzzle que pacientemente montamos ao longo dos séculos e milênios (Idem, p. 23).

Uma educação que respeite os movimentos inesperados do pensamento, não pode estar repartida em gavetas sem conexão, ela caminha na contramão da compartimentalização do saber, quer articular o que na realidade não se separa. Uma educação rizomática reconhece que os conhecimentos são gerados na complexidade natural e social, na qual todos os saberes convivem e produzem realidades.

São muitos os caminhos de conhecer, por isso a referência está nos movimentos cotidianos, é neles que a vida acontece, que os desejos se conectam, produzindo realidades e saberes. É, portanto, o dia a dia o espaço-tempo do conhecimento. Esse espaço-tempo pode ser criado e recriado sempre, como acontecimento brotado da vida, das relações e interações humanas, daquilo que mobiliza, que é desejo. Nessa perspectiva de rompimento com as fronteiras disciplinares, não haveria lugar para a pedagogia do entre paredes: seria livre o trânsito entre espaços fechados e a vida ao ar livre.

Viver é conhecer, conhecer é viver!

Conhecer é sentir, pois todo sistema racional tem um fundamento emocional (MATURANA, 1998). Antes de lidar com conceitos abstratos, as crianças deveriam aprender a apreciar e a amar um lugar (ORR, 1995). Pode ser um pequeno vale, às margens de um riacho, com seus pássaros; um manguezal; uma montanha; uma praia, onde céu, nuvens, ventos, animais compõem um cenário de brincadeiras e descobertas, constituindo-se a partir daí como objeto de investigação pedagógica. É a possibilidade de estar nesse lugar que possibilita o encontro com aquilo que verdadeiramente importa a cada criança, ou ao grupo, e será capaz de mantê-la interessada (FREINET, 1979).

A sustentabilidade da vida na Terra exige superarmos uma concepção de conhecimento que é simplista, que fragmenta a realidade, e abraçar a outra concepção, em que o conhecimento é complexo (MORIN, 2000), os sistemas vivos são totalidades integradas, com propriedades que não podem ser reduzidas a partes menores. Podemos separar, mas é preciso ter em mente que a natureza do todo será sempre diferente da simples soma de suas partes. Não basta classificar e seriar, não basta medir, somar e quantificar, é preciso compreender que todos os membros de um ecossistema não estão isolados, mas interconectados em uma vasta rede de relações.

Um rio, por exemplo: de onde vem e para onde corre, que seres o habitam ou utilizam suas águas, quem vive às suas margens? A partir de uma relação com uma realidade ecológica concreta, as respostas a essas perguntas são encontradas na biologia, na geografia, na história, na sociologia etc., exigindo, portanto, uma pesquisa pedagógica que não pode deter-se nesta ou naquela área de estudos, mas atravessa e interconecta infinitos campos do conhecimento, é transdisciplinar (ALVES; GARCIA, 2001; GALLO, 2001).

Nessa linha, perguntamos: se conhecer é interagir, se conhecer é também trocar energias, para que serve uma metodologia de trabalho escolar em que uma árvore é definida por suas partes? Para que serve uma árvore fragmentada em raiz, tronco, galhos e frutos, a não ser para assegurar o domínio e controle da natureza, no sentido de submetê-la à produção industrial? Contrariando a exclusividade do método cartesiano, que separa sujeito e objeto, e ainda fragmenta para conhecer, uma árvore não pode ser conhecida por suas partes, mas pelas redes de relações de que é parte, o que inclui todo o ambiente: a vegetação que está ao redor, os animais que se alimentam de seus frutos, as nuvens que trazem chuva. Numa perspectiva ontológica em que os seres se constituem mutuamente, uma árvore precisa também ser pensada e respeitada pelas sensações agradáveis e/ou desagradáveis que nos proporciona. Nessa linha, os processos de cognição são corporificados, frutos da ação das pessoas no mundo. Assim, conhecer é viver, e, portanto, inclui a alegria, os sentimentos, as sensações geradas pelas brincadeiras em torno da árvore, a aventura de nela subir, de cheirar folhas e frutos (MATURANA; VARELA, 2002).

Portanto, não se trata de aprender o que é uma árvore, decompondo-a em suas partes. Mas de senti-la e compreendê-la em interação com a vegetação que está ao redor, com os animais que se alimentam de seus frutos, com as nuvens que trazem chuva, com a sensação agradável gerada pela sombra em que brincamos. Experiências de plantio de hortaliças, flores e ervas e temperos possibilitam às crianças essa percepção ecológica da realidade, em que as interações entre seres, coisas e fenômenos tendem sempre para um todo coerente e complexo (Ibidem). Valorizando atividades de plantar, colher e comer alimentos sem agrotóxicos, estaremos abrindo espaços para o exercício da ética do cuidado em relação ao próprio corpo, à terra, ao entorno, ao planeta.

Mas essas experiências não podem ser eventuais, devem estar no coração do projeto pedagógico, constituindo-se como rotina. De tal forma que as crianças tenham acesso direto e frequente, reguem, participem da limpeza da horta, da colheita, do plantio, dos cuidados necessários ao crescimento são dos frutos da terra. Isso nada tem a ver com as experiências em que as crianças "plantam" feijão sobre o algodão molhado no copinho e depois que ele brota jogam tudo no lixo. Se abandonarmos o minhocário depois que as crianças entendem a importância da minhoca no trato agrícola; se deixamos sem água as mudas recém-brotadas, se mantivermos em cativeiro os animais tão comuns nos pátios das escolas, como porquinho-da-índia e jabuti, ensinaremos a meninos e meninas uma visão utilitarista da natureza, atitudes de desrespeito aos seres vivos.[5]

Em sociedades sustentáveis, será preciso ensinar conhecimentos muito distintos daqueles que foram necessários para a construção da sociedade industrial. Se o objetivo, agora, é o bem-estar dos povos, em equilíbrio com as demais espécies, não bastará saber descrever e explicar seus modos de funcionamento, mas também aprender a reverenciar e a preservar o universo natural.

Esse objetivo pressupõe uma nova maneira de sentir e pensar a vida, em que a natureza é um organismo vivo: não se trata, portanto, de defender a vida sobre a Terra, mas de afirmar que a Terra é a própria vida. E nós somos parte desse grande organismo. Assim, não há um mundo que preexiste e independe de nossas ações, não há um ser que conhece e uma natureza a ser conhecida, não há separação entre nosso conhecimento do mundo e o que fazemos nele. Não há separação entre sujeito e objeto: ao nos movimentarmos no mundo, criamos um novo mundo e nos constituímos nele. Portanto, viver é conhecer, conhecer é viver, num movimento que pressupõe um estado de acoplamento estrutural entre seres vivos e meio (MATURANA, 1998).

A educação é um processo de corpo inteiro porque o conhecimento é fruto da ação do sujeito no mundo, mobilizada pelo desejo, possibilitada pelo corpo, guiada por processos sensoriais (GUIMARÃES, 2008). Sendo assim, é fundamental investir no propósito de desemparedar e conquistar os espaços que estão para além dos muros escolares, pois não apenas as salas de aula, mas todos os lugares são propícios às aprendizagens: terreiros, jardins, plantações, criações, riachos, praias, dunas, descampados; tudo que está no entorno, o bairro, a cidade, seus acidentes geográficos, pontos históricos e pitorescos, as montanhas, o mar... Além de se constituírem como espaços de brincar livremente e relaxar, esses locais podem também ser explorados como lugar de ouvir histórias, desenhar e pintar, espaços de aprendizagem, em que as crianças, ao brincar, pesquisam e se apropriam de uma diversidade de conhecimentos.

Extrapolando o compromisso com a transmissão de conceitos via razão e buscando abranger outras dimensões – corporais, espirituais, emocionais, estéticas –, necessitamos de uma Educação Infantil ambiental que assuma os sentidos como fontes de prazer, felicidade e conhecimento. Essa perspectiva inclui os caminhos da arte. Caminhos que passam pelo contato estreito e íntimo com a beleza de céus estrelados, com os mistérios de trovões e tempestades. Caminhos atentos às manifestações da natureza animal e vegetal, que incentivam as crianças a recriá-las singularmente através de desenhos, pinturas, esculturas em areia e barro; que podem ser dançadas, musicadas, dramatizadas, assumindo diversas formas de expressão humana.

Esse movimento exige inteireza, mergulho numa realidade complexa, em que vários tipos de conhecimento estão articulados e têm a mesma importância: conhecimentos científicos, cotidianos, estéticos e poéticos (LEITE; OSTETO, 2004). Esse mergulho – intencional, político – amplia os horizontes de um conhecimento ativo (voltado para um mundo regido pelas leis da física), e nos conduz pelos caminhos de um conhecimento contemplativo (dirigido a um mundo de linguagem, memória, história, interações afetivas).

Comprometida com a desconstrução dos padrões homogeneizantes, dicotômicos e excludentes da civilização ocidental, a Educação Infantil ambiental mantém-se atenta a processos que possibilitam a nossa auto-percepção como seres do mundo, incorporando as perspectivas da arte em suas múltiplas expressões: a literatura, a música, a dança, o teatro, as artes visuais. Processos de sentir e viver a vida que se aproximam da visão de mundo dos povos tradicionais, ao valorizar tempos de não pensar e não fazer (TUIAVII, 1986); ao incorporar rituais que atuam como lugar de dirimir conflitos, por exemplo, incluindo no cotidiano da Educação Infantil as danças circulares, como o jongo, proveniente dos povos quilombolas, ou o poranci, originário dos tupinambá de Olivença, na Bahia.

Como está no artigo 8º das DCNEI, as interações e as brincadeiras são os eixos norteadores da proposta curricular da Educação Infantil. Assim, é preciso que inventemos um cotidiano cujo sentido seja o de interagir, brincar, criar, aprender, para poder seguir interagindo, brin-cando, criando, aprendendo, numa nova perspectiva de educação como acontecimento, em que a relação com o tempo e com o conhecimento não é cronológica, mas intensa, criativa, emocionada (KOHAN, 2010).

A concepção espinosiana de que as ideias são constituídas com base nas afecções geradas nos encontros com todo o universo biótico e abiótico em que estamos inseridos abre os caminhos para uma pe-dagogia respeitadora e alimentadora da paixão que as crianças têm pela vida ao ar livre.

Considerando, com Espinosa, que a afetividade humana é o substrato da vida ética, o tronco comum da servidão e da liberdade, em uma escola cujos objetivos estejam pautados numa ética que potencialize a existência, a atenção aos desejos das crianças se torna uma premissa, um direito. E, consequentemente, a conexão com a natureza passa a ser um dos eixos estruturadores dos currículos.

Entretanto, essa não é ainda a realidade, o que nos faz perguntar: que seres estarão sendo formados em escolas que impedem as crianças de se manter conectadas com o universo do qual são parte? Que ideias serão constituídas em seres que têm negados os seus desejos de integração?

10

Dizer sim às vontades do corpo[1]

Observando as IEIs no Brasil dos dias atuais, podemos verificar o quanto estão marcadas pela ideologia do controle. As filas desnecessárias que se formam para levar as crianças de um espaço a outro, os tempos de espera em que permanecem encostadas às paredes, a falta de conforto das salas, as regras que são impostas nos refeitórios, os tempos previamente definidos para defecar e dormir: tudo isso remete à ideia de fabricação de uma retórica corporal, mas também de uma retórica do espírito, pois "é dócil um corpo que pode ser submetido, que pode ser utilizado, que pode ser transformado e aperfeiçoado" (FOUCAULT, 1987, p. 118).

Onde estão as origens desse modo de funcionamento escolar? A busca de respostas nos leva à Europa de meados do século XVIII, quando a nova distribuição espacial e social da riqueza industrial e agrícola impôs novos tipos de controle sobre a sociedade. Foi com o movimento de constituição social das ideias capitalistas que a educação ganhou a forma escolarizada, levando a que, pouco a pouco, os conhecimentos passassem a ser ministrados de forma hierarquizada.

Denominada por Foucault (1987) como instituição de sequestro, a escola, junto com outras instituições – os presídios, os hospícios e os quartéis – passa a controlar não apenas o tempo dos indivíduos, mas também seus corpos, extraindo deles o máximo de tempo e de forças. De forma discreta, mas permanente, as formas de organização espacial e os regimes disciplinares conjugam controle de movimentos e de horários, rituais de higiene, regularização da alimentação etc. A escola assume a tarefa de higienizar o corpo, isto é, formá-lo, corrigi-lo, qualificá-lo, fazendo dele um ente capaz de trabalhar.

(...) A ordenação por fileira, no século XVII, começa a definir a grande forma de repartição dos indivíduos na ordem escolar: filas de alunos nas salas, nos corredores, nos pátios; (...) determinando lugares individuais (a organização de um espaço serial) tornou possível o controle de cada um e o trabalho simultâneo de todos. Organizou uma nova economia do tempo e da aprendizagem. Fez funcionar o espaço como uma máquina de ensinar, mas também de vigiar, de hierarquizar, de recompensar (FOUCAULT, 1987, p. 126).

Que lugar ocupa o corpo numa sociedade em que o objetivo não é suprir as necessidades humanas, mas produzir e acumular? Sob a lógica do capital:

O corpo, como *locus* da força de trabalho, é uma mercadoria. O corpo deve estar, como a mente, a serviço da produção desta sociedade, subordinado às suas necessidades de produção de bens, regido pela lógica do desempenho, em que a racionalidade ocupa um lugar central (GOUVÊA; TIRIBA, 1998, p. 110).

Aprisionados às salas, sujeitos a normas que impossibilitam o acesso aos espaços abertos, podemos dizer, com Foucault, que as crianças estão sujeitas a uma disciplina que

aumenta as forças do corpo (em termos de utilidade) e diminui estas forças (em termos políticos de obediência). Em uma palavra: ela dissocia o poder do corpo; faz dele, por um lado, uma "aptidão", uma "capacidade" que ela procura aumentar; e inverte, por outro lado, a energia, a potência que poderia resultar disso, e faz dela uma relação de sujeição estrita. Se a exploração econômica separa a força e o produto do trabalho, digamos que a coerção disciplinar estabelece no corpo o elo coercitivo entre uma aptidão aumentada e uma dominação acentuada (FOUCAULT, 1987, p. 119).

Num período de plena expansão do ideário burguês, como também agora, não interessa à lógica do capital a constituição de seres atentos ao desejo de conexão com o que alegra e fortalece. Um corpo capitalístico, fiel ao sistema, deve ser e estar alienado de si mesmo, indiferente ou pouco sensível ao coletivo, prepotente como espécie, sempre a serviço da produção.

> Ao mantê-lo por tanto tempo imobilizado, a escola trata o corpo também como natureza inesgotável, capaz de ceder infinitamente às necessidades da mente, assim como o meio ambiente natural cede matérias-primas às necessidades impostas pelo mercado (GOUVÊA; TIRIBA, 1998, p. 109).

É nas instituições, entre elas a escola, que os indivíduos se constituem. Desde o século XVIII, o objetivo da escola é contribuir para a formação de pessoas que atuem produtivamente na sociedade. Como, na perspectiva moderna, o atributo humano principal para essa atuação é a razão, são priorizados os espaços que favoreceriam o seu desenvolvimento. As salas, como as demais áreas fechadas que limitam os movimentos, seriam lugares mais apropriados que os pátios para modelizar as formas de pensar, agir e sentir, como para controlar as possíveis diferenças e ensinar as crianças a tornarem-se capazes, úteis e adequadas à sociedade capitalística.

A pouca importância dada às atividades ao ar livre relaciona-se a uma concepção de educação que está voltada para processos de transmissão e apropriação de conhecimentos via razão, que necessita, portanto, de mentes atentas e corpos paralisados. Pois não é necessário mais do que atenção mental para observar, refletir e compreender as regras de uma realidade que é entendida como racionalmente organizada. Em outras palavras, o modo de funcionamento descolado do mundo natural indica que as práticas pedagógicas das IEIs estão definidas, geralmente, pelas concepções ontológica, epistemológica e antropológica que estruturam o paradigma moderno, compondo uma ideia de que as leis da realidade poderiam ser apreendidas por um ser cuja principal atividade é a racional.

Em consequência, fica secundarizado tudo que extrapola essa dimensão: as brincadeiras, as sensações corporais, o devaneio... Mas isso não é só: a reprodução desse modo de funcionamento se faz com controle do corpo.

> (...) o poder, primeiro da sociedade, depois das instituições representativas desta sociedade, e, terceiro, dos adultos em geral, se apodera dos espaços da criança e o transforma num instrumento de dominação. A organização e a distribuição dos espaços, a limitação dos movimentos, a nebulosidade das informações e até mesmo a falta de conforto ambiental estavam e estão voltadas para a produção de adultos domesticados, obedientes e disciplinados – se possível limpos – destituídos de vontade própria e temerosos de indagações (...) A liberdade da criança é a nossa insegurança, enquanto educadores, pais ou simples adultos, e, em nome da criança, buscamos a nossa tranquilidade, impondo-lhes até os caminhos da imaginação (LIMA 1989, pp. 10-11).

Tendo como referência a concepção espinosiana de que a vivência do que é bom e do que é mau constitui dois tipos humanos, que vivem, aprendem e incorporam distintos modos de sentir e viver a vida – como potência ou como impotência –, consideramos que essa perspectiva está na contramão de um projeto de educação pautado numa ética da alegria e do cuidado, na medida em que favorece a constituição de um tipo humano que é fraco. A fraqueza de corpo e espírito se deve a que na vida, como também na escola, sua potência de agir foi ou ainda é obstaculizada, que seu desejo foi impedido de realizar-se. A pessoa foi coagida a fazer o que se lhe impôs, foi oprimida, e essa limitação pode ter provocado travas (LOWEN, 1979), couraças (REICH, 1984), incapacidade ou grande dificuldade para afirmar e seguir a trilha de suas vontades próprias, no sentido da realização de bons encontros, aqueles que potencializam, que fortalecem as pessoas.

O CORPO SILENCIADO NA ESCOLA

A vida humana na Terra se substantiva através do corpo. É ele que nos faz vivos, materializa a nossa existência. É a partir das referências do corpo que os seres humanos fazem cultura. Da mesma maneira que os conhecimentos e os valores, as expressões corporais são constituídas também na cultura (LOURO, 2000).

O reconhecimento do outro está relacionado às redes de poder da sociedade: somos reconhecidos e identificados a partir do lugar social que ocupamos. Se o processo de constituição de identidades e diferenças corporais se dá num contexto de relações de poder que se materializam em interações sociais, esse processo é cultural, é político e é afetivo. Diante dessa realidade, podemos perguntar: em que contexto histórico, civilizatório nossos corpos se inserem? Que heranças filosóficas, culturais nossos corpos "pós-modernos" herdaram?

A primeira resposta a captamos na concretude cotidiana: as relações que estabelecemos com nosso corpo estão inseridas e marcadas por uma visão de mundo em que a razão ocupa o centro da cena. Somos parte de uma civilização que, para realizar o seu projeto de modernidade, precisou provocar algumas cisões filosóficas e epistemológicas, a principal delas entre ser humano e natureza.

Numa linha oposta a essa visão hegemônica, no século XVIII, as ideias de Nietzsche, trazidas por Miguel Barrenechea, afirmam que

> o homem encontra-se no reino animal como qualquer outro ser – "como a formiga ou a lacrainha" –, sua condição de ser pensante não evidencia uma posição de privilégio na natureza nem demonstra a perfeição da sua origem. O homem nada tem de divino, nem de eterno, trata-se de um animal entre os animais (BARRENECHEA, 2009, p. 41).

Considerando que a civilização ocidental foi construída nos marcos de uma filosofia que supervaloriza os processos mentais; em que os discursos da ciência e a tecnologia – fundados na racionalidade – gozam de maior legitimidade que a filosofia (campo da ética e da política), que a religião (com sua tradição e sabedoria intuitiva) e que a arte – espaço privilegiado da percepção sensorial, da criação (SANTOS, 2007). A hipertrofia da razão remeteu a um segundo plano as sensações físicas, as emoções, os afetos, os desejos, a intuição, a criação artística, dimensões e canais de expressão da experiência humana.

> (...) o corpo foi entendido como uma natureza totalmente diversa daquela da alma. O corpo foi interpretado como sintoma mais claro daquilo que é perecível, não essencial ao ser humano. Na tradição metafísico-religiosa, desde Platão até a compreensão judaico-cristã, a alma foi exaltada como essência do homem, como aquilo que merece toda atenção, todo cuidado. (...) A condição carnal do homem nada diria respeito à filosofia, ao conhecimento, ao ser. Na carne, não haveria nada que possa interessar à tarefa reflexiva (...) (BARRENECHEA, 2011, p. 9).

Como desconstruir uma concepção de ser humano que se constitui em desconexão do que afeta e emociona, que desvaloriza as sensações corporais porque não as considera como constitutivas dos processos mentais?

Escrevendo sobre Espinosa, mais especificamente sobre a tese conhecida pelo nome de *paralelismo*, Deleuze (2002, p. 24) esclarece que, na filosofia espinosiana, não há eminência do corpo sobre o espírito, não há superioridade de um polo sobre o outro, não há ligação de causalidade. A perspectiva foucaultiana, como a espinosiana, recusa a dualidade corpo-mente e, com ela, a dualidade razão-emoção.

> Ninguém, na verdade, até o presente, determinou o que pode o corpo, isto é, a experiência não ensinou a ninguém (...) o que, considerado apenas como corporal pelas leis da natureza, o corpo pode fazer e o que não pode fazer, a não ser que seja determinado pela alma humana (ESPINOSA, 1983, p. 178).

Referindo-se aos sonâmbulos incontrolados, fora dos domínios da mente em estado de vigília, apresenta a ideia de uma unidade indissolúvel entre corpo e alma (ou corpo e mente), expressa em *Ética*: "A alma humana não conhece o próprio corpo humano nem sabe que existe, senão pelas ideias das afecções de que o corpo é afetado" (Idem, p. 151).

Em vez de perguntar "o que é um corpo", em vez de buscar uma definição, Espinosa interroga "o que pode um corpo?". Ao fazer essa pergunta, o filosofo fere a lógica descrita por Descartes, segundo a qual todas as funções corporais podem ser explicadas de modo puramente mecânico. Nessa perspectiva, o corpo material opõe-se ao espírito, à alma, ao pensamento, na medida em que estes seriam indivisíveis e totalizantes, enquanto aqueles (o corpo, a matéria) seriam divisíveis e diversificantes (JAPIASSU; MARCONDES, 1996).

Mas Espinosa vai além: ao dizer que, no pensamento e no corpo, há coisas que ultrapassam nosso conhecimento, ele defende a ideia de que tanto as potências do corpo quanto as do espírito escapam à consciência. Portanto, mais do que negar a superioridade do corpo sobre o espírito, o filósofo do século XVII aponta os limites da consciência.

Vale lembrar que, cem anos depois de Espinosa, Rousseau denuncia as ilusões da consciência. E que, em meados do século seguinte, é em relação à pretensão de onipotência da razão que se rebela Fourier, alertando para o fato de que a civilização caminha em oposição à atração passional, que é um "impulso natural anterior à reflexão, que persiste apesar da razão" (KONDER, 1998, p. 21).

Por isso, o desejo conspira... Na visão de Fourier, porque ele não tem alternativas, outros caminhos para satisfazer-se! Torna-se, assim, um subversivo permanente, "que trabalha de maneira infatigável na desorganização da sociedade, desrespeitando todos os limites colocados pela legislação" (Idem, p. 17). Isso acontece por uma questão de sobrevivência física e espiritual. O desejo persevera porque, oprimido, se manifesta como sintoma, como doença, do corpo e da alma, pois, "toda paixão estrangulada produz uma contrapaixão tão maléfica quanto a paixão natural seria benéfica" (Idem, p. 19).

Aconchegando o corpo na escola

Autoconstituição e aprendizagem não são processos dissociados: se a vida transcorre nos espaços das creches, é nesses espaços que se afirma como potência ou impotência, de corpo e de espírito. É pelo fato de que a dissociação entre corpo e mente, razão e emoção em realidade não existe é que as crianças perseveram naquilo que lhes apetece.

Os movimentos de liberdade e expressividade das crianças assustam os adultos; talvez porque, numa sociedade marcada por controle e racionalidade, perderam o contato com as sensações, as conquistas de que são fruto e caminham junto com a liberdade e a expressividade: como é difícil deixarmo-nos alegrar, afetar, libertar das amarras ao império do relógio, ao tempo da produção...

O que se pode perceber é que, em realidade, somos nós, adultos, que estamos aprisionados aos próprios esquemas, ou melhor, aos limites que nos foram impostos, na vida escolar, na família, no trabalho. Tendo aprendido a engolir os desejos, são esses mesmos esquemas que necessitamos reproduzir, pelas normas que pretendemos impor às crianças, modelando os gestos e, simultaneamente, aquietando o espírito. Pois, corpo e espírito não estão separados, o que é ação no corpo é, necessariamente, ação na alma (ESPINOSA, 1983).

Entendendo que a liberdade é a fonte da felicidade, Fourier (1978) propõe que toda a atividade educativa, tal como o trabalho, seja prazerosa. Descrente das experiências educacionais das sociedades civilizadas, quer que a culinária faça parte do currículo, com o objetivo de estimular o prazer de comer e possibilitar, em nome desse prazer, que todos os seres humanos sejam cozinheiros competentes. Além disso, coloca a arte – a música, a dança, o teatro e a cenografia, a poesia, a mímica, a pintura – no centro do projeto educativo. Com a mesma ênfase, destaca a importância da proximidade da natureza, para que as crianças se reconheçam como parte e se identifiquem com ela. Todos esses fatores proporcionariam meios de enriquecimento individual e condição para integração na coletividade, na sociedade democrática.

Como caminhar nessa direção se estamos, nós, adultos, aprisionados, apegados a regras e normas que nos mantêm alheios aos próprios desejos, insensíveis às vontades do corpo, amedrontados diante do que liberta? Como avançar na perspectiva de uma educação libertadora se a ordem do sistema escolar, como a ordem capitalística, impõe que o sujeito do desejo se veja sufocado, como um eu de segunda categoria, que pode ser ludibriado, enganado, distraído, dominado pelo sujeito da razão?

A confiança no próprio corpo está relacionada à confiança na vida (LOWEN, 1979). O corpo é mais do que um portador de uma mente raciocinadora, ou mais que uma máquina a serviço de uma engrenagem produtiva. Assim, uma escola comprometida com uma transformação social, que tenha a qualidade de vida como perspectiva, dirá sim às verdades do corpo.

> A verdade do corpo se refere a uma captação da expressão, da atitude e do estado do corpo (...) Saber a verdade do corpo é ter consciência de seus movimentos, de seus impulsos, de suas limitações, quer dizer, sentir o que acontece dentro do corpo. Se uma pessoa não sente as tensões, a rigidez ou as ansiedades de seu corpo, ela está, neste sentido, negando a verdade do corpo (LOWEN, 1991, p. 302).

Se o sistema escolar mantém as crianças predominantemente em espaços fechados, limita seus movimentos e ainda pune as que não se submetem a esse modo de funcionamento, ele contribui para que elas se alienem em relação às verdades de seus corpos.

Como parte da cultura, os movimentos corporais e as sensações que provocam são textos lidos desde a mais tenra infância e se constituem como fontes de experiências, satisfações e insatisfações físicas, emocionais, espirituais. Nesse sentido, olhares, toques, sons, odores, sabores são constituidores de subjetividade humana. Como no poema "Os cinco sentidos", de Bartolomeu Campos de Queirós: "Os ouvidos têm raízes pelo corpo inteiro (...) Os olhos têm raízes pelo corpo inteiro (...) O nariz tem raízes pelo corpo inteiro (...) A boca tem raízes pelo corpo inteiro (...) A pele é a raiz cobrindo o corpo inteiro." (QUEIRÓS, 2004)

Em nossas escolas essas raízes estão aprisionadas, porque ainda predomina uma visão e um modo de organização que relaciona os movimentos do corpo à bagunça, confusão, dispersão! Nessa lógica, é o não movimento que assegura a aprendizagem: só no tempo em que estão no pátio – diminuto em relação ao tempo em que permanecem emparedados – crianças e jovens são liberados de uma postura quieta, estática, atenta, fiel às exigências de uma mente raciocinadora. Postura assegurada pelo comando de um adulto que define as atividades, as ações possíveis em cada momento. Assim, desde a creche são valorizados os movimentos que visam à prontidão: exercícios sistemáticos e mecânicos que têm o objetivo de aprimorar a coordenação motora e assegurar a aquisição da leitura e da escrita, que são repetidos muitas vezes (independentemente da significação que tenham para as crianças); que ignoram as interações infantis e a sua capacidade de realizar autonomamente atividades que proporcionam descobertas e desafios não programados. São valorizados também os movimentos que interessam à prática esportiva, à preparação física e ao aprendizado de regras.

Para desenvolver metodologias de trabalho comprometidas com a educação de pessoas que sejam sujeitos de seus corpos e de seus movimentos, antes de qualquer coisa, seria necessário assumi-las como sujeitos dos espaços onde vivem e convivem. Pois as crianças vão construindo conhecimentos, valores, afetos a partir de sua experiência com o mundo. Experiência vivida num universo de corpos que tocam, olham, cheiram, comem, escutam. Corpos que sentem o mundo, leem o mundo... Assim, a livre movimentação, as conexões com o mundo natural, com as demais crianças e adultos, a livre conversação, essas são experiências fundamentais na formação de seres potentes, são bons encontros!

Agora, quando o desafio é a produção de conhecimentos e valores que orientem a edificação, não mais de uma sociedade industrial, mas de uma sociedade sustentável, a escola vê-se diante da necessidade de questionar essas cisões, assim como as concepções e práticas educativas que delas decorrem, que hipervalorizam o intelecto e fortalecem o ego. Este se desenvolve através de seu controle sobre as funções corporais, provocando um conflito entre a natureza racional e a natureza animal do ser humano.

> É o conflito entre ego e sexualidade, no qual o ego representa a consciência do si mesmo, conhecimento, poder; por sua vez, a sexualidade representa as forças inconscientes que agem dentro do corpo (...) e devem ser reconhecidas e dotadas de um status equivalente ao que é atribuído às funções "superiores" da mente (LOWEN, 1991, p. 300).

Como subverter concepções e práticas educacionais centradas no aspecto cognitivo e intelectual do desenvolvimento, considerado como superior aos processos corporais?

Para caminhar na contramão de uma lógica escolar racionalista, não basta compensar a ausência ou a frágil presença das atividades corporais, introduzindo ou sofisticando oportunidades de exercício da imaginação criadora, da fantasia, da inteligência: com isso, apenas forçamos o centro intelectual a suprir "uma carência que na verdade não pode cumprir porque corresponde a outros níveis de existência" (PALCOS, 1998, p. 2).

Trata-se de abrir, na escola, espaços objetivos e subjetivos para o corpo e seus movimentos; trata-se de "recuperar a liberdade de movimentos que a vida na cidade grande e seu respectivo modelo de funcionamento escolar restringiram, impedindo as mais simples e fundamentais manifestações, como correr, pular, saltar etc." (GOUVÊA; TIRIBA, 1998, p. 107).

É preciso considerar os prejuízos de um estilo de vida em que algumas articulações não se movem, alguns músculos não se desenvolvem o suficiente, alguns ossos não adquirem o necessário alongamento e força por não serem trabalhados por esses músculos, criando-se travas que prejudicam um crescimento harmônico (PALCOS, 1998, p. 2).

Trata-se de impedir a formação de travas (Idem) ou de couraças (LOWEN, 1979) que ferem ou prejudicam a harmonia de movimentos, reduzindo a confiança no próprio corpo e gerando sensação de alienação de si mesmo e impotência frente à vida, à existência. Trata-se de subverter currículos e rotinas escolares que são indiferentes, são alienadas em relação às vontades do corpo, às suas mais elementares necessidades de respirar profundamente, alimentar-se sadiamente, dormir bem, relaxar, não fazer, não pensar.

Não há separação entre seres humanos e natureza, as ideias são constituídas com base nas afecções do corpo inteiro em acoplamento com o universo de que é parte. Como nas palavras de Espinosa (1983, p. 151), "a alma não se conhece a si mesma a não ser enquanto percebe as ideias das afecções do corpo".

É com essa convicção que temos apostado em práticas escolares e processos de formação que questionem e subvertam as dicotomias natureza/cultura, corpo/mente, razão/emoção, conhecimento/vida, educação/cuidado etc. Dicotomias que marcaram a construção paradigmática moderna, que já não se sustentam, mas que, ainda nos dias atuais, seguem se impondo como senso comum. Essas dicotomias se manifestam em uma insensibilidade em relação às necessidades do corpo, evidentes em rotinas que hipervalorizam as atividades em espaços fechados, onde há muitos limites para os movimentos. Tais limites ao corpo são justamente o que as crianças menos necessitam e demonstram desejar.

Na contramão da visão de mundo que divorcia seres humanos e natureza, as atividades corporais que a escola realiza não são simples degraus, não podem funcionar apenas como vias de acesso aos aprendizados intelectuais. Os movimentos têm valor em si porque eles mantêm o equilíbrio saudável do corpo. Mas, além disso, os movimentos físicos libertam a mente de uma sobrecarga, sem a qual ela poderá lançar-se mais leve e livremente à aventura do pensamento (MONTAGU, 1988).

As escolas podem transformar-se em locais de escuta das vontades do corpo, de atenção aos sentimentos, porque "o conhecimento do ego precisa ser temperado com a sabedoria do corpo" (LOWEN, 1979, p. 255). O conhecimento divorciado do sentimento é vazio, é alienado, perde seu sentido de contribuir para a felicidade-integridade de cada pessoa e para o bem-estar dos seres humanos. A escola é espaço de aprender a pensar, mas deve ser também espaço de aprender a sentir, relaxar, meditar, brincar, imaginar. Para isso vai ser necessário assegurar ao corpo o seu lugar.

Os corpos humanos, como o de todos os seres vivos, necessitam interagir com a natureza, ela é a sua fonte de energias. Isso requer que nossos planejamentos pedagógicos superem uma visão de educação enquanto processo intramuros, entre paredes.

> Se, nas cidades, é tão difícil oferecer uma escola, como propunha Freinet, cercada pelo verde dos campos, dos bosques, dos jardins, hortas e árvores frutíferas, pelo menos precisamos assegurar ao corpo uma relação cotidiana com o sol, com a terra, com a água (...) Precisamos levar as crianças a conhecerem o bairro, a cidade, seus acidentes geográficos, pontos históricos e pitorescos, as montanhas, o mar... Ainda mais numa realidade como a brasileira, em que muitos de nossos alunos, por sua condição socioeconômica, têm poucas ou nenhuma oportunidade de acesso a experiências que ampliem seu universo físico e cultural (GOUVÊA; TIRIBA, 1998, p. 113).

Se desejamos transformar creches e pré-escolas em espaços que contribuam para a saúde física e emocional das crianças, será necessário investir na descoberta e na valorização dos espaços ao ar livre – os pátios, os parques, os quintais, as quadras de esporte do entorno, os descampados, as praias, os riachos –, porque esses são espaços em que as crianças fazem bons encontros com o universo natural que está para além de nós: os céus, as nuvens, o vento, o sol aí estão e estarão pela eternidade... esse universo de árvores, montanhas, riachos, mares que tanto nos encanta e dos quais nos distanciamos na dinâmica escolar... esse universo de areia, de terra, de barro e lama, de água, que é objeto de pesquisa das crianças e ao qual elas se entregam com interesse. Todos são espaços de conhecimento, de aprendizagem.

Mas também a organização dos espaços interiores poderá favorecer a movimentação das crianças e o livre acesso aos espaços e aos materiais. Em vez de uma dinâmica pedagógica em que elas estão sempre em função e à disposição das definições dos adultos, as rotinas podem ser organizadas de modo que tenham brinquedos ao seu alcance a qualquer momento, de modo a que se sirvam nas refeições e circulem livremente em todos os espaços escolares. No sentido de respeitar as definições das DCNEI, os adultos é que precisam se organizar para que isso aconteça. E potencializando a sua autonomia, a própria organização dos espaços da sala e da escola também poderá ser definida pelas crianças, em função das necessidades e dos interesses que emergem em cada situação ou em cada fase de seu desenvolvimento.

Se desejamos transformar creches e pré-escolas em espaços que contribuam para a saúde física e emocional de jovens e crianças, será necessário desafiar suas possibilidades motoras, mantendo abertos os canais para a circulação e expressão das vontades e energias do corpo, ajudando-as a superar suas dificuldades e a respeitar os seus limites. Para isso, podemos oferecer, todos os dias, cordas e bolas, pneus, cavaletes, escorregas, trepa-trepas, tábuas que funcionem como rampas ou pontes e que permitam subir, descer, escalar, saltar, arrastar, pular...

Podemos oferecer e mesclar espaços que convidam à movimentação – correr, pular, saltar, subir, descer – com os que chamam à reflexão. E incentivar a construção de sua imagem corporal, do jogo simbólico – e da fantasia –, criando camarins, introduzindo adereços, maquiagens e espelhos onde meninos e meninas possam dar asas à imaginação, observar seus corpos, suas mímicas e caretas.

O jogo também é um aliado, porque revela, com força e intensidade, sentimentos de raiva, de medo, de inveja, de paixão. Esses sentimentos se refletem na qualidade do movimento corporal, da vida.

> Através dos gestos realizados pelas crianças durante os jogos (ou seja, num contexto significativo), se expressem suas intenções, extensões, contrações; todas as TENSÕES que se coordenam e/ou se descoordenam se tornam visíveis e perceptíveis para o indivíduo, para o grupo e para o professor. Se tornam perceptíveis porque significam, porque expressam um jeito de ser próprio e pessoal, o que dificilmente ocorre numa situação de repetição de exercícios (...) de qualquer situação de aprendizagem baseada num modelo pronto e estereotipado de movimentos. Quando se tornam expressas as IN-TENSÕES, a criança pode ir aprendendo a coordenar suas tensões internas a partir de um referencial próprio; ela passa a sintonizar com seu próprio corpo, entrando em sintonia (TÔNUS EM SI) com suas possibilidades de movimento e suas impossibilidades momentâneas. Esta regulação permite a construção de uma consciência corporal baseada na ATENÇÃO, que é o polo oposto da TENSÃO. É justamente a atenção sobre os próprios movimentos que permite uma atitude mais consciente em relação às tensões que nos caracterizam, que vão formando o nosso caráter, como mostrou W. Reich (SILVA, s./d., p. 6).

Em vez de estimularmos a repetição mecânica e a competição podemos investir na capacidade de improvisar e de ousar que têm as crianças. Em vez de privilegiarmos o aspecto puramente motor do comportamento, a análise mecânica dos movimentos e o crescimento dos ossos, dos músculos, das articulações, podemos investir, através do jogo, no

DIZER SIM ÀS VONTADES DO CORPO | 253

desenvolvimento da função lúdica, da criatividade, da habilidade, da personalidade.

Outro desafio é abrir tempos e espaços para a dança. Considerando que ela está praticamente ausente da vida escolar, só acontece nos períodos de festejos juninos e natalinos porque o corpo e a sexualidade não são privilegiados pela escola, podemos contribuir para que as crianças criem "a dança de cada um", isto é, "o jeito de ser, que é, em outros termos, a expressão de nossa psiquê, de nossa alma. Através da dança do corpo se mostra o interior de cada um" (ROBIM, 1997, p. 1).

O desafio é o de romper com o pressuposto antropológico ocidental que define o humano como o ser que é fundamentalmente pensante (BARRENECHEA, 2009). Somos pensantes, é verdade! Mas porque "fundamentalmente"? Tanto quanto pensantes, somos seres emocionantes, desejantes.

É o desejo que impulsiona as crianças a perseverar em sua condição de seres em estado de acoplamento estrutural. Assim, o direito aos deslocamentos em espaços amplos, nas salas, nos espaços internos e externos às instituições de educação (BRASIL, 2009. Artigo 8º, § 1º, parágrafo VI) decorre desta condição: se somos natureza, a saúde de corpo e espírito depende de que nos mantenhamos em conexão.

Daí vem o movimento de dizer sim às vontades do corpo!

11

APRENDER-E-ENSINAR A DEMOCRACIA

Retomamos, por outras vias, o que nos desafia: o distanciamento do mundo natural que é imposto às crianças. Desta vez, abordamos a questão das normas e das regras que impedem a proximidade da natureza, favorecendo, ou não, modos democráticos de convivência. Veremos então a necessidade de desconstruir as relações verticais de poder que reproduzimos entre nós, humanos e com a natureza; e de aprendermos, com os povos originários, a incluir os seres não humanos na roda da democracia.

Como vimos na pesquisa de Blumenau, o distanciamento do mundo natural é sustentado em uma estrutura de funcionamento escolar que não entende o lado de fora como apropriado para o que as professoras desejam ensinar. É verdade que há o reconhecimento de que os pátios podem ser palco de grande parte das atividades. Mas, para que isso aconteça, faz-se necessário um movimento mais geral de desprendimento em relação aos espaços fechados. Isso envolveria novas formas de conceber as atividades pedagógicas, que corresponderiam a novas normas e regras orientadoras das dinâmicas escolares. Essas mudanças, provavelmente, neutralizariam as pressões das famílias, das auxiliares de serviço e mesmo da maioria das professoras no sentido de manter as crianças distantes da areia, da terra, da água, de tudo que pode causar "sujeira".

Para que fosse diferente, antes de qualquer coisa, seria necessário um movimento democrático que de fato incluísse as crianças como protagonistas, de modo a deslocar o foco do trabalho pedagógico da cabeça dos adultos para a ação das crianças, para os interesses demonstrados por elas (FREIRE, 1983). Como diz Clarice Cohn (2005, p. 7), "as crianças não sabem menos, elas sabem outras coisas". As crianças têm suas próprias ideias do que é bom para si, é preciso acreditar nelas. Isso exige que façamos a crítica à crença na incompletude que a pedagogia moderna atribuiu a elas; a abandonar a ideia de que, por sua condição etária, estariam em fases de desenvolvimento que são inferiores e, portanto, precisam ser o tempo todo guiadas por pessoas que as conduzirão a um "estágio superior", no caso, o de adulto pleno, enquanto ser racional, social; mas incompleto, manco, talvez, porque desfigurado em sua integridade energética, corporal, emocional. Submetidas a rotinas que refreiam seus movimentos de conexão com o mundo natural, impedidas de brincar onde historicamente os humanos brincaram e se constituíram, as crianças são moldadas em sua pulsão desejante.

Refletindo sobre a opção pela desconexão com o que traz alegria às crianças, lembramos que a pedagogia é um espaço de práticas de poder. Tal como a concebemos ainda hoje, foi afirmada pelos ideais burgueses, é um dos instrumentos nascidos da necessidade de estabelecimento de normas, regras, rotinas institucionais nas sociedades urbano-industriais-burguesas. É instrumento de emancipação e, simultaneamente, de regulação: nesse último polo se coloca a pedagogia do entre paredes!

Afirmando relações não democráticas entre nós, adultos e crianças, a regra é mantê-las em esquemas de rotinas predefinidas, desatentas ao que mais agrada. Para isso, é preciso afastá-las do que estão interessadas. Ou – o que do ponto de vista das crianças vem a dar no mesmo – a fazê-las ter interesse pelo que é definido pelos adultos como importante para elas.

Recorrendo a Foucault, podemos pensar que a lógica do emparedamento é incorporada graças à submissão aos espaços e tempos disciplinares, que definem "uma espécie de esquema anatomocronológico do comportamento" (FOUCAULT, 1987, p. 129). As educadoras reproduzem, em seu cotidiano de trabalho, a ideia de um tempo integralmente útil:

Um tempo medido e pago deve ser também um tempo sem impureza nem defeito, um tempo de boa qualidade, e durante todo o seu percurso o corpo deve ficar aplicado ao seu exercício. A exatidão e a aplicação são, com a regularidade, as virtudes fundamentais do tempo disciplinar (Ibidem).

Mesmo quando inexiste a ordem de manter a rotina emparedadora, ou melhor, quando não vem do exterior, é difícil escapar porque tal rotina está internalizada como um programa que tem ritmo obrigatório, que é útil para uma determinada finalidade, que esquadrinha a ação. Esse modo de funcionamento pessoal-institucional se estruturou no século XVIII, desenhando uma nova "microfísica do poder", cujas técnicas essenciais se espalharam "por campos cada vez mais vastos, como se tendessem a cobrir o corpo social inteiro" (Idem, p. 120).

Então, pensando no enfrentamento de uma norma cuja naturalização é reafirmada no processo de formação de profissionais da educação, consideramos que não basta a apropriação dos conteúdos teórico-metodológicos indispensáveis ao trabalho com as crianças: é preciso estudar questões relativas à constituição de grupos e vivenciar um cotidiano que seja democrático, que possibilite o exercício do poder de questionar o que está instituído e de tomar decisões, tanto em relação ao seu processo de formação, quanto a respeito do trabalho com as crianças, ou da gestão da escola e das relações dela com as famílias, com a comunidade, com o poder público e com a natureza.

Nesse contexto, não basta a apropriação crítica de conhecimentos teóricos, ainda que envolvam os campos de conhecimento indispensáveis à compreensão da infância e das crianças. É preciso assegurar, no cotidiano da formação inicial ou continuada, espaços de exercício do poder de tomar decisões.

A formação teórica é fundamental, mas não é suficiente! Porque a apropriação intelectual de conceitos, metodologias, métodos e técnicas, ainda que em linha progressista, não garante a autonomia das educadoras como agentes políticos e sociais nem a sensibilidade e a competência em seu papel de educar e cuidar. Realmente, uma professora competente em sua função de ensinar e transmitir, ou mesmo favorecer o processo de construção de conhecimentos, não é – por força de seus conhecimentos teóricos – democrática ou sensível em suas relações, interações e conexões com as crianças, com os companheiros de trabalho, com as famílias, com a comunidade, com os elementos da sociobiodiversidade que se presentificam no entorno, muito menos na cidade.

A competência técnica no campo pedagógico não assegura relações democráticas entre escola, família, comunidade humana e não humana, pois a escola só será, para as crianças, espaço de exercício de biofilia e de cidadania – se o for para as profissionais da educação. Estas são, também, pessoas em processo de desenvolvimento e aprendizagem; pessoas capazes, portanto, de adquirir conhecimentos e modificar as relações sociais opressoras a que estão submetidos, e que, via de regra, reproduzem na vida profissional (FREIRE, 1978).

Partimos do pressuposto de que as estruturas de pensamento se modificam e as raízes das mudanças estão na sociedade e na cultura. Por isso, nos processos de formação – seja inicial ou continuada –, investimos na transformação das relações que os educadores estabelecem entre si, com o objetivo de fazer abalar e alterar as estruturas relacionais geradoras de passividade, verticais, dominadoras (Ibidem). Com Vygotsky (1989), acreditamos que é a interação da criança com membros mais experientes que propicia a internalização da cultura, da própria relação social. Se o aprendizado humano pressupõe que as crianças penetrem na vida intelectual dos adultos, investir na construção de novas relações de poder entre os profissionais da escola significa favorecer o aprendizado, pelas crianças, dessas novas relações.

Ao contrário, com muitas crianças a atender, poucos adultos disponíveis e espaços que inviabilizam uma organização mais flexível, as instituições tendem a funcionar como uma engrenagem indiferente aos ritmos infantis. Mas isso não é tudo: de acordo com o que afirmaram as educadoras entrevistadas em Blumenau, se há resistência a toda e qualquer possibilidade de questionar, muito mais resistência há aos movimentos de subversão e rompimento da ordem.

Na visão de Gallo (2003), trabalhar no desmonte dessa lógica seria a função de uma "educação menor", que atua no plano molecular, como trincheira contra a tentativa de modelização do sistema escolar, como "máquina de resistência" contra a educação maior, macropolítica, dos grandes mapas e projetos.

Essa perspectiva favoreceria o resgate de uma concepção de infância que Kohan denomina como minoritária, isto é, "(...) uma infância como experiência, como acontecimento, como ruptura da história, como revolução, como resistência, como criação" (KOHAN, 2004, p. 62). Em contraposição a "(...) uma infância majoritária, a da continuidade cronológica, da história, das etapas do desenvolvimento, das maiorias e dos efeitos: a infância que, pelo menos depois de Platão, se educa conforme um modelo" (Ibidem).

Acreditando em uma "educação menor", temos apostado numa perspectiva que coloque no centro dos processos de formação o exercício de questionar e de ensaiar caminhos de transformação do instituído, o que exige o exercício da crítica, do diálogo, da autocrítica, da escuta, da delicadeza, do autoconhecimento.

Acreditamos com Guattari que:

> O que conta na creche, insistimos nisso, não é a técnica, é o efeito da política semiótica dos adultos sobre as crianças. Em que a atitude dos adultos que trabalham na creche favorece a iniciação das crianças nos valores do sistema? Aí é que está toda a questão! Um trabalho analítico

numa creche não poderia ser fundamentalmente senão um trabalho micropolítico; e implicaria de imediato um trabalho dos adultos sobre si mesmos, entre si mesmos (GUATTARI, 1987, p. 35).

Na linha de pensamento desse autor, temos investido em exercícios de explicitação das visões de cada pessoa e do grupo, com vistas a alimentar a capacidade de dizer o que se pensa, fundamentar suas ideias, fazer alianças, criar estratégias de rompimento com a lógica do controle (TIRIBA, 1992). Pois sabemos que pessoas alienadas de si mesmas e da realidade não são capazes de educar seres autênticos, autoconfiantes, amorosos, transformadores. Pois ninguém ensina o que não sabe nem favorece a construção do que não conhece. Ninguém oferece o que não tem, ninguém poderá oferecer um ambiente, uma vivência que não experimentou.

NA RODA DA DEMOCRACIA, BUSCANDO REFERÊNCIAS NOS SABERES DOS POVOS TRADICIONAIS

Intencionamos também que os processos de formação possam contribuir para que as profissionais exercitem a democracia entre si e se sensibilizem para considerar as crianças, os seus desejos, os seus movimentos de autoconservação e autoexpansão, enquanto seres que se constituem em conexão com os humanos, mas também com a natureza.

Para dar conta dos desafios a enfrentar, aprendemos com o passado, mas também com o presente, buscando ensinamentos entre as comunidades e os povos tradicionais originários, que ainda hoje, na América Latina e no Caribe, vivenciam modos de organização do tempo e do espaço em que meninos e meninas são livres para tomar decisões sobre onde, com quem e de que brincar.

Como Cruz (2012), utilizamos o termo "comunidades e povos tradicionais" para nos referirmos a uma caracterização socioantropológica de diversos grupos:

> (...) povos indígenas, quilombolas, populações agroextrativistas (seringueiros castanheiros, quebradeiras de coco de babaçu), grupos vinculados aos rios ou ao mar (ribeirinhos, pescadores artesanais, caiçaras, varjeiros, jangadeiros, marisqueiros); grupos associados a ecossistemas específicos (pantaneiros, catingueiros, vazanteiros, geraizeiros, chapadeiros); e grupos associados à agricultura ou à pecuária (faxinais, sertanejos, caipiras, sitiantes-campeiros, fundo de pasto, vaqueiros) (CRUZ, 2012, pp. 595-596).

Assim, o termo "comunidades e povos tradicionais" refere-se à diversidade de culturas e modos de vida de um conjunto de grupos sociais que, especialmente nas décadas de 1980 e 1990, emerge na cena política brasileira e ganha visibilidade nas lutas pelo reconhecimento de seus direitos culturais e territoriais.[1]

Na visão de Cruz (2012), mesmo sendo muitas as diferenças entre os modos de vida desses povos e comunidades, algumas características são apontadas como atributos comuns, especialmente as relações com a natureza (que o autor denomina como racionalidade ambiental), a relação com o território e a territorialidade, a racionalidade econômico-produtiva, as inter-relações com outros povos da região e autoidentificação.

Ainda que, por exemplo, seringueiros e sertanejos, indígenas e jangadeiros, quebradeiras de coco de babaçu e ribeirinhos habitem diferenciados meios sociogeográficos, mantenham estilos de vida e modos de expressão próprios; ainda que tenham como hábitat o mar, a floresta, a caatinga, os pampas ou o serrado, todos são reunidos em uma única categoria antropológica porque suas vidas estão organizadas e profundamente marcadas pelos ciclos da natureza. Portanto, sentem-se, pensam e estruturam o seu dia a dia em sintonia com os movimentos do sol, da lua, das marés, das estrelas... É a natureza que define o tempo de trabalhar no plantio e na colheita, nas vazantes e nas grandes águas. É a natureza que define o tempo de descansar e despertar, o tempo dos alimentos, das festas, da luta contra os ventos, as chuvas, as pragas, mas também o tempo da reverência.

Assim, seus saberes e afetos estão relacionados à vivência da natureza, aos modos de vida e manejos dos recursos naturais em equilíbrio com o ecossistema.

Além de relações de respeito e reverência, as denominadas comunidades e povos tradicionais têm uma forte relação com o território, na medida em que, além de ser fonte de reprodução e de recursos materiais que asseguram a sobrevivência material, o território também guarda a memória e materializa o sentimento de pertencimento. Suas formas de organização econômico-produtiva são fundadas em relações de parentesco em que não há significativa divisão técnica e social do trabalho, mas domínio do processo de produção pelo grupo familiar ou comunal; em que os produtos do trabalho não têm como destino principal o mercado capitalista, mas a subsistência do grupo e a manutenção das práticas sociais, festas, rituais. Isso significa que são mais horizontais as relações sociais, uma vez que o sentido do trabalho humano entre esses povos é o de suprir as necessidades do coletivo, não do indivíduo. É nessa medida que podemos pensar que a democracia, enquanto modo social de existência, seja por eles vivenciada.

Não cabe aqui uma visão idílica, porque nada de idílico vivem mulheres, homens e crianças das comunidades e povos tradicionais, indígenas ou do campo. Pelo contrário, o seu dia a dia inclui a luta contra a violência da expansão latifundiária, contra a pobreza, pela manutenção de seus estilos de vida, pelo direito à escola. Não ignoramos essa dura realidade, apenas afirmamos uma sabedoria, um conhecimento encarnado, que é fruto do compartilhamento da existência com uma infinidade de modos de expressão da natureza, entre eles o modo humano; que se constitui em função de uma condição de vida em conexão, em estado de acoplamento estrutural, em relações favoráveis ou desfavoráveis, suscetíveis às grandes e pequenas alterações dos ciclos naturais!

Na conjuntura em que vivemos, explicitar os saberes desses povos como referências centrais – mas não exclusivas – de um projeto de educação significa conferir legitimidade a esses valores e, em decorrência, afirmar e fazer a defesa política do direito aos seus modos próprios de vida.

Isso é fundamental numa conjuntura em que as forças do latifúndio e do agronegócio, impulsionadas pela ganância neoliberal, avançam sobre os seus territórios. Em nome de interesses de mercado, desaparecem culturas que estão situadas na base da formação social brasileira e que precisam ser preservadas. Culturas cujas filosofias, conceitos e práticas de vida são organizados por pressupostos ontológicos, epistemológicos e antropológicos que afirmam a Terra como elemento cósmico que é vivo, e os humanos como parte de uma imensa rede de relações em que todos os seres estão interconectados. É fundamental participar da luta em defesa desses povos porque com eles teremos a possibilidade de aprender os saberes necessários à produção de outra lógica social e escolar, pautada no respeito à natureza, na valorização do lúdico, dos rituais que alimentam os laços comunitários.

Do ponto de vista da preservação da Terra, é necessário o resgate de cosmovisões de povos indígenas, em que o humano dialoga com os demais seres da biodiversidade, não os manipula ao seu bel-prazer, compreende que é necessário respeitar os elos que mantêm íntegros os ciclos vitais. Seus saberes estão em coerência com uma concepção de conhecimento em que todos os seres estão interconectados.

Com esses povos, aprenderemos a visão do respeito à natureza em sua autonomia (GRÜN, 2003), o que favorecerá o desmonte da falsa premissa de separação radical entre humanos e natureza e a ilusão antropocêntrica de que todos os seres e entes não humanos nos pertencem porque somos uma espécie superior. É esse sentimento de si, enquanto espécie, que potencializa uma economia de mercado em crescimento permanente, que se baseia na ideia de que o poder de dominar a natureza justifica o progresso e a acumulação material como um direito "natural" dos humanos.

Considerar e incluir as visões de mundo dos povos e comunidades tradicionais do Brasil e também da América do Sul e do Caribe (GUIMARÃES; PRADO, 2014) não significa idealizar nem propor um retorno à aldeia, mas reconhecer o valor de culturas cujas formas de organização econômica, sociabilidade e subjetividade não são antropocêntricas, individualistas, competitivas e consumistas.

Nessa linha, o termo "tradicional" não tem o sentido pejorativo de atraso em relação ao padrão definido pela modernidade urbano-industrial. Ao contrário, refere-se a um modo de vida que é alternativo ao modo de produção capitalista, organizado em torno de pressupostos materialistas de domínio, acumulação, consumo e descarte. Modelo insustentável, a ser superado por sua incompatibilidade com a reprodução da vida. Com as comunidades e os povos tradicionais brasileiros poderemos aprender outros modos de produzir a vida.

A DEMOCRACIA COMO MODO DE CONVIVÊNCIA QUE INCLUI SERES HUMANOS E NÃO HUMANOS

Na contramão do movimento de abrir perspectivas ontológicas, epistemológicas e antropológicas que possam representar alternativas ao modelo escolar hegemônico, nasce o projeto de elaboração de uma BNCC que ignora essas culturas (BRASIL, 2017). Sob a hegemonia de forças sociais conservadoras, a BNCC assume uma concepção dogmática de conhecimento porque toma, como universais, saberes que serviram à produção desse modelo (SILVA, 2009; MACEDO, 2003; 2014; CORAZZA, 2016), que, na verdade, foram produzidos em resposta a interesses locais e/ou de classe. Nessa concepção, o compromisso de democratização do saber é entendido, simplesmente, como compromisso de estender a cobertura do ensino a toda a população, sem que haja um questionamento sobre as origens e o destino social deste saber (FREIRE, 1976); sem que se incluam outras epistemologias que não são dominantes, justamente porque foram subordinadas pelas primeiras (SANTOS, 2001).

No Brasil de nossos dias – em que as DCNEI garantem a autonomia dos povos indígenas na escolha dos modos de educação de suas crianças de 0 a 5 anos de idade (BRASIL, 2009, artigo 8º, § 2º) – é fundamental considerar a imensa sabedoria desses povos, no que diz respeito ao equilíbrio entre os humanos e os outros seres vivos, animais ou vegetais. Da mesma forma, valorizar e evidenciar "os saberes e o papel de agricultores familiares, extrativistas, pescadores artesanais, ribeirinhos, assentados e acampados da reforma agrária, quilombolas, caiçaras, povos da floresta, na produção de conhecimentos sobre o mundo e sobre o ambiente natural", como está no artigo 8º, § 3º das DCNEI/2009.

Em coerência com essas definições legais, hoje reivindicamos o direito ao acesso a outras epistemologias, aquelas não legitimadas, não valorizadas, tidas como menores e entendidas como ameaçadoras do processo de colonização europeu. Reivindicamos a possibilidade de nos pautarmos por outras lógicas, outras cosmovisões, historicamente contidas, perseguidas, caladas pela violência das armas e pela força do dinheiro, ao longo de quinhentos anos de dominação (SANTOS, 2007).

Assim, trabalhamos no sentido de que as escolas façam uma análise crítica e recusem as concepções de ser humano e de conhecimento que historicamente colocaram os povos da América do Sul e do Caribe em posição subalterna à cultura dos colonizadores. Mais do que incluir temáticas relativas à diversidade – como está na BNCC –, desejamos que o projeto curricular incorpore referências ontológicas, epistemológicas e

APRENDER-E-ENSINAR A DEMOCRACIA | 265

antropológicas que, ao longo de cinco séculos, vêm sustentando a recusa à submissão ao modelo explorador e dominador.

Hoje sabemos que a cultura hegemônica não eliminou os modos de sentir, de viver dos povos que habitam a América: somos nós – e nossas crianças e jovens – os descendentes culturais dos povos da floresta, indígenas, negros da África, mouros... Com nossos atabaques, violões, com nossos cantos, cheiros, cores, danças, energias, sabedoria, estamos, por séculos desafiando padrões culturais hierarquizantes, desqualificadores do que não é espelho eurocentrado. Nossa multiplicidade cultural, nossa interculturalidade – que se alimenta, é composta de tantos modos de apreender a vida, de conhecer o mundo e inserir-se nele – tem a força de desafiar um modelo epistêmico orientado por uma visão dual, racionalista.

De fato, interessadas em relações entre adultos e crianças que sejam definidas por princípios democráticos, buscando alternativas a concepções evolucionistas, mecanismos cognitivos e ciclos de desenvolvimento supostamente universais que ainda orientam nossas práticas educacionais, temos verificado que as concepções e práticas indígenas podem trazer elementos importantes para o campo da Educação Infantil, mesmo quando se trata de povos considerados aculturados. Porque, como aponta Boaventura de Sousa Santos (2001), há *resíduos* que sobrevivem, ainda que não aparentes, mas submersos.

Estudando a realidade da Educação Infantil escolar indígena realizada entre os povos tupinambá de Olivença, na Bahia,[2] verificamos que os *resíduos* são evidentes. Eles se expressam nas relações entre adultos e crianças, advêm da marca do afeto, do acolhimento, da atenção, da paciência dos adultos, e ainda das atividades diárias que se dão na mesma paisagem e, em um nível mais amplo, entre as pessoas e os ambientes naturais (TIRIBA; PROFICE, 2012).

Consideramos que os saberes ancestrais não estão distantes, mas presentes – não apenas entre os povos indígenas que vivem em aldeias, mas também integrando o cotidiano de creches e pré-escolas urbanas –, e são trazidos pelas crianças e por nós, adultos, herdeiros dessas tradições. É preciso atenção para o fato de que:

Há muito tempo, a floresta amazônica deixou de ser o lar de milhares de indígenas. A escassez de alimentos, o desmatamento e o avanço das cidades sobre as matas são alguns fatores que motivaram povos tradicionais a migrar para áreas urbanas. Em Manaus, no Amazonas, eles podem ser encontrados em todas as regiões da cidade. (...) "Acredito que 90% dos bairros de Manaus tenham indígenas morando", informou o presidente da Fundação Estadual do Índio, Raimundo Atroari.

A antropóloga Lúcia Helena Rangel, da Pontifícia Universidade Católica de São Paulo (PUC-SP), confirma que é comum os indígenas, mesmo em áreas urbanas, viverem em comunidade. "Conforme vai passando o tempo, vem um, vem outro e mais outros, as famílias acabam se juntando em determinado bairro, ou em uma periferia que ninguém morava, e os indígenas foram morar. Você vai ver que nas grandes cidades como Manaus, Campo Grande, Porto Alegre, têm bairros eminentemente indígenas, ou segmentos de bairros" (PAIVA, BIANCA; HEINEN, MAÍRA. EBC AGÊNCIA BRASIL, 19/4/2017).

Com base no fato de que populações indígenas vivem em centros urbanos e que suas crianças frequentam as escolas públicas, destacamos a importância da atenção para um olhar sobre nós mesmos, que, esquecidos das próprias origens, já não nos enxergamos como indígenas que somos. Quem são nossos ancestrais? Essa pergunta, dirigida às crianças e às suas famílias, às alunas e aos alunos dos cursos de formação de professores, nos levará a indagações e rememorizações, a buscas e aproximações de visões de mundo, valores, costumes, hábitos, jeitos de ser criança e adulto que, próprios de comunidades e povos tradicionais brasileiros, estão entre nós, nos constituem.

Se isso é verdade, podemos então dizer, junto com Eduardo Viveiros de Castro, que "no Brasil, todo mundo é índio, exceto quem não é".[3] Podemos, portanto, nos colocar como aprendizes de filosofias orientadas pela ética do cuidado; e aprender, tanto com os povos aldeados quanto conosco mesmo, outras maneiras de existir e pensar a organização da vida social, outros modos de cuidar das crianças, das comunidades e da natureza.

Do ponto de vista da preservação da Terra, de nós mesmos e de culturas cuidadoras, interessa-nos essa aprendizagem porque, diferentemente da lógica ocidental, nas diversas cosmologias dos povos indígenas brasileiros, os seres humanos não são a medida de todas as coisas, muito menos os donos do mundo. O planeta é habitado por diferentes espécies de seres, humanos e não humanos, todas elas dotadas de pontos de vista, de consciência e de cultura. Assim, a relação entre humanos e natureza não é do tipo sujeito-objeto, mas sujeito-sujeito. O ambiente não é paisagem, não é cenário onde humanos mentais se movem, os rios não são simples reservatórios de água, mas a morada de seres subaquáticos.

Os modos de vida dos povos indígenas, como de outras comunidades e povos tradicionais, respeitam o princípio ecológico de que a extinção de uma espécie afeta o conjunto: quanto maior a diversidade de espécies, tanto maiores as possibilidades da vida se afirmar plenamente (MATURANA; VARELA, 2002). Ao contrário da ideia, tão difundida ainda nos dias atuais, de que a competição assegura a sobrevivência, as tradições ancestrais estão em coerência com uma atitude ecológica que afirma, como característica essencial dos organismos vivos, a cooperação, a capacidade de fazer associações, de criar elos (BOFF, 1999; 2012). Nesse contexto, se afirma a ética do cuidado.

O mergulho nas narrativas indígenas nos embasa em relação a um necessário movimento de crítica radical ao pensamento cartesiano, que se dedica a conhecer a realidade, os seres, a partir de seus fragmentos.

> Ao se fragmentar analiticamente para penetrar nos entes, o conhecimento separa o que está articulado organicamente na ordem do real; sem saber, sem intenção expressa, a racionalidade científica gera uma energia negativa, um círculo vicioso de degradação ambiental que o conhecimento já não compreende nem contém (LEFF, 2012, p. 49).

Numa perspectiva em que o ambiente natural é unidade indissolúvel, conjunto de sistemas que se auto-organizam e se autorregulam, são interdependentes e trocam energia e matéria (MATURANA, 1998), a cultura desses povos e comunidades respeita os humanos como seres biofílicos; seres que são filiados, pertencentes ao mundo natural, que dependem de interações com esse mundo para a sua integridade física, emocional.

Essas ideias nos remetem à filosofia de Espinosa, ao conceituar os humanos e não humanos como modos de expressão da natureza. Remetem-nos também aos estudos da física quântica que questionam a separação, ao contrário, afirmam a troca de energias entre sujeito e objeto. Ao afirmar ser a matéria, simultaneamente, energia e onda, esses estudos nos remetem à necessidade de convívio permanente com os demais seres da biodiversidade. Porque também nós somos matéria, somos orgânicos, também necessitamos de sol, de ar puro, de horizonte...

Hoje sabemos que a preservação da Terra, nossa Pachamama ("Mãe-Terra", na língua quíchua dos povos originários andinos), exige diálogo com outros seres, não apenas os humanos. A continuação da vida exige de nós uma consideração e um respeito a todas as suas formas. Valorizamos a aproximação dos saberes ancestrais porque esse movimento nos aproximará de uma concepção de democracia que inclui outros seres: eles não se manifestam através das mesmas linguagens dos humanos, mas respondem às afecções (ESPINOSA, 1983) que ferem a sua integridade, a sua inteireza, constituída e assegurada em equilíbrio com o ecossistema de que são parte. Assim, a sustentabilidade será fruto de um diálogo, de um acordo de respeito democrático entre muitos seres e entes. Ela depende da manutenção de uma rede que inclui milhões de espécies, não apenas a nossa. Exige, portanto, um impulso democrático de novo tipo, em que os humanos reverenciam e incluem o universo de seres e entes com que compartilham a vida na Terra. Esse é o caso dos movimentos constitucionalistas ecológicos realizados no Equador (2008) e na Bolívia (2009) (ZAFFARONI, 2012). Em suas cartas magnas, os povos desses países realizam um deslocamento dos humanos como centro do universo; e a natureza, ou Pachamama, como objeto a sua disposição. Assim, humanos e não humanos passam a uma posição de igualdade, por fazerem parte do mesmo todo.

Nessa concepção, a natureza precisa ser entendida como o que nos antecede e de nós independe. Ela é mais do que fonte de recursos, ela é a fonte da vida.

Evidentemente, não se trata de reproduzir na cidade os modelos tradicionais, mas de desenhar uma escola diferenciada, isto é, que se organize com base em distintos modos de pensar, de sentir e de viver a vida; que invente novas rotinas e cotidianos possibilitadores de encontros verdadeiros entre as pessoas, tecidos pelo desejo, pela necessidade de interações acolhedoras e pesquisas instigadoras. Uma instituição de Educação Infantil que invente seus próprios caminhos, a partir de movimentos democráticos de encontro e confronto de ideias, saberes, sentimentos, necessidades, desejos daqueles que participam de sua construção cotidiana; que tenha um compromisso com a amorosidade, com a qualidade das interações dos humanos entre si e com a natureza. Pois, nesses dois planos:

> O amor é a emoção central na história evolutiva humana desde o início, e toda ela se dá como uma história em que a conservação de um modo de vida no qual o amor, a aceitação do outro como um legítimo outro na convivência, é uma condição necessária para o desenvolvimento físico, comportamental, psíquico, social e espiritual normal da criança, assim como para a conservação da saúde física, comportamental, psíquica, social e espiritual do adulto. Num sentido estrito, nós, seres humanos, nos originamos no amor e somos dependentes dele. Na vida humana, a maior parte do sofrimento vem da negação do amor: os seres humanos somos filhos do amor (MATURANA, 1998, p. 25).

Uma escola amorosa é o que necessitamos não apenas para as crianças indígenas, mas também para as do campo, da cidade, da floresta, do cerrado, da caatinga, da beira de praia ou de qualquer recanto do país. Uma escola que não se organize pela lógica da apropriação privada do conhecimento, pelo individualismo e a competição, pela ideologia do aprisionamento dos corpos e do esmaecimento dos desejos, pela imposição antidemocrática de normas e regras que não estão voltadas para o benefício da maioria; mas se fundamente na ética do cuidado, aposte na democracia como modo de convívio amoroso, do qual poderá emergir criatividade, inventividade, liberdade.

Finalizando para recomeçar

"O céu veio à conversa.
O espaço dilatou-se
e uma luz diferente,
vermelha, branca,
alaranjada,
pousou em nossas peles e palavras."

"O céu", *Carlos Drummond de Andrade*

Se, nos últimos anos, em um jogo político árduo, a duras penas, superamos a situação de barbárie vivida por nossa população mais pobre, e pudemos avançar em políticas públicas que as beneficiaram em suas necessidades mais elementares; se conquistamos a universalização da educação das crianças de 4 e 6 anos e estamos ainda na luta pela inclusão das creches entre as políticas prioritárias; se tudo isso é verdade, também é fato que os serviços de atendimento às crianças estão muito aquém dos seus direitos. Estamos distantes de uma realidade cotidiana cuja pedagogia desafie e potencialize a inteligência, a criatividade, a solidariedade, o sentido de coletivo que é condição para a plena existência humana. Hoje vivemos a vergonhosa e atroz situação de congelamento de gastos públicos com educação: faltam recursos a serem investidos em processos de formação permanente!

A Educação Infantil hoje é direito das crianças, mas é comum que as rotinas institucionais ainda não permitam que se constitua, para elas, como alegria. Essa realidade nos é informada pelos olhares infantis, *in loco*, e por depoimentos de mães e profissionais da escola, a que temos acesso em atividades de ensino, pesquisa e extensão.

O desafio é o de aprender-e-ensinar a delicadeza necessária às interações humanas, a leveza necessária ao brincar! Nesse sentido, seria preciso investir em uma formação que questione o lugar central das professoras no processo pedagógico, desterritorializando-as, questionando posturas que imprimem verticalidade às relações, e horizontalizando-as. Esse não é um desafio colocado pelas atuais políticas nacionais de formação de profissionais da Educação Infantil. Ao contrário, com seus objetivos de desenvolvimento e aprendizagem serializados e fragmentados, não será a BNCC que nos fará avançar no sentido de aprender-e-ensinar a inteireza que exigem cuidar-educar.

As proposições apresentadas anteriormente representam um grande desafio porque elas questionam nosso padrão atual de pensar e de sentir. Elas questionam os pressupostos ontológico (o que é a natureza), epistemológico (como a conhecemos) e antropológico (quem é o ser que conhece) do paradigma que molda as nossas visões de mundo (SANTOS, 2001). Essa visão à qual nos acostumamos é simplista porque a natureza é um organismo vivo, porque a razão não é a única via de conhecimento da realidade, e o que define as crianças não é apenas a sua racionalidade. Pois conhecer não significa apenas construir relações lógico-matemáticas no contato com os objetos; a aprendizagem não é apenas representação mental do mundo, mas um processo em que corpo e mente, razão e emoção constituem-se como unidade, estão absolutamente articulados. O foco do projeto educativo-pedagógico não pode estar no indivíduo, mas no coletivo. A referência dos processos de formação não é o professor, mas a equipe da escola. A felicidade não está nos objetos, é preciso dizer não ao desejo consumista que molda nossas subjetividades e alimenta o coração do sistema.

Como incorporar essas ideias aos nossos planejamentos de trabalho? Como materializar, no cotidiano, concepções e práticas pedagógicas que ultrapassem as salas de aula e alcancem o território socioambiental em que as escolas estão situadas?

Para religar as crianças com o mundo natural, dizer não ao consumismo e ao desperdício, redesenhar os caminhos de conhecer, dizer sim aos desejos do corpo e aprender-e-ensinar a democracia são necessários conceitos que atuem como ferramentas, que exerçam uma função de questionamento e provocação da realidade, possibilitando fazer a crítica do mundo, para instaurar outros mundos (GALLO, 2003). Para nós, um conceito que é ferramenta fundamental, orientador dos movimentos de busca teórica e criação pedagógica vem sendo o das três ecologias, de Félix Guattari.

Os registros ecológicos pessoal, social e ambiental são uma referência importante porque, em suas relações, expressam as dimensões da existência e revelam tanto a qualidade de vida na Terra quanto da vida das crianças e seus professores nos espaços de Educação Infantil. Articuladas ao compromisso ético de cuidar, as três ecologias podem se constituir como parâmetro para a elaboração dos planejamentos pedagógicos porque nos permitem perguntar sobre o que está posto e desafiar para além: como vão as relações de cada criança ou professora consigo própria? Qual a qualidade das relações entre as pessoas que constituem a comunidade escolar? Como vai a relação delas com o mundo natural? Por que só as salas são assumidas como espaços privilegiados para as aprendizagens? Por que, na cultura pedagógica hegemônica, o lado de fora é o lugar do nada? Por que a natureza é simplesmente cenário, pano de fundo, onde humanos mentais se movem?

É necessário desconstruir a ideia e a realidade de uma vida escolar entre paredes porque não podemos correr o risco, no processo de democratização do acesso à escola, de estender a todos esse modelo nefasto. Pois o sentimento de respeito à natureza está relacionado à convivência, aos laços afetivos em relação aos lugares, aos seres, às coisas, ao universo biótico e abiótico. Assim, onde quer que esteja situada a IEI – numa favela, no centro da cidade, à beira-mar, no cerrado, na floresta – será preciso ultrapassar os muros, desemparedar. Isso não é simples, porque estamos apegados à ideia de escola como local fechado, onde os conhecimentos são transmitidos dos livros ou da cabeça das professoras para a cabeça das crianças. Mas explorar o entorno, assumindo-o como objeto de investigação pedagógica, é ainda mais difícil nas cidades de grande e médio porte, em que há um grande temor das famílias e dos profissionais da escola em relação à violência urbana.

Como enfrentar o problema? Como oferecer às crianças o que a lei lhes assegura? O primeiro passo é abrir o debate, é trazer para as reuniões de professores e de pais as definições das DCNEI a respeito de sua condição de ser que é sujeito de direitos, portanto, alguém que sabe expressar e deve ser escutado em relação ao que é fundamental para o seu desenvolvimento pleno: as brincadeiras nos espaços internos e externos às instituições, os movimentos amplos e os deslocamentos que lhes possibilitam o convívio com o mundo natural e social, as interações entre seus saberes e os conhecimentos que a humanidade vem construindo.

Podemos convidar irmãos mais velhos, avós, vizinhos e amigos a acompanharem as turmas nesse movimento de ultrapassar os muros da escola e ganhar as praças, conhecer os parques, brincar nos terrenos vizinhos, nas praias, nos campos, nas margens dos rios. Será necessário seduzir as famílias a apurar os sentidos para as árvores, as gramíneas e suas flores, o azul do céu, as águas, os animais ao redor. Pois, especialmente nas cidades, estamos tão alienados desse universo que, via de regra, nem sequer nos damos conta do mundo natural que está a nossa volta. Certamente, também será preciso convencer os pais – e nossas próprias colegas trabalhadoras– sobre a importância de superar uma "cultura da limpeza" que, invariavelmente, relaciona os elementos do mundo natural à sujeira, à doença, ao perigo, ao incontrolável.

Por outro lado, quando se trata de reformar ou construir creches e pré-escolas, os gestores públicos precisam também ser conscientizados.

Pois, muitas vezes, no afã de criar ou ampliar vagas, nos espaços ao ar livre são construídas novas salas, e as crianças ficam confinadas entre paredes. Estendendo a cobertura, sem assegurar qualidade de vida, o compromisso do poder público fica restrito ao cumprimento de um dever que corresponde a um direito legal. Porém, essa referência não basta, porque a ética do cuidar não se pauta num conceito de moralidade centrado em direitos, num princípio moral abstrato, assentado sobre condutas universais. Pois, partindo do princípio de que as pessoas são singulares, não há uma quantidade ou uma determinada maneira de cuidar que sirva a todas (TRONTO, 1997). Nessa linha de pensamento, oferecer instalações adequadas à saúde e ao bem-estar das crianças e adultos é cumprir com um primeiro dever, pois não basta que a frequência à creche e à pré-escola seja apenas um direito, é preciso que, para as crianças, seja fundamentalmente uma alegria!

É fundamental, ainda, que os espaços de Educação Infantil, assim como as políticas de formação, sejam assumidos como campo intersetorial, interdisciplinar e multidimensional, o que aponta para uma articulação entre as áreas da Educação, da Cultura, da Saúde, da Assistência Social e do Meio Ambiente. No caso desta última, se faz necessária uma aproximação dos saberes da educação ambiental, cujas orientações e diretrizes são expressas na Política Nacional de Educação Ambiental (PNEA/Lei nº 9.795/99), e mais recentemente nas DNEDH e nas DCNEA.

As DCNEI/2009 são referência importante porque apresentam algumas definições que aproximariam as práticas pedagógicas de um novo paradigma de convívio sustentável entre os seres humanos e a natureza.

Por exemplo, cumprir o princípio de respeito ético ao meio ambiente, afirmado no artigo 6º das DCNEI, implica compreender que os seres humanos são parte de uma rede cujo equilíbrio depende de cooperação entre espécies que se associam, que coevoluem há milhões de anos. Assim, quanto maior a rede de relações, quanto maior a diversidade de espécies, maior a possibilidade de preservação da Terra. Os sistemas sociais são parte dessa grande rede, que busca seu equilíbrio através de processos de autorregulação. As intervenções humanas não podem ameaçar a sua estabilidade, os seus limites, sob pena de colapsar a capacidade de auto--organização da matéria, que dá origem a todos os seres vivos (MATURANA; VARELA, 2002).

É preciso lembrar ainda que o compromisso sociopolítico com a ludicidade (artigo 7º) traz para o centro da cena o direito à brincadeira; e implica no rompimento de relações de dominação etária dos adultos sobre as crianças e na superação da obsessão pelo controle. Nessa lógica, não faz sentido que as crianças permaneçam por longos períodos em espaços fechados, enfileiradas, aguardando o comando dos adultos, como num quartel. Ao contrário, se interações e brincadeiras são apontadas como eixos norteadores da proposta curricular (artigo 9º), as práticas pedagógicas devem estar atentas à manifestação infantil, aos desejos e interesses que as crianças expressam quando brincam livremente entre si. É essa atenção que assegura o respeito ao princípio estético de valorização da sensibilidade, da criatividade e da liberdade de expressão (artigo 6º), potencializadas quando em interação com os elementos naturais.

Como prevê o artigo 8º das DCNEI, garantir às crianças o direito à proteção, à saúde, à liberdade, à confiança, ao respeito, à dignidade, à brincadeira, à convivência e à interação com outras crianças implica assegurar o direito aos deslocamentos e aos movimentos amplos nos espaços internos e externos às salas de referência das turmas e à instituição. Pois, como seres da natureza, cuja identidade se constitui na interação com os membros de uma espécie que possui especificidade histórica, cultural, racional, linguística e política (LOUREIRO, 2006; GUIMARÃES, 2006), as crianças só se constituirão integralmente se forem sujeitos de seus corpos e de seus movimentos também na relação com os elementos que as atraem: a água, a terra, a areia... Por outro lado, ao referir-se aos espaços externos e ao entorno, o artigo 8º aponta para a evidência de que as IEIs não são o único lugar onde as crianças aprendem. Mais que isso, chama a atenção para o fato de que elas não são prisioneiras, nasceram para o mundo.

As DCNEI 2009 apresentam elementos de um novo paradigma ao afirmar o respeito às vontades do corpo como condição para que se mantenha viva a potência infantil, pois o livre movimento está na sua origem e possibilita "o encantamento, o questionamento, a indagação e o conhecimento das crianças em relação ao mundo físico e social, ao tempo e à natureza" (artigo 9º, VIII). Ao brincar na terra, construir castelos de areia, fantasiar segredos da floresta encantada de seus sonhos, ao imaginar enredos em que se transmutam em animais e vice-versa, as crianças vão construindo sentidos sobre a sociedade e sobre a natureza (artigo 4º).

As perspectivas de um novo paradigma se evidenciam também no artigo 7º das DCNEI, ao considerar que a vida no planeta depende de novas formas de sociabilidade e de subjetividade, comprometidas com a democracia e a sustentabilidade. Ainda que não tenha sido explicitada, essa possibilidade se concretizará como investimento em subjetividades que não sejam autocentradas e focadas na posse de objetos, mas voltadas para as interações solidárias entre as pessoas, os povos e as outras espécies.

Neste novo momento da história da humanidade, quando, finalmente, entendemos que é preciso pensar em termos globais e agir localmente, creches e pré-escolas podem se constituir como instituições formadoras de inteligências, valores e sentimentos generosos em relação à vida; como campos de intervenção que nos possibilitem desmontar filosofias e ideologias antropocêntricas, individualistas e consumistas que norteiam as práticas sociais atuais. Nessa linha, professores e professoras se voltarão para resgatar, no melhor de nossas tradições culturais – negra, indígena e de outras etnias que compõem a nação brasileira –, valores distintos daqueles que moldaram uma história de apropriação privada, dominação e controle dos territórios, produzindo desequilíbrio ambiental, desigualdade social e sofrimento psíquico.

Mais do que tudo, é importante desconstruirmos, nos processos de formação de professores, a ideia de que educamos as crianças para que elas possam competir no mercado, oferecendo os meios para progredirem ao máximo (ORR,1995). O conhecimento que se constrói no contexto de relações afetivas é um conhecimento que tem valor de uso, não valor de troca; seu sentido não é a acumulação de bens e a reprodução de relações de lucro e poder, mas a qualificação da vida dos povos. Essas são referências fundamentais para a formação inicial e continuada dos educadores desse e de outros segmentos.

A intenção de educar crianças que sejam cidadãs planetárias – responsáveis por relações equilibradas entre cultura e natureza e entre povos de distintas etnias – nos leva a buscar inspiração e ensinamentos entre os clássicos. Por exemplo, com Friedrich Froebel, podemos aprender sobre a importância de uma infância em conexão com a natureza; com Rudolf Steiner, sobre o respeito à nossa condição de seres orgânicos; com Maria Montessori, sobre os sentidos como guias para nos relacionarmos com a realidade; com Célestin Freinet, os princípios de uma educação comprometida com a livre expressão e a democracia.

Por outro lado, essa mesma intenção nos aponta a importância de estarmos atentas às práticas educativas que foram e/ou estão sendo abraçadas por pedagogias libertárias, movimentos de arte-educação e educação para a paz, desde o período pós-Segunda Guerra Mundial ao atual; movimentos de educação popular da América Latina e África, que criaram e incorporaram em diferentes medidas o conceito de educação como prática da liberdade. Nos últimos tempos, essa intenção aponta para a importância de aprender com a educação ambiental crítica sobre como enfrentar uma organização escolar que empareda as crianças em um mundo artificializado e distante de sua origem natural, que entende que os recursos naturais, renováveis e não renováveis, existem para serem utilizados pelos seres humanos.

Apesar de estarem fundamentados em concepções filosóficas e em compromissos políticos e ideológicos diferenciados, contraditórios e, em alguns sentidos, até mesmo antagônicos, esses movimentos vêm denunciando e inventando alternativas à alienação, e podem constituir-se como fonte de inspiração para aqueles que se propõem a continuar reinventando o seu cotidiano. Além dessas, é preciso investigar as inúmeras modalidades de educação que estão fora do sistema formal de ensino.

A dimensão global dos perigos que ameaçam a vida no planeta exige uma aliança entre todos os povos. Não existe um único modo racional de desenvolvimento, mas uma pluralidade de possibilidades a serem apontadas e escolhidas soberanamente pelas comunidades, em função de seus próprios critérios sociais e culturais (ACOSTA, 2016).

Num país que hoje reconhece a diversidade sociocultural e afirma os direitos de povos da floresta, quilombolas, caiçaras, ribeirinhos etc., será um privilégio poder escutá-los e apreender seus modos de pensar. Da mesma forma, dialogar com a cultura dos 305 povos que habitam 690 terras indígenas localizadas em praticamente todos os estados do Brasil, exceto no Piauí e no Rio Grande do Norte. Com eles aprenderemos que o respeito pela vida deve incluir toda a vida, não apenas a vida humana.

Sabemos que a Terra é um ser vivo que assegura a sobrevivência dos seres humanos e de todas as espécies que a habitam. Essa é uma referência fundamental para a educação das crianças pequenas! Porque é essa compreensão que nos permitirá, desde a creche e a pré-escola, respeitar e celebrar o seu caráter sagrado e resistir a que seja transformada em matéria-prima morta para a economia industrial.

Sabemos também que a felicidade não é uma mercadoria! Ela pode estar nas rodas de conversa, na contação de histórias, no plantio de uma horta, num banho de mangueira ou de chuva; em práticas que afirmam a criatividade e o fazer conjunto, em atividades que estão voltadas para o cuidado das pessoas, das sociedades humanas e da natureza. Por isso alegram os corações, alimentam sonhos, desencadeiam utopias.

Notas

Introdução

1. O termo preservação vem sendo relacionado à ideia de intocabilidade da natureza, enquanto o de conservação se refere ao seu uso sustentável.

2. Molar se refere ao nível de constituição das grandes identidades, aos modos de subjetivação macropolíticos, de segmentaridade dura, estável. Molecular se refere à constituição das subjetividades no nível micropolítico, de segmentaridade flexível. De acordo com Barros, para Deleuze e Guattari: "Tanto a sociedade quanto o indivíduo são atravessados, ao mesmo tempo, por duas ordens de segmentaridade: uma molar e outra molecular. Essa ideia de simultaneidade ou coexistência entre tais ordens aponta para o fato de que tudo é ao mesmo tempo macro e micropolítica. Assim, numa organização molar há, ao mesmo tempo, segmentações finas, afetos inconscientes que operam de outro jeito." (BARROS, 1994, p. 48)

3. "Guattari acrescenta o sufixo 'ístico' a 'capital' por lhe parecer necessário criar um termo que possa designar não apenas as sociedades qualificadas como capitalistas, mas também setores do 'Terceiro Mundo' ou do 'capitalismo periférico', assim como as economias ditas socialistas dos países do leste, que vivem numa espécie de dependência do capitalismo. Tais sociedades, segundo esse autor, em nada se diferenciam do ponto de vista do modo de produção da subjetividade. Elas funcionariam segundo uma mesma cartografia do desejo no campo social, uma mesma economia libidinal política." (GUATTARI; ROLNIK, 1986, nota de rodapé, p. 15)

PARTE 1
CAPÍTULO 1 – A PESQUISA COMO QUESTIONAMENTO DO PARADIGMA MODERNO

1. Segundo Petry (2000), a imigração convinha aos propósitos de "branqueamento" da população brasileira, e por serem os alemães excelentes agricultores. Em 1824, chegaram a São Leopoldo, no Rio Grande do Sul, os primeiros colonos.

2. Grupos de Formação eram uma estratégia da Escola de Formação Paulo Freire com o objetivo de oferecer subsídios teóricos e práticos que favorecessem o processo de qualificação do cotidiano em relação a variadas questões e aspectos do trabalho no interior das escolas. No caso do grupo sobre Qualidade do Ambiente na Educação Infantil, os trabalhos visavam também à produção de elementos para a elaboração de indicadores de qualidade ambiental que orientassem a Secretaria de Educação na construção e na manutenção dos espaços escolares.

3. À época da coleta de dados, nos 40 CEIs pesquisados, estavam matriculadas 4.384 crianças, atendidas por 826 adultos.

CAPÍTULO 2 – A NATUREZA COMO LUGAR DA SUJEIRA, DA DOENÇA, DO PERIGO, DO INCONTROLÁVEL, DA LIBERDADE

1. Em 28 dos 40 CEIs pesquisados, há espaços cobertos que, em dias de chuva, são utilizados para movimentação ampla. Em 3 deles, nestes dias, as crianças utilizam o refeitório para brincar, mas em 9 não há espaços alternativos.

2. A distribuição desses materiais é, porém, bastante irregular, no que diz respeito a quais elementos revestem cada CEI: 13 se referem à presença dos 4 elementos que predominam; 3 CEIs têm apenas brita como revestimento da área externa; 3 têm brita e cimento; um, só cimento; e 1 tem apenas grama. A terra é citada em 25% dos questionários, o que corresponde a 10 CEIs. E o barro batido aparece apenas na resposta de 1 CEI. Vale realçar que o instrumento de pesquisa não revela a proporção em que se apresenta cada um desses elementos em cada unidade. Num CEI, que revelou a presença de

284 | EDUCAÇÃO INFANTIL COMO DIREITO E ALEGRIA

todos os tipos de revestimento, a aplicação do questionário complementar apontou que mais de 90% da área é de brita. Essa informação leva, outra vez, à suspeita de que a brita é o que predomina nos CEIs.

3. Seria necessário conhecer a visão dos educadores dos CEIs em que a exploração do entorno é uma prática mais regular, desde os que têm uma periodicidade de 15 em 15 dias até os que praticam diariamente essa atividade. Entretanto, não houve essa oportunidade.

4. Em pleno século das luzes e na contramão de um movimento generalizado de ode à razão, Rousseau recoloca a discussão sobre as relações entre seres humanos e natureza. De acordo com Arbousse Bastide, suas referências são, de um lado, a filosofia enciclopédica e, de outro, as ciências naturais e históricas (Rousseau, 1978, p. 203). Mas, sem dúvida, um elemento fundamental é o próprio convívio de Rousseau com a natureza, é aí que ele se refugia, onde mergulha para escrever seus discursos. Para o filósofo, a natureza não é uma máquina, como quiseram crer seus contemporâneos iluministas, que "estudavam a natureza para poder falar sabiamente dela, não para conhecerem-se a si mesmos" (Chaui, 1978, p. XVII). O encontro de cada um consigo mesmo seria, portanto, obtido através de um mergulho na natureza, que, como fonte da felicidade humana, só pode ser conhecida pelo sentimento, não pela razão.

CAPÍTULO 3 – O EMPAREDAMENTO OFICILIAZADO

1. Uma primeira versão deste texto foi publicada sob o título Educação infantil como direito e alegria (TIRIBA, 2017, pp. 72-86).

2. Entrevista realizada em 26/4/2004, por ocasião a pesquisa de doutorado (TIRIBA, 2005).

3. Essa portaria expede normas para a instalação de creches em locais de trabalho, como está previsto no artigo 389, Título III, da Consolidação das Leis do Trabalho, capítulo III – Da proteção do trabalho da mulher (Lei 5.452, de 1/5/1943). A Portaria regulamenta normas também para convênios com as creches distritais.

4. Os demais critérios são: Nossas crianças têm direito à brincadeira; Nossas crianças têm direito à atenção individual; Nossas crianças têm direito a um ambiente aconchegante, seguro e estimulante; Nossas crianças têm direito à higiene e à saúde; Nossas crianças têm direito a uma alimentação sadia; Nossas crianças têm direito a desenvolver sua curiosidade, imaginação e capacidade de expressão; Nossas crianças têm direito à movimentação em espaços amplos; Nossas crianças têm direito à proteção, ao afeto e à amizade; Nossas crianças têm direito a expressar seus sentimentos; Nossas crianças têm direito a uma especial atenção durante seu período de adaptação à creche; Nossas crianças têm direito a desenvolver sua identidade cultural, racial e religiosa.

5. Os demais critérios são: A política de creche respeita os direitos fundamentais da criança; A política de creche está comprometida com o bem-estar e o desenvolvimento da criança; A política de creche reconhece que as crianças têm direito a um ambiente aconchegante, seguro e estimulante; A política de creche reconhece que as crianças têm direito à higiene e à saúde; A política de creche reconhece que as crianças têm direito a uma alimentação saudável; A política de creche reconhece que as crianças têm direito à brincadeira; A política de creche reconhece que as crianças têm direito a ampliar seus conhecimentos.

6. O aprisionamento de tartarugas é um crime previsto na Lei de Crimes Ambientais ou Lei da Natureza, Capítulo dos "Crimes contra o Meio Ambiente", Seção I, dos Crimes contra a Fauna, Art.29°.

7. O Proinfância é um programa de assistência financeira ao Distrito Federal e aos municípios para a construção, reforma e aquisição de equipamentos e mobiliário para creches e pré-escolas públicas da Educação Infantil. Seu objetivo é garantir o acesso de crianças a creches e escolas de Educação Infantil públicas, especialmente em regiões metropolitanas, onde são registrados os maiores índices de população nesta faixa etária.

8. Estudo propositivo sobre a organização dos espaços externos das unidades do Proinfância em conformidade com as orientações desse programa e as Diretrizes Curriculares Nacionais para a Educação Infantil (DCNEIs) com vistas a subsidiar a qualidade no atendimento.

CAPÍTULO 4 – À DISPOSIÇÃO DE QUE ESTARÃO AS CRIANÇAS, SE NÃO ESTÃO À DISPOSIÇÃO DE SI MESMAS?

1. Trata-se de uma questão a ser averiguada de forma mais sistemática por pesquisas documentais e empíricas.

CAPÍTULO 5 – O DESAFIO DE EDUCAR E CUIDAR: SABER FEMININO, AMOR ENTRE OS HUMANOS E RESPEITO À BIODIVERSIDADE

1. Em especial os da escola jônica, a que pertenceram Tales de Mileto e Heráclito, são justamente os primeiros filósofos que não recorrem ao sobrenatural para a compreensão da realidade: buscam na natureza a explicação dos fenômenos. Com suas concepções e seus métodos de abordagem da realidade, inauguram, na história do pensamento, a ideia de uma possibilidade de total explicação dos fenômenos, perspectiva que se tornou hegemônica na civilização ocidental. O pensamento filosófico significa uma ruptura radical com o pensamento mítico, que, entretanto, não desaparece, mas permanece convivendo com aquele, submerso, inclusive nas culturas atuais.

2. Uma primeira versão deste texto foi publicada sob o título "Educar e cuidar: buscando a teoria para compreender discursos e práticas" (TIRIBA, 2005B). A reflexão nasceu no contexto da pesquisa "Formação de profissionais da Educação Infantil do Estado do Rio de Janeiro: concepções, políticas e modos de implementação", coordenada pela professora Sonia Kramer, do Departamento de Educação da PUC-Rio.

3. Mesmo considerando a ideia de que o próprio conceito de emoção é invenção histórica, a autora busca construir uma ponte sobre um suposto hiato entre emoção e conhecimento, através da sugestão de que emoções podem ser úteis e até necessárias ao invés de prejudiciais à construção do conhecimento.

Parte 2
Capítulo 8 – Dizer não ao consumismo e ao desperdício

1. "Profecia indígena – Guerreiros do arco-íris."
2. Do consumo privado mundial, "80% são abocanhados por 20% da população mundial residentes nos países mais ricos, o que faz 'sobrar' para 80% da população (5,6 bilhões de pessoas), residente nos países mais pobres e em vias de desenvolvimento, apenas 20% da produção mundial. Apenas os EUA, com 4,5% da população mundial, consomem 40% de todos os recursos disponíveis". Dados de 2014, disponíveis na *Revista Ecológico* (reportagem assinada por Marcus Eduardo de Oliveira).
3. De acordo com reportagem na edição nº 27 da revista *Caros Amigos*, a desigualdade Norte-Sul pode ser medida em termos de consumo de água, porque ela está presente em tudo que consumimos: comida, roupa, carro, computador. Na agricultura, para cultivar 1 quilo de trigo, são usados 900 litros de água, e 1 quilo de arroz gasta 1.400 litros. Para produzir 1 litro de cerveja são gastos 7 litros de água; cada quilo de alumínio consome 100 mil litros, e cada carro, 400 mil litros. Um africano da Tunísia consegue comer bem com 1,1 milhão de litros de água *per capita* por ano, enquanto um californiano precisa do dobro.

Capítulo 9 – Redesenhar os caminhos de conhecer

1. Nos anos 1970, mulheres de distintas partes do planeta mobilizaram-se para plantar árvores em terras degradadas, impedir a derrubada de bosques ou a criação de barragens em áreas de plantio ou protestar contra o processamento de urânio em áreas próximas às suas residências. O movimento Green Belt (Cinturão Verde), do Quênia, e o movimento Chipko (de abraçar as árvores), da Índia, são os exemplos mais conhecidos. O termo "ecofeminismo" foi cunhado pela escritora francesa Françoise d'Eaubonne, em 1974, que convocou as mulheres a liderarem uma revolução ecológica para salvar o planeta. De acordo com Merchant (1992), o conceito foi desenvolvido no Instituto de Ecologia Social, em Vermont; e, em 1980, a partir da conferência "Mulheres e vida na Terra", realizada em Massachusetts, tornou-se um movimento.

2. Francis Bacon (1561-1626), criador do método empírico de investigação e primeiro formulador do raciocínio indutivo, ao se referir à postura do cientista, utiliza algumas metáforas que denunciam violência: a natureza precisa ser "acossada em seus descaminhos", "obrigada a servir", "escravizada", "reduzida à obediência", sendo o objetivo da ciência "extrair da natureza sob tortura todos os seus segredos". Ver a esse respeito Crema (1989); Capra (1986); Mies; Shiva (1998).

3. Essa maneira de conceber o conhecimento é trabalhada por outros autores, que utilizam diferenciadas metáforas no esforço de conceituá-lo. O fenômeno que Guattari e Deleuze chamam de rizoma, ou de transversalidade, Foucault denominaria "capilaridade do poder"; Lefebvre, Certeau e Latour, "conhecimento em rede"; Boaventura de Sousa Santos, "rede de subjetividades geradas em redes de contextos cotidianos"; e Morin, "pensamento complexo" (GALLO, 2003).

4. De origem grega – *rhízoma* –, é um caule radiciforme e armazenador, geralmente subterrâneo, mas que pode ser aéreo. O rizoma acumula reservas e, na época da floração, exibe um escapo florífero. A estrutura do gengibre e do bambu são rizomáticas.

5. Ver Lei de Crimes Ambientais ou Lei da Natureza – Lei n° 9.605/98, Capítulo dos Crimes contra o Meio Ambiente, Seção I, dos Crimes contra a Fauna, Art.29°.

CAPÍTULO 10 – DIZER SIM ÀS VONTADES DO CORPO

1. As ideias aqui expostas compõem textos produzidos para o programa *Salto para o futuro*, da TVE, em especial a série veiculada em abril de 2008, intitulada "O corpo na escola", por mim coordenada.

CAPÍTULO 11 – APRENDER-E-ENSINAR A DEMOCRACIA

1. Além dos citados, outras comunidades e outros povos são reconhecidos no decreto n° 8750, de 9/5/2016, assinado pela presidenta Dilma Rousseff. O referido decreto instituiu o Conselho Nacional dos Povos e Comunidades

Tradicionais (CNPCT), órgão colegiado de caráter consultivo, integrante da estrutura do Ministério do Desenvolvimento Social e Combate à Fome.

2. Trata-se das atividades do projeto de pesquisa "Infâncias tupinambás – estudo de caso da integração entre crianças e ambientes naturais em comunidades indígenas", realizadas por Christiana Cabicieri Profice, do Grupo de Estudos e Interações Socioambientais (GEPISA/UESC-BA) e Lea Tiriba, do Grupo Infâncias, Tradições Ancestrais e Cultura Ambiental/GiTaKa/Unirio, com auxílio financeiro da Fundação de Amparo à Pesquisa do Estado da Bahia.

3. Viveiros de Castro é professor de Antropologia no Museu Nacional (RJ) e especialista em Etnologia Brasileira.

BIBLIOGRAFIA

ACOSTA, Alberto. *O bem viver: uma oportunidade para imaginar outros mundos*. São Paulo: Autonomia Literária, Elefante, 2016.

ALMEIDA, Jane Soares de. *Mulheres na escola: algumas reflexões sobre o magistério feminino*. Caderno de Pesquisa: São Paulo, n 76, fevereiro de 1996, pp. 71-78.

ALVES, Nilda; GARCIA, Regina Leite. *O sentido da escola*. Rio de Janeiro: DP&A, 2001.

BARRENECHEA, Miguel Angel de. *Nietzsche e o corpo*. Rio de Janeiro: 7Letras, 2009.

_____.O corpo e a subjetividade. In: *O percevejo online* (Periódico do programa de Pós-Graduação em Artes Cênicas PPGAC/Unirio): Rio de Janeiro, v. 3, n. 2. Disponível em: <http://www.seer.unirio.br/index.php/opercevejoonline/article/view/1918/1544>. Acesso em 11/12/2017.

BARROS, Regina. *Grupo: a afirmação de um simulacro. 1994*. Tese (Doutorado em Psicologia Clínica), Instituto de Psicologia, PUC-SP, São Paulo.

_____; PASSOS, Eduardo. A construção do plano da clínica. In: *Psicologia, teoria e pesquisa*, jan-abr 2000, v. 16, n.1, pp. 71-79.

BELO HORIZONTE. Conselho Municipal de Educação. Resolução CME/BH n. 1, de 7/11/2000. *Diário Oficial do Município*. Belo Horizonte, 11/11/2000.

BERNARDI, Bernardo. *Introdução aos estudos etnoantropológicos*. Lisboa: Perspectivas do Homem, 2007.

BERNET, Jaume Trilla. Ciudades educadoras: bases conceptuales. In: ZAINKO, Maria Sabbag. *Cidades educadoras*. Curitiba: Editora da UFPR, 1997.

BLUMENAU, Herman. "Sul do Brasil em suas referências à emigração e colonização alemã". In: FERREIRA, Cristina; PETRY, Sueli (Orgs.). *Um alemão nos trópicos: Dr. Blumenau e a política colonizadora no Sul do Brasil.* Blumenau: Instituto 150 anos, 1999.

BOFF, Leonardo. *Saber cuidar: ética do humano, compaixão pela terra.* Petrópolis: Vozes, 1999.

_____.*Sustentabilidade: o que é – o que não é.* Petrópolis: Vozes, 2012.

BORNHEIM, Gerd. *Os filósofos pré-socráticos.* São Paulo: Cultrix, 2001.

BRASIL. Ministério da Educação. Resolução nº 1, 30 de maio de 2012. Diretrizes Nacionais para a Educação em Direitos Humanos, 2012a. Disponível em: <https://prograd.ufg.br/up/90/o/rcp001_12.pdf>. Acesso em 5/12/2017.

_____.Ministério da Educação, Secretaria de Educação Básica. Programa de Formação Inicial para Professores em Exercício na Educação Infantil: Guia Geral 2005. Brasília: 2005 (Coleção ProInfantil). Disponível em: <http://portaldoprofessor.mec.gov.br/storage/materiais/0000012809.pdf>. Acesso em 9/4/2018.

_____.Lei de Diretrizes e Bases da Educação Nacional – nº 9394/1996. Disponível em: <https://www2.senado.leg.br/bdsf/bitstream/handle/id/70320/65.pdf>. Acesso em 2/12/2017.

_____.Ministério da Educação. Base Nacional Comum Curricular. Disponível em: <http://basenacionalcomum.mec.gov.br/images/BNCCpublicacao.pdf>. Acesso em 5/12/2017.

_____.Resolução nº 2, 15 de junho de 2012. Diretrizes Curriculares Nacionais para a Educação Ambiental, 2012b. Disponível em: <http://portal.mec.gov.br/index.php?option=com_docman&view=download&alias=10988-rcp002-12-pdf&category_slug=maio-2012-pdf&Itemid=30192>. Acesso em 5/12/2017.

_____.Resolução nº 1, 30 de maio de 2012. Diretrizes Nacionais para a Educação em Direitos Humanos, 2012a. Disponível em: <hhttp://portal.mec.gov.br/index.php?option=com_docman&view=download&alias=10889--rcp001-12&category_slug=maio-2012-pdf&Itemid=30192>. Acesso em 2/3/2018.

_____.Secretaria de Educação Básica. Resolução nº 1 de 7 de abril de 1999. Diretrizes Curriculares Nacionais para a Educação Infantil. Brasília: MEC/CNE/SEB, 1999. Disponível em: <http://portal.mec.gov.br/cne/arquivos/pdf/CEB0199.pdf.>. Acesso em 11/12/2017.

_____.Secretaria de Educação Básica. Diretrizes Curriculares Nacionais para a Educação Infantil. Brasília: MEC/CNE/SEB, 2009. Disponível em: <http://portal.mec.gov.br/index.php?option=com_docman&view=download&alias=2298-rceb005-09&category_slug=dezembro-2009-pdf&Itemid=30192>. Acesso em 11/12/2017.

_____. Tratado de Educação Ambiental para Sociedades Sustentáveis e Responsabilidade Global. Secretaria de Educação Continuada, Alfabetização, Diversidade e Inclusão. Rio de Janeiro, 2011. Disponível em: <http://portal.mec.gov.br/secad/arquivos/pdf/educacaoambiental/tratado.pdfhttp://portal.mec.gov.br/secad/arquivos/pdf/educacaoambiental/tratado.pdf>. Acesso em 9/12/2017.

_____.Lei de Crimes Ambientais ou Lei da Natureza – Lei nº 9.605/98, capítulo "Crimes contra o meio ambiente", Seção I, dos Crimes contra a fauna, artigo 29º. Disponível em: <http://www.planalto.gov.br/ccivil_03/leis/L9605.htm>. Acesso em 2/12/2017.

_____. Secretaria de Educação Básica. Parâmetros Nacionais de Qualidade para a Educação Infantil. Brasília: MEC, 2006a. Disponível em: <http://portal.mec.gov.br/seb/arquivos/pdf/Educinf/miolo_infraestr.pdf>. Acesso em 2/12/2017.

_____. Secretaria de Educação Básica. Parâmetros Básicos de Infraestrutura para Instituições de Educação Infantil. Brasília: MEC, 2006b. Disponível em: <http://portal.mec.gov.br/seb/arquivos/pdf/Educinf/miolo_infraestr.pdf>. Acesso em 2/12/2017.

_____. Subsídios para Credenciamento e Funcionamento de Instituições de Educação Infantil. v. I. Brasília: MEC, 1998a. Disponível em: <http://portal.mec.gov.br/seb/arquivos/pdf/scfiei.pdf>. Acesso em 5/12/2017.

_____. Subsídios para Credenciamento e Funcionamento de Instituições de Educação Infantil. v. II. Brasília: MEC, 1998b. Disponível em: <http://portal.mec.gov.br/seb/arquivos/pdf/volume_II.pdf>. Acesso em 5/12/2017.

_____. Programa Nacional de Reestruturação e Aquisição de Equipamentos para a Rede Escolar Pública de Educação Infantil (Proinfância), MEC, Plano de desenvolvimento da educação (PDE). Resolução nº 6 de 24 de abril de

2007. Disponível em: <http://www.fnde.gov.br/programas/proinfancia>. Acesso em 14/5/2018.

_____. Projeto de Fortalecimento Institucional das Secretarias Municipais de Educação na Formulação e Implementação da Política Municipal de Educação Infantil, MEC, 2014. Disponível em: <http://portal.mec.gov.br/index.php?option=com_docman&view=download&alias=33051-educ-infantil-organizacao-espaco-interno-proinfancia-produto03-pdf&category_slug=janeiro-2016-pdf&Itemid=30192>. Acesso em 26/9/2016.

_____. Referencial Curricular Nacional para a Educação Infantil. Brasília: MEC/SEF, 1998c. Disponível em: <portal.mec.gov.br/seb/arquivos/pdf/rcnei_vol1.pdf>. Acesso em 11/12/2017.

_____. Resolução CEB nº 1, de 13 de abril de 1999. *Diário Oficial da União*. Brasília, 13 abril 1999. Disponível em: <http://portal.mec.gov.br/cne/arquivos/pdf/CEB0199.pdf>. Acesso em 11/12/2017.

_____. Secretaria de Educação Básica. Parâmetros Nacionais de Qualidade para a Educação Infantil. Brasília: MEC, 2006a. Disponível em: <http://portal.mec.gov.br/seb/arquivos/pdf/Educinf/miolo_infraestr.pdf>. Acesso em 11/12/2017.

_____. Política Nacional de Educação Infantil. Brasília, 2005. Disponível em: <http://www.dominiopublico.gov.br/download/texto/me002610.pdf>. Acesso em 11/12/2017.

_____. Congresso Nacional. Lei nº 8.069, de 13 de julho de 1990. Dispõe sobre o Estatuto da Criança e do Adolescente e dá Outras Providências. Diário Oficial da União, Brasília, 16. Jul. 1990. Disponível em: <http://www.planalto.gov.br/ccivil_03/leis/L8069.htm>. Acesso em 11/12/2017.

_____. Congresso Nacional. Lei nº 13.005, de 25 de junho de 2014. Aprova o Plano Nacional de Educação e Dá Outras Providências. Congresso Nacional. Diário Oficial da União, Brasília, 2014. Disponível em: <http://www.planalto.gov.br/ccivil_03/_ato2011-2014/2014/lei/l13005.htm>. Acesso em 11/12/2017.

_____. Constituição da República Federativa do Brasil. Brasília, 1988. Disponível em: <http://www2.camara.leg.br/legin/fed/consti/1988/constituicao-1988-5-outubro-1988-322142-publicacaooriginal-1-pl.html>. Acesso em 2/12/2017.

_____. Ministério da Saúde. Portaria nº 321, de 26 de maio de 1988. Disponível em: <http://www.saude.mg.gov.br/images/documentos/portaria_0321.pdf>. Acesso em 15/3/2017.

_____. Ministério do Desenvolvimento Social e Combate à Fome. *Decreto nº 8750 de 9/5/2016*. Disponível em: <http://www.planalto.gov.br/ccivil_03/_ato2015-2018/2016/decreto/d8750.htm>. Acesso em 3/12/2017.

_____. Secretaria de Assistência Médica. Coordenação de Proteção Materno--Infantil. *Creches: instruções para instalação e funcionamento*. Rio de Janeiro: CPMI, 1972 (mimeo).

_____. Lei 5452/1943 CLT. Disponível em: <http://www2.camara.leg.br/legin/fed/declei/1940-1949/decreto-lei-5452-1-maio-1943-415500-publicacaoori-ginal-1-pe.html>. Acesso em 2/12/2017.

_____. Portaria nº 01, de 15 de janeiro de 1969. Ministério do Trabalho. Disponível em: <http://www.bigwine.com.br/norma/portaria-1-1969_180424.html>. Acesso em 2/12/2017.

CAMPOS, Maria Malta. Esta creche respeita criança: critérios para a unidade creche. In: ROSEMBERG, Fúlvia; CAMPOS, Maria Malta. *Critérios para um atendimento em creches que respeite os direitos fundamentais das crianças*. Brasília: MEC/SEF, 2009.

CAPRA, Fritjof. *A teia da vida: uma nova compreensão científica dos sistemas vivos*. São Paulo: Cultrix, 2004.

_____. et al. *Alfabetização ecológica: educação das crianças para um mundo sustentável*. São Paulo: Cultrix, 2006.

CASTORIADIS, Cornelius. *A instituição imaginária da sociedade*. Rio de Janeiro/São Paulo: Paz e Terra, 1982.

CASTRO, Lúcia Rabello; GARCIA, Cláudia Amorim; JOBIM e SOUZA, Solange (Orgs.) *Infância, cinema e sociedade*. Rio de Janeiro: Ravil, 1997.

CHAUI, Marilena. *Convite à filosofia*. São Paulo: Ática, 2001.

_____. "Apresentação"; "Vida e obra". In: ROUSSEAU, Jean Jacques. *Discurso sobre a origem e os fundamentos da desigualdade entre os homens*. São Paulo: Abril Cultural, 1978. (Coleção Os Pensadores)

CONH, Clarice. *Antropologia da criança*. Rio de Janeiro: Jorge Zahar, 2005.

Conselho Nacional dos Direitos da Mulher/Conselho da Condição Feminina/SP, *Creche Urgente*. São Paulo, 1988.

CORAZZA, Sandra. Base Nacional Comum Curricular: apontamentos crítico-clínicos e um trampolim. In: *Dossiê – Compreensões interdisciplinares teórico-metodológicas sobre intervenção*. Periódico Educação, Porto Alegre: v. 39, n. esp. (supl.), s135-s144, 2016. Disponível em: <http://revistaseletronicas.pucrs.br/ojs/index.php/faced/article/view/23591/15430>. Acesso em 11/12/2017.

COSENZA, Angélica; KASSIADOU, Anne; SÁNCHEZ, Celso. Educação ambiental e direitos humanos: necessárias articulações a partir da justiça ambiental e da ecologia política. In: SILVA, Aida; TIRIBA, Lea (Org.). *Direito ao ambiente como direito à vida: desafios para a educação em Direitos Humanos*. São Paulo: Cortez, 2014.

COSTA, Ediná. *Vigilância sanitária – produção e defesa da saúde*. São Paulo: Huitec, 1999.

CRUZ, Valter do Carmo. Povos e comunidades tradicionais. In: CALDART, Roseli Salete; PEREIRA, Isabel B.; ALENTEJANO, Paulo; FRIGOTTO, Gaudêncio (Orgs.). *Dicionário da educação do campo*. Rio de Janeiro/São Paulo: Escola Politécnica de Saúde Joaquim Venâncio. Expressão Popular, 2012.

CUNHA, Luiz A. *Educação e desenvolvimento social no Brasil*. Rio de Janeiro: Francisco Alves, 1977.

DELEUZE, Gilles. *Conversações*. Rio de Janeiro: 34, 1992.

_____. *Espinosa, filosofia prática*. São Paulo: Escuta, 2002.

_____. Guattari, Félix, *Mil platôs: capitalismo e esquizofrenia*. V. 3. Rio de Janeiro: 34, 1996.

DESCARTES, René. *Vida e obra*. São Paulo: Abril Cultural, 1979. (Coleção Os Pensadores).

ESPINOSA, Baruch de. *Ética*. São Paulo: Abril Cultural, 1983. (Coleção Os Pensadores).

FARIA, A. L. Goulart. O espaço físico nas instituições de Educação Infantil. In: MEC/SEF/COEDI. *Subsídios para credenciamento e funcionamento de instituições de Educação Infantil*. V. 2. Brasília, 1998.

FERRAZ, Paulo M. "Como viviam os primeiros colonos". In: *Centenário de Blumenau 1850-1950*. Blumenau: Edição da comissão de festejos, 1950.

FLORES, Maria Luíza; TIRIBA, Lea. *A Educação Infantil no contexto da Base Nacional Comum Curricular: em defesa das crianças como seres da natureza, herdeiras das tradições culturais brasileiras.* Maceió: Debates em Educação, v. 8, n. 16, pp. 157-183, jul./dez. 2016.

FORMOSINHO, Júlia (Org.). *Modelos curriculares para a educação da infância.* Lisboa: Porto Editora, 1998.

FOUCAULT. Michel. *Vigiar e punir.* Petrópolis: Vozes, 1987.

_____. *As palavras e as coisas.* São Paulo: Martins Fontes, 1992.

FOURIER, Charles. *Doutrina social (El Falastério).* Madri: Ediciones Juan, 1978.

FREINET, Celestin. *Pedagogia do bom senso.* São Paulo, Martins Fontes, 1991.

FREINET, Elise. *O itinerário de Célestin Freinet. A livre expressão na pedagogia Freinet.* Rio de Janeiro: Francisco Alves, 1979.

FREIRE, Madalena. *A paixão de conhecer o mundo.* Rio de Janeiro/São Paulo: Paz e Terra, 1983.

FREIRE, Paulo. *Educação como prática da liberdade.* Rio de Janeiro/São Paulo: Paz e Terra, 1976.

_____. *Pedagogia do oprimido.* Rio de Janeiro/São Paulo: Paz e Terra, 1978.

GALLO, Silvio. Transversalidade e educação: pensando uma educação não disciplinar. In: ALVES, Nilda; GARCIA, Regina Leite (Orgs.). *O sentido da escola.* Rio de Janeiro: DP&A, 2001.

_____. *Deleuze e a educação.* Belo Horizonte: Autêntica, 2003.

GARAUDY, Roger. *Apelo aos vivos.* Rio de Janeiro: Nova Fronteira, 1981.

GLEIZER, Marcos. *Espinoza e a afetividade humana.* Rio de Janeiro: Jorge Zahar, 2005.

GOUVEA, Maria José; TIRIBA, Lea (Orgs.). *Educação Infantil – um projeto de reconstrução coletiva.* Rio de Janeiro: SESC/ARRJ, 1998.

GRINDE, Bjørn; PATIL, Grete Grindal. Biophilia: Does Visual Contact With Nature Impact in the Health and Well-Being? *International Journal of Environmental Research And Public Health*, n. 6, pp. 2332-2343, 2009.

GRÜN, Mauro. *A outridade da natureza na educação ambiental.* ANPEd, GT 22, 2003.

GUATTARI, Félix. *As três ecologias.* Campinas: Papirus, 1990.

_____. *Revolução molecular: pulsações políticas do desejo.* São Paulo: Brasiliense, 1987.

_____.ROLNIK, Suely. *Micropolítica: cartografias do desejo.* Petrópolis: Vozes, 1986.

GUIMARÃES, Daniela. Educação de corpo inteiro. In: *O corpo na escola*. Ano XVIII, boletim 4, pp. 20-28, abril 2008. Disponível em: <https://cdnbi.tvescola.org.br/resources/VMSResources/contents/document/publicatio nsSeries/181924Corponaescola.pdf>. Acesso em 2/12/2017.

GUIMARÃES, Mauro (Org.). *Os caminhos da educação ambiental: da forma à ação*. Campinas: Papirus, 2006.

_____. PRADO, Carlos. Educação em Direitos Humanos e ética ambiental. In: SILVA, Aida. M. M.; TIRIBA, Lea (Orgs.). *Direito ao ambiente como direito à vida: desafios para a educação em Direitos Humanos*. São Paulo: Cortez, 2014.

HOEMKE, Ângela. *Ambiente de qualidade na Educação Infantil: elementos constitutivos da sala de crianças de 3 a 5 anos na perspectiva dos professores infantis*. 2004. Dissertação (Mestrado em Educação) – Univale, Itajaí, Santa Catarina.

JAGGAR, Alison. Amor e conhecimento: a emoção na epistemologia feminista. In: JAGGAR, Alison M.; BORDO, Susan R. *Gênero, corpo e conhecimento*. Rio de Janeiro: Rosa dos Tempos, 1997.

JAPIASSU, Hilton; MARCONDES, Danilo. *Dicionário Básico de Filosofia*. Rio de Janeiro: Jorge Zahar, 1996.

KING, Yenestra. Curando feridas: feminismo, ecologia e dualismo natureza/cultura. In: JAGGAR, Alison M.; BORDO, Susan R. *Gênero, corpo e conhecimento*. Rio de Janeiro: Rosa dos Tempos, 1997.

KOHAN, Walter (Org.). *Lugares da infância na filosofia*. Rio de Janeiro: DP&A, 2004.

_____ (Org.). *Devir-Criança da filosofia: infâncias da educação*. Belo Horizonte: Autêntica, 2010.

KONDER, Leandro. *Charles Fourier: o socialismo do prazer*. Rio de Janeiro: Civilização Brasileira, 1998.

_____. *Os sofrimentos do homem burguês*. São Paulo: Editora Senac, 2000.

KRAMER, Sonia. *A política do pré-escolar no Brasil: a arte do disfarce*. Rio de Janeiro: Achimé, 1984.

_____. *Propostas pedagógicas de Educação Infantil: subsídios para uma leitura crítica*. Rio de Janeiro, 1994 (mimeo).

LEFF, Enrique. *As aventuras da epistemologia ambiental.* São Paulo: Cortez, 2012.

LEITE, Maria Isabel; OSTETO, Luciana. *Arte, infância e formação de professores: autoria e transgressão.* São Paulo: Papirus, 2004.

LIMA, Mayumi Souza. *A cidade e a criança.* São Paulo: Nobel, 1989.

LOPES, Jader. J. M. As crianças, suas infâncias e suas histórias: mas por onde andam suas geografias? In: *Educação em foco* (UFJF), Juiz de Fora, v. 13, n. 2, pp. 31-44, 2009.

LOUREIRO, Carlos Frederico. *O movimento ambientalista e o pensamento crítico: uma abordagem política.* 2ª ed. Rio de Janeiro: Quartet, 2006.

_____. *Sustentabilidade e Educação: um olhar da ecologia política.* São Paulo: Cortez, 2012a.

_____. *Trajetórias e fundamentos da educação ambiental.* São Paulo: Cortez, 2012b.

LOURO, Guacira (Org.). *O corpo educado: pedagogias da sexualidade.* Belo Horizonte: Autêntica, 2000.

LOUV, Richard. *Last Child in the Woods.* Chapel Hill, Carolina do Norte: Algonquin Books of Chapel Hill, 2006.

LOWEN, Alexander. *O corpo traído.* São Paulo: Summus, 1979.

_____. *Amor e orgasmo.* São Paulo: Summus, 1991.

LUZ, Iza. Crianças e rotinas na Educação Infantil. In: REIS, Magali; XAVIER, Maria do Carmo; SANTOS, Lorene dos. (Orgs.). *Crianças e infâncias: educação, conhecimento, cultura e sociedade.* São Paulo: Annablume, 2012.

MACEDO, Elizabeth F. Currículo e hibridismo: para politizar o currículo como cultura. In: *Educação em foco* (UFJF), Juiz de Fora: v. 8, n. 1-2, pp. 13-30, mar-fev 2003.

_____. Base Nacional Curricular Comum: novas formas de sociabilidade produzindo sentidos para educação. *Revista e-Curriculum*, São Paulo: v. 12, n. 3, pp. 1530-1555, out./dez. 2014.

MAIAKÓVSKI, Vladimir. *Maiakóvski Poemas.* São Paulo: Editora Perspectiva, 2013.

MANTOVIANI, Suzanna; TERZINI, N. A inserção. In: BONDIOLINI, Anna; MANTOVANI, Suzanna (Orgs.). *Manual de Educação Infantil.* Porto Alegre: Artes Médicas, 1998.

MARCONDES, Danilo. *Iniciação à história da filosofia: dos pré-socráticos à Wittgenstein*, Rio de Janeiro: Jorge Zahar, 1997.

MARQUES, Vitor. Profecia indígena – Guerreiros do arco-íris. Disponível em: <http://www.administradores.com.br/mobile/artigos/negocios/profecia--indigena-guerreiros-do-arco-iris/22295/>. Acesso em 11/12/2017.

MATURANA, Humberto. *Emoções e linguagem na educação e na política*. Belo Horizonte: UFMG, 1998.

_____. VARELA, Francisco. *A árvore do conhecimento*. Campinas: Editorial Psy II, 2002.

MAX-NEEF, Manfred. *Desarrollo a escala humana: conceitos, aplicações e algumas reflexões*. Barcelona: Icaria Editorial, 1998.

MERCHANT, Carolyn. Ecofeminismo. In: CORRAL, Thaís; OLIVEIRA (Orgs.). *Terra Femina*. Rio de Janeiro: Idac/Redeh, 1992.

MIES, Maria; SHIVA, Vandana: *Ecofeminismo: teoria, crítica y perspectivas*. Barcelona: Icaria Editorial, 1997.

_____. *La praxis del ecofeminismo. Biotecnologia, consumo y reproducción*. Barcelona: Icaria Editorial, 1998.

MINISTÉRIO DA PREVIDÊNCIA E ASSISTÊNCIA SOCIAL/LEGIÃO BRASILEIRA DE ASSISTÊNCIA. *Projeto Creche Casulo. Projeto padrão de uma creche para crianças de 3 a 6 anos*. Brasília, s./d. (mimeo).

MONTAGU, Ashley. *Tocar. O significado humano da pele*. São Paulo: Summus, 1988.

MONTENEGRO, Thereza. *O cuidado e a formação moral na Educação Infantil*. São Paulo: EDUC, 2001.

MORA, José Ferrater. *Dicionário de Filosofia*. São Paulo: Martins Fontes, 2001.

MORIN, Edgard. *Introdução ao pensamento complexo*. Lisboa: Instituto Piaget, 1990.

_____. *Ciência com consciência*. Rio de Janeiro: Bertrand Brasil, 2000.

MÜLLER, Fritz. Carta para sua Irmã Röschen. In: *Centenário de Blumenau 1850-1950*. Blumenau: Edição da comissão de festejos, 1950.

NIETZSCHE, Friedrich. A filosofia na época trágica dos gregos. In: SOUZA, José (Org.). *Pré-socráticos – vida e obra*. São Paulo: Nova Cultural, 2000. (Coleção Os Pensadores).

NOGUEIRA, Neide. *Questões da Pedagogia cotidiana*. 1993. Dissertação (Mestrado em Educação), Instituto de Estudos Avançados em Educação, Fundação Getulio Vargas, Rio de Janeiro (mimeo).

OLIVEIRA, Marcus Eduardo de. Países mais ricos são responsáveis por 80% do consumo global. *REVISTA ECOLÓGICO*. Disponível em: <http://www. revistaecologico.com.br/noticia.php?id=2003>. Acesso em 18/10/2016.

OLIVEIRA, Rosiska D. As mulheres e a natureza: uma relação ancestral, uma nova aliança In: CORRAL, Thaís; OLIVEIRA, Rosiska D. (Orgs.). *Terra Femina*. Rio de Janeiro: Idac/Redeh, 1992.

ORGANIZAÇÃO DAS NAÇÕES UNIDAS (ONU). *Declaração dos Direitos do Homem e do Cidadão* (1789). In: FERREIRA, Filho Manoel. *et al. Liberdades Públicas*. São Paulo: Saraiva, 1978. Disponível em: <http://www. direitoshumanos.usp.br/index.php/Documentos-anteriores-%C3%A0- -cria%C3%A7%C3%A3o-da-Sociedade-das-Na%C3%A7%C3%B5es- -at%C3%A9-1919/declaracao-de-direitos-do-homem-e-do-cidadao-1789. html>. Acesso em 15/3/ 2017.

_____. *Declaração do Rio de Janeiro sobre o meio ambiente e desenvolvimento, 1992*. Disponível em: <http://www.onu.org.br/rio20/img/2012/01/rio92. pdf>. Acesso em 5/12/2017.

_____. *Declaração final da Cúpula dos Povos na Rio +20 por Justiça Social e Ambiental em Defesa dos Bens Comuns, Contra a Mercantilização da Vida, 2012*. Disponível em: <http://www.culturabrasil.org/zip/direitosdacrianca. pdf>. Acesso em 5/12/2017

_____. *Declaração Universal dos Direitos Humanos*, de 10 de dezembro de 1948. Disponível em: <http://unesdoc.unesco.org/images/0013/001394/139423por. pdf>. Acesso em 12/3/2017.

_____. *Declaração dos Direitos da Criança*, 1959. Disponível em: <http:// www.direitoshumanos.usp.br/index.php/Crian%C3%A7a/declaracao-dos- -direitos-da-crianca.html>. Acesso em 12/3/2017.

_____. *Declaração de Estocolmo*, 1972. Disponível em: <http://www.direitoshu- manos.usp.br/index.php/Meio-Ambiente/declaracao-de-estocolmo-sobre- -o-ambiente-humano.html>. Acesso em 12/3/ 2017.

ORR, David. Escolas para o Século XXI. In: *Revista da TAPS*/Associação Brasileira de Tecnologias Alternativas e Promoção da Saúde, n 16. São Paulo: TAPS, 1995.

PAIVA, Bianca; HEINEN, Maíra. Indígenas na cidade: pobreza e preconceito marcam condições de vida. *AGÊNCIA BRASIL*. Disponível em: <http://

agenciabrasil.ebc.com.br/direitos-humanos/noticia/2017-04/indigenas--na-cidade-pobreza-e-preconceito-marcam-condicao-de-vida>. Acesso em 5/12/2017.

PALCOS, M. Adela. *Corpo e psiquismo*. Rio de Janeiro: Espaço Coringa – Rio Aberto 1998 (mimeo).

PASCAL, Blaise. *Pensamentos*. São Paulo: Abril Cultural, 1979. (Coleção Os Pensadores).

PASOLINI, Pier Paolo. *Os jovens infelizes: antologias de ensaios corsários*. São Paulo: Brasiliense, 1990.

PEREIRA, Rita Ribes. *Nossos comerciais, por favor! Infância, televisão e publicidade*. 2003. Tese (Doutorado em Educação). Departamento de Educação, PUC-Rio, Rio de Janeiro.

PETITFILS, Jean-Christian. *Os socialismos utópicos*. Rio de Janeiro: Jorge Zahar, 1997.

PETRY, Sueli. *A fibra tece a história: a contribuição da indústria têxtil nos 150 anos de Blumenau*. Blumenau: Sintex, 2000.

PLASTINO, Carlos Alberto. *Subjetividade e educação*. 1994 (mimeo).

_____. *O primado da afetividade: a crítica freudiana ao paradigma moderno*. Rio de Janeiro: Relume Dumará, 2001.

NO BRASIL, TODO MUNDO é índio, exceto quem não é. In: *Povos indígenas no Brasil 2001/2005*. Disponível em: <https://pib.socioambiental.org/files/file/PIB_institucional/No_Brasil_todo_mundo_%C3%A9_%C3%ADndio.pdf>. Acesso em 4/12/2017.

PRESTES, Zoia Ribeiro. *Quando quase não é a mesma coisa: traduções de Lev Semionovitch Vigotski no Brasil*. Campinas: Autores Associados, 2012.

PROFICE, Christiana. *Percepção ambiental infantil em ambientes naturais protegidos*. 2010. Tese (doutorado em Psicologia, Sociedade e Qualidade de Vida), Universidade Federal do Rio Grande do Norte, Natal.

_____. *Crianças e natureza: reconectar é preciso*. São Paulo: Panroga, 2016.

QUEIRÓS, Bartolomeu Campos de. *Os cinco sentidos*. São Paulo: Companhia Editora Nacional, 2004.

RAMMÊ, Rogério Santos. *Da justiça ambiental aos deveres ecológicos: conjecturas político-filosóficas para uma nova ordem jurídico-ecológica*. Caxias do Sul: Educs, 2012.

REIGOTA, Marcos. *O que é educação ambiental*. São Paulo: Brasiliense, 2004.

RIBEIRO, Darcy. *O povo brasileiro: a formação e o sentido do Brasil*. 2ª ed. São Paulo: Companhia das Letras, 1995.

RIECHMANN, Jorge. (Coord.). *Necesitar, desear, vivir. Sobre necesidades, desarrollo humano, crecimiento económico e sustentabilidad*. Madri: Los libros de la Catarata, 1998.

ROBIM, Michel. *A dança nossa de cada dia nos dai, hoje!*. Rio de Janeiro: Espaço Coringa, 1998 (mimeo).

ROHDEN, Fabíola. A construção da diferença sexual na medicina do século XIX. In: GRANDO, José Carlos. *A (des)construção do corpo*. Blumenau: Edifurb, 2001.

ROQUETTE PINTO, E. *et al. Fritz Muller: reflexões biográficas*. Blumenau: Cultura em Movimento, 2000.

ROSA, Mariana. Natureza e Escola: percepções infantis e currículo: notas sobre a educação ambiental na perspectiva da Educação em direitos humanos. In: SILVA, Aída; TIRIBA, Lea (Orgs.). *Direito ao ambiente como direito à vida*: desafios para a educação em direitos humanos. São Paulo: Cortez, 2014.

ROSEMBERG, Fúlvia. A política de creche respeita a criança: critérios para políticas e programas de creche In: ROSEMBERG, Fúlvia; CAMPOS, Maria Malta. *Critérios para um atendimento em creches que respeite os direitos fundamentais das crianças*. Brasília: MEC/SEF, 2009.

ROSSATO, Noeli. Natura naturans, natura naturata. O sistema do mundo medieval. In: *Ciência e Ambiente,* n 28, Santa Maria: UFSM, 1990, pp. 17-28.

ROUSSEAU, Jean Jacques. *Discurso sobre a origem e os fundamentos da desigualdade entre os homens*. (Textos de "Apresentação"; "Vida e obra": Marilena Chaui) São Paulo: Abril Cultural, 1978. (Coleção Os Pensadores)

_____. *Emílio ou da Educação*. São Paulo: Martins Fontes, 2004.

SANTOS, Boaventura de S. *Para além do pensamento abissal: das linhas globais a uma ecologia de saberes*. Revista Crítica de Ciências Sociais, 78, out. 2007.

_____. *A crítica da razão indolente: contra o desperdício da experiência*. São Paulo: Cortez, 2001.

SANTOS, Edson Cordeiro dos. *Iniciativas populares: o movimento comunitário e a Educação Infantil na Baixada Fluminense*. 2013. Dissertação (Mestrado em Educação), Universidade Federal do Estado do Rio de Janeiro, Rio de Janeiro.

SANTOS, Márcia Patrizio dos. *Corpo: um modo de ser divino. Uma tradução metafísica de Espinosa*. São Paulo: Annablume, 2009.

SANTOS, Milton. *Por uma outra globalização. Do pensamento único à consciência universal*. São Paulo: Record, 2001.

SANTOS, Núbia de Oliveira; TIRIBA, Lea (Orgs.). Ensaiando práticas de formação teórico-brincantes. In: *RITIMO. Informations, outils, iniciatives pour un monde solidaire*. Paris, 2015. Disponível em: <http://www.ritimo. org/Formation-des-instituteurs-pour-une-autre-education-infantile>. Acesso em 10/7/2016.

SANTOS, Zemilda C.W. N.; FERREIRA, Valéria Silva. Políticas e documentos (MEC): Há espaço para a relação criança/natureza na Educação Infantil. In: *Associação nacional de pós-graduação e pesquisa em Educação*, 37, 2015. Anais da Anped, Florianópolis: GT 22, Anped, 2015. Disponível em: <http://www.anped.org.br/sites/default/files/trabalho-gt22-4168.pdf>. Acesso em 28/2/2018.

SEMPERE, Joaquim. "Necesidades y política ecosocialista". In: RIECHMANN (Coord.). *Necesitar, desear, vivir. Sobre necesidades, desarrollo humano, crecimiento económico e sustentabilidad*. Madri, Los libros de la Catarata, 1998.

SENADO FEDERAL. WWF: países do hemisfério Norte consomem 70% da energia mundial. *Revista em discussão!* Disponível em: <http://www.senado. gov.br/noticias/Jornal/emdiscussao/rio20/temas-em-discussao-na-rio20/ wwf-paises-do-hemisferio-norte-consomem-70-da-energia-mundial. aspx.>. Acesso em 1/3/2018.

SILVA, Ana Rute. Metade da riqueza mundial nas mãos de apenas 1% da população em 2016. *PÚBLICO*. Disponível em: <https://www.publico. pt/2015/01/19/economia/noticia/metade-da-riqueza-mundial-vai-pertencer-aos-1-mais-ricos-em-2016-1682655>. Acesso em 27/11/2017.

SILVA, Aida; TIRIBA, Lea (Orgs.). *Direito ao ambiente como direito à vida: desafios para a educação em Direitos Humanos*. São Paulo: Cortez, 2014.

SILVA, Marcelo Jabu B. O gesto justo no jogo ou o jogo de ajustar o gesto. In: *Revista Trino*, São Paulo, s./d.

SILVA, Tomaz Tadeu da. *Documentos de identidade: uma introdução às teorias do currículo*. Belo Horizonte: Autêntica, 2009.

STUTZER, Therese Cartas de famílias (12/3/1886). In: *Blumenau em Cadernos*, Tomo XXXIX, n. 6, Blumenau, julho 1998.

_____. *Memória Literária do Vale do Itajaí – Marie Louise* (organização e apresentação HUBER, Valburga), Blumenau: Santa Catarina, Cultura em Movimento, 2002.

TARNAS, Richard. *A epopeia do pensamento ocidental*. Rio de Janeiro: Bertrand Brasil, 2001.

TEIXEIRA dos SANTOS, Manoel P. R. *Um novo ambiente: as relações entre o imigrante e o meio ambiente nas colônias Blumenau e Dona Francisca*. Trabalho de conclusão de curso em História. 2002. Departamento de História, UFSC. Florianópolis.

THOMAS, Keith. *O homem e o mundo natural*. São Paulo: Companhia das Letras, 2001.

TIRIBA, Lea. *Buscando caminhos para a pré-escola popular*. São Paulo: Ática, 1992.

_____. *Crianças, natureza e Educação Infantil*. 2005. Tese (Doutorado em Educação), PUC-RJ, Rio de Janeiro.

_____. Educar e cuidar: buscando a teoria para compreender discursos e práticas. In: KRAMER, Sonia. *Profissionais de Educação Infantil e(m) formação*. São Paulo: Ática, 2005.

_____. Pensando mais uma vez e reinventando as relações entre creche e família. In: GARCIA, Regina L.; LEITE, Aristeo. *Em defesa da Educação Infantil*. Rio de Janeiro: P&A, 2001.

_____. Educação infantil como direito e alegria. *Laplage em revista*. Sorocaba. v.3, n. 1, 2017.

_____. *Crianças da natureza*. Brasília, MEC/SEB/Seminário Nacional Currículo em Movimento, 2010. Disponível em: <http://portal.mec.gov.br/index. php?option=com_content&view=article&id=16110:i-seminario-nacional- -do-curriculo-em-movimento-&catid=195:seb-educacao-basica>. Acesso em 19/3/2018.

_____. PROFICE, Christiana. O direito humano à interação com a natureza. In: SILVA, Aida; TIRIBA, Lea (Orgs.). *Direito ao ambiente como direito à vida: desafios para a educação em Direitos Humanos*. São Paulo: Cortez, 2014.

_____·Lições da Creche Oca: interações afetivas e apego à natureza. In: REIS, Magali; XAVIER, Maria do Carmo; SANTOS, Lorene dos. (Orgs). *Crianças e infâncias: educação, conhecimento, cultura e sociedade*. São Paulo: Annablume, 2012.

TODOROV, Tzvetan. *O homem desenraizado*. Rio de Janeiro: Record, 1999.

TRONTO, Joan C. Mulheres e cuidados: o que as feministas podem aprender sobre moralidade a partir disso? In: JAGGAR, Alison M.; BORDO, Susan R. *Gênero, corpo e conhecimento*. Rio de Janeiro: Rosa dos Tempos, 1997.

TROTTA, Tiziana. Oito homens possuem a mesma riqueza que a metade mais pobre da humanidade. Disponível em: <https://brasil.elpais.com/brasil/2017/01/13/economia/1484311487_191821.html>. *El País*. Acesso em 27/11/2017.

TUIAVII. *O Papalagui*. Rio de Janeiro: Marco Zero, 1986.

VIEIRA, Liszt. *Cidadania e Globalização*. Rio de Janeiro, Record, 1997.

VYGOTSKY, Lev Semyonovich. *A formação social da mente*. Rio de Janeiro: Martins Fontes, 1989.

WILSON, R. Nature and Young Children: a Natural Connection. In: *Young Children*, v. 50, n. 6, pp. 4-11, 1995.

World Wide Fund for Nature.*Planeta Vivo. Relatório 2014*, p. 10. Disponível em: < http://d3nehc6yl9qzo4.cloudfront.net/downloads/sumario_executivo_planeta_vivo_2014.pdf >. Acesso em 20/3/2015.

ZAFFARONI, Raul. *Pachamama y el Humano*. Buenos Aires: Ediciones Colihue, 2012.

AGRADECIMENTOS

Pela inspiração e exemplo, a: Leandro Konder (*in memorian*); Sonia Kramer; Carlos Plastino; Maria Malta Campos; e Carlos Frederico Loureiro.

Por me abrirem as portas em Blumenau, a: Angela Simão Hoemke; Sandra Pagel; Jaime Bachmann; Adelir Zimmermann; Ana Paula Bärh; Cleide Oliveira; Diana Vasselai Simão; Elizete Vieira; Regina Weissheimer; Rosa S. Bahr; Rose Bonickoski; e Teresinha Cavalettti. Às educadoras dos CEIs, pela parceira no trabalho de campo e coconstrução do objeto de pesquisa. Pelas chaves da história da cidade, a Sueli Petry. Por me ensinar sobre as relações da gente da terra com a Terra, a Lauro Bacca.

Ao povo brasileiro, que, por meio da Capes, ofereceu recursos para o doutoramento. Pela contribuição para a tese de doutorado e para este livro, a: Adilson R. dos Santos; Patrícia Santos; Paula Vargens; Juliana Tiriba Bueno; e Daniela Guimarães. A Marcos Gasparian e à atual equipe da Paz e Terra.

A meus pais (*in memorian*); a Lia Tiriba e Léo Tiriba, irmãos parceiros incondicionais; e à Silvia Costa e à Tiribada, rede que me protege. A Juliana Tiriba Bueno, Miguel Tiriba Schlesinger e Isadora Tiriba Seiferle, pela alegria de ser mãe e avó. E a Jesus Jorge Perez Garcia, amor que a vida me presenteou em seu entardecer.

Aos companheiros do Nima/PUC-Rio e da Educação Infantil/Sesc-Rio, pela ousadia de desemparedar. Aos queridos alunos e colegas da Escola de Educação da Unirio, com quem aprendo todos os dias a ser professora. Aos queridos do NiNa/Unirio, pela afinidade teórico-metodológico-existencial.

Este livro foi composto na tipografia Minion Pro, em corpo 11/16, e impresso em papel off-white no Sistema Digital Instant Duplex da Divisão Gráfica da Distribuidora Record.